本物のスピリチュアリズム

―盲信から理信へ、そして永遠の命を得る―

長谷川光一郎

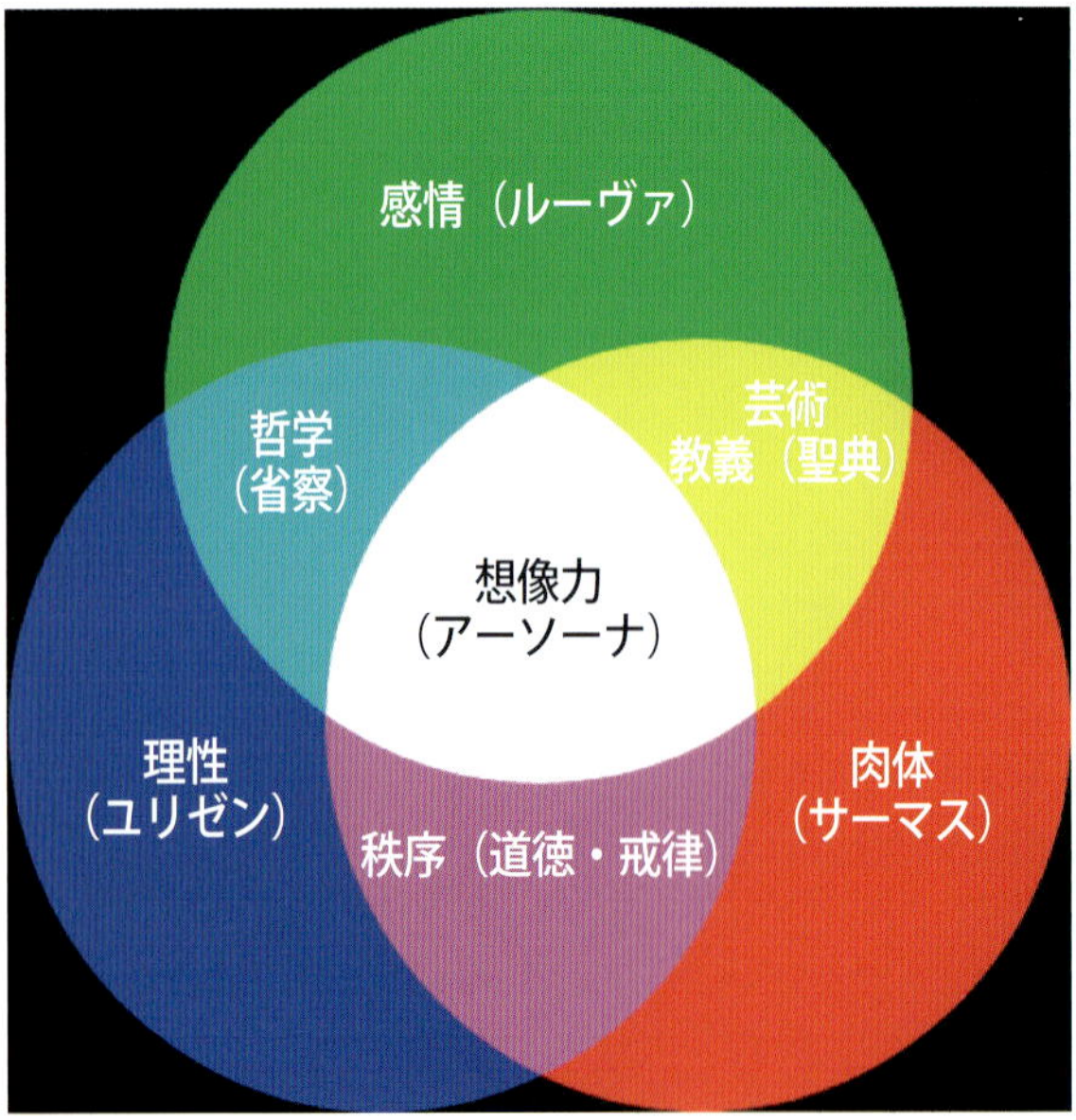
感情（ルーヴァ）
哲学
（省察）
芸術
教義（聖典）
想像力
（アーソーナ）
理性
（ユリゼン）
秩序（道徳・戒律）
肉体
（サーマス）

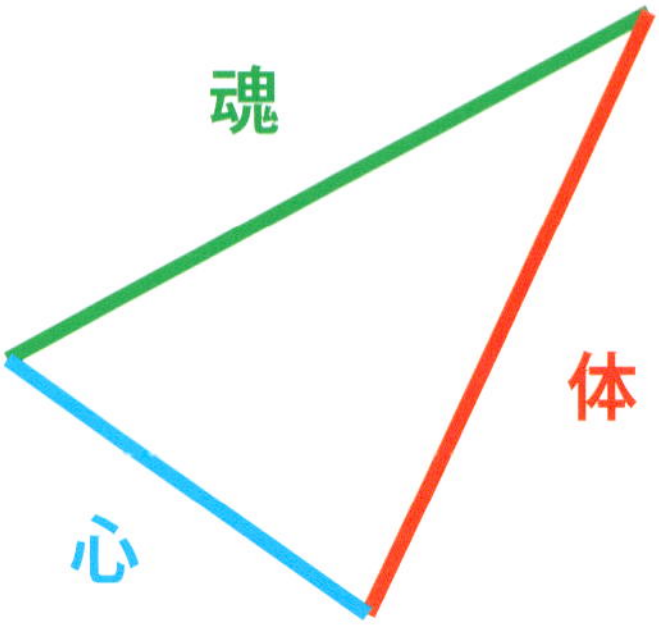
魂
体
心

本文 241 頁参考図

はじめに

世の中には、覚醒している人が説く高次元の世界やその存在を、何の疑いもなく信じる人がいる。

でも、本当に確信を持っているのだろうか？　と言うのも、覚者の境地とそうでない人との間には、明らかな溝があると思うからだ。

実際、覚者の表現には、常人にとってかなりの飛躍があり、とてもそのまま理解できるはずはない。

それに、これだけ自然科学的世界観に染まった現代人が「疑い」を持たないなど、私には想像できない。

だいいち、そのような非日常的な世界を疑いなく信じることができるなどという人が、この物質文明において日常的な生活ができるとは到底思えないのだ。【註1】

その手の人の「信じる」とは「願望」や「賭《か》け」と何も変わらない。

事実、私の周りにいる「疑いなく信じることができる人たち」の中に、自分の疑いを願望で無理やり掻《か》き消して賭けにしている盲信者がたくさんいる。


たとえば、経典の中で、お釈迦《しゃか》様が、「この宇宙には何千という星に人が住んでいる」と言っても、あるいは、覚者が、「霊界の上の方では、自分と他が一体で皆繋《つな》がっている」と言っても、地上に住む普通の人間は、正直まず、「へえ、そうなのかねえ」とぐらいしか思わないだろう。

そのままでは受け入れられないのが当然だ。むしろ、そのほうが健全だ。

それもそのはず、感覚の目では捉《とら》えられないからだ。それでも否定せずひとまず受け入れる人がいるとすれば、大概、「覚者がそう言っているんだから」とか、「面白そうだから」というのが大きな理由だろう。まあそれでもいいと思う。でも、もっと真摯《しんし》に向き合ってみたくはないだろうか？

そうだ、もっと真面目になろう。私は高次元の存在を、「考える」という実践を通して、すなわち、魂の目で捉えることで、理信、深信《じんしん》する。

一方、盲信者は、「神を信じること」が先行し、我を捨て、疑いを消すつもりでいるのだが、私に言わせれば、「考えること」まで捨ててしまっているから、自分がなく、足が地に着かず、いつまでも深信を得られないでいる。要するに、信じるか信じないかの賭けになってしまっているのだ。

おそらく、信じると言う人でも、どこかに疑いが残り、信じないと言う人も、自信がないはずだ。それならいっそのこと、高次元の存在や原理を**地上に居ながら**体感してもらおう、と私は思うのである。

「信じるか信じないか」は、ここでは意味をなさない。霊を信じなくても、霊的自覚が得られる。神を信じなくても、神と繋がることができる。

とはいえ、霊界や高次元の存在を証明した人はいないはずである。既述《きじゅつ》のとおり当然のことで、客観的なもの、外界の物による「実証」は原理的に無効だからである。

また、地上に住む私たちは、特別な人を除けば、肉体を纏《まと》っている限り霊界や高次元のものを直接感知できない。したがって、どんなに数多くの霊的な実例や証言を挙げようとも、それらはあくまで個人のものであって、本人が体験しなければまったく効力を持たないのだ。

もちろん、この証明は、論理の手続きで帰結される類《たぐい》のものではない。ならばどうするか？　論理的思考を逆行するほかない。つまり省察だ。

よく、「論より証拠」と言われるが、私の場合は、「証拠より省」なのである。けだし、哲学とは、人智の限界を知ることよって、人智を超えた存在を知ることである。【註2】

一度、冷静に振り返ってもらいたい。

人は、宗教家に、「心を空《くう》にする」とか「中道を行く」とか、口先だけで言われて、すぐに実行できるものだろうか？　そうした「つもり」になっているだけではないだろうか？

もし本当にできるのなら、その人はすでに聖人の域に達していると思う。【註1】それでも、「そんなことはない、すぐできる」と言う人がいたら、一つ試してほしいことがある。

よく僧侶が唱える「足るを知る」の意味が本当に分かっているだろうか？【註3】　それを人にわかるように説法してもらいたい。

あるいは、「天国や地獄は心にある」というのはよく聞くと思うが、具体的にどういう状態が天国または地獄なのか説明できるだろうか？

私の役割は「考えること」によって、盲信を排し、本当の意味で高次元の存在を信じるように人を導くことである。つまり、理性によって、真に神を信じるに至らしめる。【註4】

したがって私は、権威を笠に着るためだけの分別《ふんべつ》を持つ盲信者からは「悪魔」だと言われることもあるだろう。

　ともあれ、高次元の世界を受け入れる人たちに、溝を跳び越えて直《じか》に高次元の話をするのは楽である。たとえ興味と願望で信じる人が多く紛れていようと、扉の向こうへ入ってしまった敬虔な人たちに、霊界の体験談や神の啓示を展開する霊能者や預言者は、順風で心地よいことだろう。聞く側も楽しいだろう。どうあれ、高次元の構造など詳細はその人たちに任せておく。

　それに比べると、扉のこちら側の人たちに対して、溝を自力で埋めて渡る実践を促すのは至難である。聞く側も楽ではないだろう。しかし、回避できない。【註1】

　ダンテの『神曲』の冒頭に、ダンテが神に救いを求めて直接山を登ろうとしたが、猛獣が立ちはだかって行く手を阻《はば》んでいるため、遠回りを余儀なくされ、地獄巡りをすることになるという件《くだり》がある。その猛獣が「溝」であり、地獄や煉獄《れんごく》での経験が「考えること」に当たる。

　あるいは、その山を富士山に喩《たと》えると、五合目までクルマで登って、そこから徒歩で登頂すると、高山病に罹《かか》るという人がいるのだが、そういう人でも、麓《ふもと》から自分の足で登頂すれば高山病に罹らないという。【註5】五合目から上が人智の及ばない高次元の世界であり、麓から五合目までの「道」が「考えること（省察《せいさつ》）」に当たる。

　特別な人を除いて、普通に社会生活を営む私たちは、まさに高山病に罹る人であって、この「道」での経験が、高次元に昇った後にも効いてくるのである。そして昇り切ったときは、この上ない充実感を覚えるだろう。

また一方で、宗教や精神世界に対しては、はじめから戯言《たわごと》として一笑に付す人も多い。もはやそれは、「信じるか、信じないか」の賭けなどではない。その人たちにとっては「目に見えるものがすべて」なのである。

では、その人たちに聞くが、本当に高次元の存在を否定するだけの根拠や確信があるのだろうか？もちろん、あるわけがない。というより、そういう物質的な人たちにいくら私が問いかけても、大半は聞く耳さえ持たないだろう。もうそうなると諦めるしかない。それでも、もし聞く耳を持つ人がその中にいるのなら、私はその人を必ず高次元の扉へ導く。

権威を借りる盲信者からは悪魔扱いされ、物質的な人からは変人扱いされるわけだから、私は間違いなく損な役割を担っているといえる。しかし、私はこれを天命と受け止めている。【註6】

【註1】「垢《あか》」「一躍跳入如来地」「反省」。ここを疎《おろそ》かにしている入信者が意外と多い。

【註2】「何を哲学というか」。言葉は恣意的だから、人によって何とでも定義できるが、私がここでいう哲学とは「省察」という活動であり、特定の学説や思想のことではない。

【註3】一般には、人間は人間として、猫は猫として、鳥は鳥として、幸福に生きていることを知り、神仏に感謝し、云々ということだが、それでは弱い。というより、飛躍があるのだ。もちろん、他人を納得させることもできない。あるいは、あの閉じ込められたチリの炭鉱夫たちを例にするかもしれない。物がなかったときは欲もなかったが、物が与えられてから欲も生まれた。それを知ることが、「足るを知ること」だと説いてみる。しかし、強欲の尽きない人たちからは、「それは我慢しているだけで、やっぱり物はあればあるほどいいに決まっている」と言われるのが関の山だろう。人は地上を歩いていて不自由を感じるだろうか？ 人は鳥のように自由に空を飛びたいと思った瞬間に自由は失われるのではないだろうか？ それでも、鳥のように空を飛べたほうがいいに決まっているだろうか？ 自由とは何か？ 詳しくは、本書「道（魂の目）」を参照。

【註4】なるほど、神の世界から見れば、人間の理性など取るに足らぬものだろう。そう言うのは簡単だ。そうは言っても、理性が神から与えられたものである以上、地上の人間にとっては、理性の上に信仰が成り立つ。目の前を曇らせているものを自らの理性で拭い去るのである。本書は土台となる理性の活動、哲学の実践法を示したものである。

【註5】高山病とは、様々な高次元に通じる人たちの表現やその違いに戸惑い、無理解から、二極対立や普遍論争などに終始したり、死後、疑似天国に行ったりすること。せっかくの上からの教えも、浸透せず、霊的進化を阻まれる。五合目までの道で深信を得ることで、それらを回避し、死後も、幽界を通り抜け、地獄に行くことなく霊界を登ることができる。これはまた、骨の矯正の前に周りの筋肉をほぐすカイロプラクティックの施術に喩えられる。整体師の観点からすれば、筋肉のほぐしだけでよい（本文『真の信仰』を参照）。

【註6】「霊の世界の道具たらんと欲する者は、迫害されることをむしろ誇りに思うようでなくてはなりません。あらゆる攻撃を、それがどこから来ようと、堂々と迎え撃つのです」（シルバーバーチ）。

本物のスピリチュアリズム ○ 目次

思考実験

【霊的存在】

1　なぜあなた（魂）はあなた（肉体）に生まれてきたのか？

【即非と絶対矛盾的自己同一】

2　最初に「1」があって、すべての数はそこから始まったのだろうか？

3　宇宙空間（時間）は有限か？　無限か？（「繰り返し宇宙」も自分の視点から無限と考える。体積のことではない。）

4　宇宙（空間・時間）、いわゆる「この世」は、人間がいなくても存在するのだろうか？

5　数（たとえば、0、4、3/5、√2、π）は人間が生まれる前から存在していたのだろうか？

6　「三平方の定理」は我々人間がいる前から存在していたのだろうか？

7　人間の産物（人工物）を除いた地球の環境を「自然」と呼ぶのなら、人間が生まれる前の地球の環境はまさしく自然にほかならない。そしていつしか人間が生まれた。
もし人間が自然でないというのなら、自然が自然でないものを生んだことになる。宇宙のすべての現象を分子の振る舞いで説明できるとするならば、それは自然が自然でない振る舞いをしたことにならないか？　また、今もそうではないのか？【註】

【0《ゼロ》は生きている】

8　「1＋1＝2」が納得できなくて学校を辞めた芸術家がいるが、それはどういうことか？

9　ある長さの線分の的に幅0の矢を放って中《あ》てるとき、線分上の特定の点Pに中《あた》る確率は何か？（ただし矢は必ず的のどこかに中り、中る確率は線分上のどの点も同じとする。また、中った点の物質的な幅を気にする人は、その中点をとると決めればよい。）

【道】

10　「例外のない法則はない」に対してどう思うか？　また、「絶対はない」に対してどうか？【註】

11　毎朝、紅茶を飲んでいる人が、医者からもらった薬を飲むようになって胃が悪くなった。そこで、薬を一回やめたら胃が治った。このとき、胃が悪くなった原因は、薬だといえるか？また、紅茶ではないといえるか？【註】

12　ある四人家族のうち、母親と息子は爪水虫に罹っているが、父親と娘はそうではない。ある皮膚科の先生は、爪水虫は体質（遺伝）だと言った。また、別の皮膚科の先生は、爪水虫は感染すると言った。これはどういうことか？
医者は二人とも嘘を言っていないとする。家族の状況から、どう理解できるだろうか？【註】

13　肥満の原因は食べ過ぎか？　甘いものか？　運動不足か？　それ以外か？

14　もし一つだけ願いが叶えられると言われたら？【註】

15　社会の中で人が自由ならば、人を殺すのも自由である。これについてどうか？

16　死刑制度に対して、「死刑を執行する側も殺人を犯しているのだから」と言って反対する人をどう思うか？【註】

17 ある著名な運命学者が、現代日本を憂えて、「女が男になっちゃった」と言った。これについてどう思うか？【註】

18 リニアモーターカー実用化は人々を楽にするか？【註】

19 もし、国民全員がいま、一人一人百億円ずつ手にしたらどうなるか？

20 「なぜ大人は働くのですか？」と子供に聞かれたらどう答えるか？【註】

21 公務員に対して、「我々の税金で食っている身で」と言いたい人に聞く。また、教師に向かって、「私たちの授業料で生活しているくせに」と言いたい生徒に聞く。あなたはどうやって生活しているのか？　また、あなたの親はどうやって生活しているのか？

22 税金の無駄遣いを指摘したい人に聞く。笑わないでちょっとの間だけ真面目に考えてもらいたい。使ったお金はどこへ行くのだろうか？

【自由意志と未来】

23 絶滅の危機に瀕しているといわれる生物（絶滅危惧種）を救うのは何のためか？【註】

【その他】

24 大概は、鏡に映った顔を「左右が反対だ」と表現する。では、「上下が反対だ」と言わないのはなぜか？（どんなものも鏡の面に関して面対称なだけ〔裏の図形〕のはず）【註】

25 なぜ男と女（雄と雌）に分かれているのだろうか？

26 鶏が先か、卵が先か？

27 誰もいない大地で雷が鳴った。そのとき音は存在するだろうか？

28 ある駅前の横断歩道には歩行者用の信号がある。しかし車はあまり通らないから赤信号であっても大多数の人が無視して渡っている。そのときあなたは渡るか？ また、渡ってもいいのだろうか？

29 ある若者が恋人に高価な贈り物をする為に、寝る間も惜しんでアルバイトをして、やっと買って渡した。この若者の行為に「偽り」はないか？【註】

30 原発事故以来、原発廃止論を唱える人が増えている。では、交通事故で毎年たくさんの人が死んでいるのに、自動車廃止論を唱える人があまり見当たらないのはなぜか？（原発も自動車もかつては無くて済んでいたものだ）

31 「世の中カネがすべてだ」という人をどう思うか？

32 「戦争を終結させるための戦争」をどう思うか？ 「聖戦」をどう思うか？ 防衛そのものは平和を保つのだろうか？ 「平和」とは戦争をしていない状態のことだろうか？

33 「時代の流れに逆行している」とよく言う人に訊く。時代の流れとは何か？ どこへ流れていくのか？ 時代の流れに順行していることがそんなに良い事なのか？ 時代の流れが単に様式の変化ではなく、地獄へ向かう人類の堕落だとしたらどうだろう？ あなたは自らの意志と行動で流れを作る気はあるか？ それでもあなたが時代の流れとやらに順行すると言うとき、その動機はいったい何か？

34 「おかしいと思うこと」と「不満」はどう違うのか？

7 自然とは何か？（自然を獲得することとは？） 神（仏）とは何か？（神・仏に帰依することとは？）

10 それも法則ではないか、それも絶対ではないか、と指摘する人に告ぐ。そのような西洋の論理に毒された人はまさに仏陀の言う「預流果《よるか》」の域に達し得ない人である。

11 紅茶をやめて胃が治った場合を考えよ。

12 人間の子は、生まれてから人間の家庭で育てられれば、人間の言葉を話せるが、飼い犬は、長い間人間に育てられても、人間の言葉を話せない。

14 「何度でも叶えられるようにする」と答えた人は貪欲に満ちた普通の社会人である。

16 「その通りだ」と思う人に聞く。懲役は監禁にならないのだろうか？ 人はみな平等でありうるか？ 格差や権力は必要か？ 差別や偏見はあってはいけないものなのだろうか？ それでも、「死刑は別格だ」「人の命を奪うのはその人の霊的成長を不自然に断つことだ」と言うかもしれない。では、無期懲役で老衰で死ぬまで獄中生活をした人は霊的成長が望めるのだろうか？

17 「男が女になったんだ」と即答する人は、まず間違いなく女性である。この場合の男とは「兵隊」のことである。ただし、みな「守り」に入り、世の中を変えるべき時に変えるような、損得抜きの「アホ」な行動をとる男がいなくなったという点で、すなわち、まったく別の意味で、「男が女になった」とはいえる。

18 コンピューターの普及で本当に楽になったのか？

20 「働かないと食べられないから」と答える大人に聞く。「鳥を見なさい。鳥は働かなくとも、天から恵みを受けているではないですか。（イエス・キリスト）」をどう思うか？

23 多様性を唱える人に聞く。それは何のためか？ いったい何を危惧するのか？ もし、台所などに出没するクロゴキブリが絶滅しかかっていたらどうだろうか？ 朱鷺を絶滅危惧に追い込んだ人間の責任を感じる人に告ぐ。太古から生物界では繁栄する種や絶滅する種が入れ替わり、栄枯盛衰を繰り返してきた。今も7秒に1種のペースで絶滅している。進化論ではそれを「適者生存」として説明し、スピリチュアルではそれを「神の計画」とする。いずれにせよ、繁栄や絶滅を「役割」と見ることはできないだろうか？

24 ある人は、「鏡を床に敷いて、その上に立つとわかる」と言う。

29 おそらく九割以上の女性は、順応性が高すぎるため、「偽り」を発見できないだろう。「為」と「偽」はもともと同じ意味だという。

31 そういう人は、生活のために働いて収入を得ている人を見れば、「やっぱりカネだろ?」「世の中カネだよ」と言うことだろう。そういう人の論法はこうだ。貨幣制度の世の中では、カネが必要だ。カネがものをいう。カネさえあれば何でもできる。だから、カネがすべてだ。そういう人にとって、幸福とはすなわち物質の充足であるから、そこに論理的な間違いはない。たしかにこの世（地上・現界）ではカネがものをいう。物質的感覚的なものをはじめ、この世の一切のものはカネで替えられる。だから言っていることは論理的に正しい。特に、「死んだら終わり」のこの世的な人にとっては、「カネがすべて」なのである。要するに、「別の視点」すなわち「霊的視点」を設けることが出来るか否かである。

霊的存在

「人間の実体は霊だ」「まず自分が霊的存在であることを知れ」などと頭ごなしに突きつけられると、引いてしまう人が多いだろう。

逆に、興味本位でその世界に浸るという人もいるだろう。

そこで、目に見えない世界のことを当たり前のように話す人の言うことに、どうしても耳を貸す気になれない人に告げる。ほんのちょっとの間、真面目に聞いてくれ。

なぜ、あなたはあなたに生まれたのだろうか？（なぜあなたが生まれたかではない）人の生を公平に見るならば、あなたがあなたに生まれる理由があるだろうか？兄弟でも友人でも誰でもいいから、自分ではない人を一人思い浮かべてもらいたい。もしあなたがその人に生まれてきたとしたらどうだろう？

おそらく、あなたははじめから「自分がその人だ」と何の疑いもなく思い込んで生活していることだろうし、その人らしく振る舞うだろう。

明日の朝、突然その人になっても、何事もなかったようにその人として過ごすだろう。傍《はた》から見れば、あなたとその人が入れ替わっても何も変わったことはないはずだ。でも、あなたはあなたに生まれてきたのである。

それなら、生まれてこなくたってよかったではないか？　どうせ肉体は死んでいなくなるわけだし。あなたがあなたに生まれてこなくたって、誰かがあなたを演じてくれるはずだ。それでも宇宙の営みは成立するのだから。

それでも、あなたはあなたに生まれてきたのである。もう、「あなた＝あなたの肉体」ではないことは明らかだろう。

ここでもし、あなたがあなたの肉体とは別な何かだ、という感覚を得たならば、本書を読み続けてほしい。道を得るはずだ。

もし、そうでなければ、本書を閉じてくれても構わない。すべてが戯言《たわごと》に聞こえるだろうから。

実体

光　物心ついた頃、僕は近所の子供たちと道端《みちばた》で遊んでいるとき、ふと思ったんだ。

「どうして自分の身体《からだ》しか動かせないんだろう」「自分はなにか特別なのか？」

また、五歳頃だったかなあ、夕暮れ時の薄暗い家の中で、三面鏡に向かって自分の姿を映してじっと見たとき、突然、妙な気持ちに襲われたんだよ。

「ここにいるのは本当に自分なのだろうか？」「なんでこんな顔でなければならないのか？」「もしかしたら自分は別にいて、この顔を借りているだけではないのか？」

それから、これはもっと幼い頃の幽《かす》かな記憶だけど、はじめはもっと宙に浮いた状態だったのが、無理やり床にへばりつくように強いられていったという感覚がしばらく残っていたんだ。

君もそんなこと思った覚えがあるんじゃない？

一郎　えー？　まさか、そんなこと思うわけがないよ。
仮に思っても、そんな小さい頃のことなんか覚えてないよ。だいたい、そんなことを覚えていること自体、稀《まれ》だよ。

光　たしかに思っても、ずっと思い続けないと忘れるからね。僕なんかは、今までずっと思い続けているから覚えてるってことなのかな。
でも小学生の頃だったか、たしか君が、
「僕は本当は大人で、子供の頃の夢を見てるだけなんじゃないかと思う時がある」とか、
「僕たちが死んでもこの世があるんだから不思議だよなあ」
なんて言ってたのを覚えてるよ。

一郎　ああ、そんなこと言ったかもしれない。まあそのぐらいは、僕じゃなくても子供だったら思うんじゃない？
でもあの頃は高度経済成長の真っ只中、みんな科学万能の物質生活を謳歌《おうか》してたから、そんなことはどうでもよかったんだよ。

光　その流れもあって、二十年ほど前までは、そういうのは脳のなせる業だ、すべては幻覚だって言って片付ける雰囲気だったよね。

一郎　今でもそういう人いるよ。

光　でも最近は経済が行き詰まったせいか、真面目に自分の存在を見つめる人が増えてきたようだね。

一郎　ただ、思い過ぎて処理できなくて、鬱《うつ》になったり自殺する人も増えたけみたいだけどね。そのせいか、スピリチュアリズムも浸透してきたようだけど、どうかな？　不安からくる一時的なブームのような気もするんだけど。

光　うん、僕もちょっとそんな気がするよ。霊界の話や高次元の存在など、願望だけで信じて、表面的な知識を身に付ける人もいるみたいだね。

事実、直感的には霊的な自分を感じたとしても、いざ、「自分の実体とは」と問われたときに、実在論に染まった現代人は、どうしても、自分を特徴づけるものや、自分が自分である証《あかし》を、客観的なものとして、すなわち外界の「物」として存在することを実証したがるんだよ。

一郎　話が難しくなってきたなあ。

光　じゃあ、「人間の身体を構成している物質は八年で代謝してしまう」という事実を知ってるかい？

一郎　ああ、聞いたことある。

光　どう思う？

一郎　自分とはいったい何だ？　と思うね。

光　考える切っ掛けを与えられるだろ？　じゃあ、自分とは何だと思う？

一郎　物質ではなさそうだし、物質の組み合わせかな？　それとも、物質を繋ぎ合せているものとか、肉体に宿っているまだ発見されていないものかなあ？

光　ということは、君もやはり、なにか客観的に実在するもの、まだ知られていない物質が宿っているのではないかと、希望を持つわけだ。

一郎　まあそうだな。でなきゃ、自分はどこに行ったのか、ということになるからね。

光　そこでだ。ある外科医が、「私は何千回も手術をしてきたが、魂なるものを発見したことはない」と訴えたとしたら？

一郎　もう、肉体でない自分なんて考えるのが面倒臭くなるね。スピリチュアリストの言ってることが、なにか戯言のようにも思えてくるよ。

光　ところがだよ。ついこのあいだ、人の死の直後に体重が約21・5グラム減るという事実が実験で判ったんだよ。

一郎　へえー！　それじゃ、もう決まりじゃないか？

光　もっとも、この実験と結果は百年前から知られているんだけどね。それに、何人もの人で実験したんだけど、結果がまちまちで、信憑性《しんぴょうせい》が低いらしいんだよ。

一郎　なんだ、新発見じゃないのか。

光　まあ、ここはとりあえず、たしかだということにしよう。それでも、僕にしてみれば、「そんなことで」という感じなんだよ。

一郎　どうして？

光　なぜなら、この実験結果でたかだか言えることは、「人間を構成しているのは、いわゆる肉体だけではない」ということだからだよ。どうしても僕たちは、人間の本質、その人の実体というものを、なにか客観的なもの、外界の物で説明しようとするんだ。

それじゃ、この実験で体重が減った分の未知の物質を「霊体」と呼ぶことにするよ。そのとき、その一つひとつの霊体は、誰が受け持つのかが問題になるんだよ。
なぜ僕が僕の霊体なのか、そしてなぜ君が僕や他の人の霊体でないのかを説明できていないんだ。結局、誰がその霊体なのか、いつまでもその疑問は残ることになるわけだよ。

一郎　それじゃ、はじめの話に戻っちゃうじゃないか。肉体をただ霊体に置き換えただけだよね?

光　そうなんだよ。
ああ、ここで断っておくけど、人間の実体は「霊」であって、「霊体」はあくまで衣だからね。まったく別物だよ。その人の個性や過去性は霊体に収められていて、霊媒師などはそこから発するオーラを読み取るらしいよ。そして、どうやら本質の霊は「空《くう》」らしいよ。

一郎　えっ?　もし本質が空で、個性を持たないなら、自分をどうやって自覚すればいいんだい?

光　そうだよねえ。たとえ、自分という本質すなわち霊が、進化して次元上昇して、ある特定の過去性を持った衣すなわち霊体を脱ぎ捨てても、なぜその過去性を持った霊体に宿っていたのかという疑問は永久に残るからね。
本質の霊は霊体を捨てて個性を失っても、自分であり続けなければならない。霊は不滅でありながら、水素原子のように個性はなくなる。そんなことあり得るか?　自分とはいったい何者なのか?　永遠に存在し続ける不滅の存在、神の片割れなのか?　それとも悪魔なのか?
学生の頃だったかなあ、僕はね、ベッドに寝そべっていて、そんなことを考えていたとき、急に恐ろしくなって、身震いしたことがあるんだ。

一郎　ホント、僕も訳が分からなくなってきた。

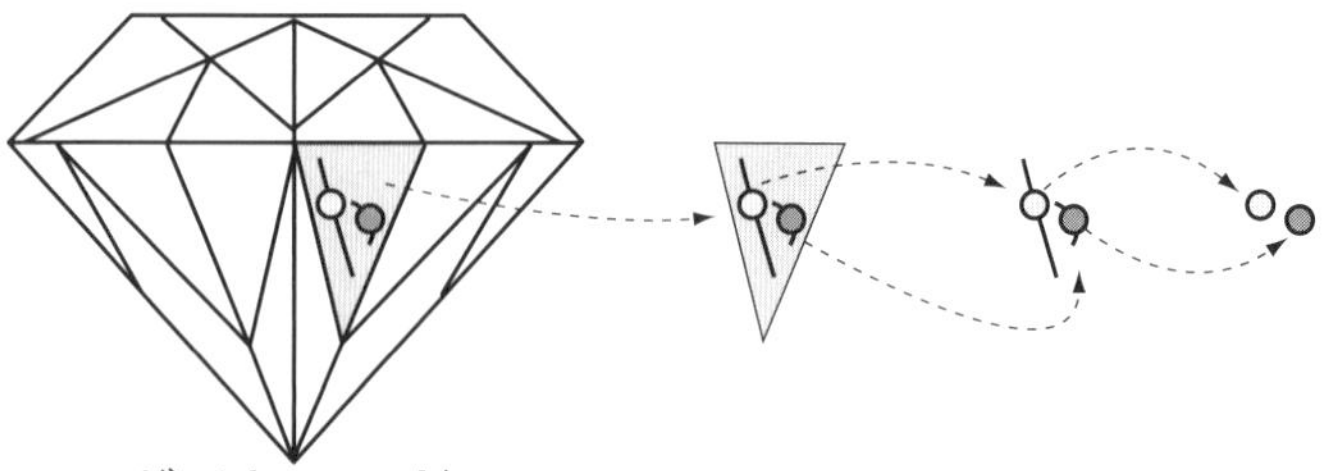

光　ということはだよ、考えられるのは一つ、自分の霊が大きな集合霊に吸収されるということだ。一つの雨粒が海に吸収されるように。そして、必要なら、また蒸発して雲になって雨粒になるように、別の人になれるということかな。

そのとき自分とすべての存在が繋がっていて、一体だと知るわけだ。よく近似死体験をした人が言ってることだよ。物質界の経験ではないから、何とも表現し難いらしいけど。【註2】

一郎　みんな繋がっていても、自分だという自覚はあるというのかい？　どうも解せないなあ。

光　このあたりの話は、霊の階層や進化、分霊、集合霊、霊団の仕組みに尽きるんだろうけど。

カットされたダイヤモンドに喩えると、ダイヤモンド本体が主（人格神・二級神）だとすれば、各側面が高級霊で、ある側面が三角形なら、その側面に当たる三辺がそれぞれ集合霊、そのうちのある一辺の端点が分霊、すなわち一人の霊というわけだ。だから、各々の霊は同一ではないけど、一体なんだ。

一人の霊は、ダイヤモンド本体にとってかけがえのない一つの側面だ。特定の役割を担う分霊だ。だから、こうしてこの世で生を受けてるときでも、他と一体なんだということを心得ることが肝心なんだ。

一郎　一体だっていうことは掴《つか》めたけど、個性がなくなっていきながら永遠不滅だっていうことが、まだよくわからないなあ。

光　今の喩えをちょっと手直しするよ。

主がダイヤモンドだとすれば、それに含まれる平面や曲面すべてが高級霊で、その各面に含まれる直線や曲線すべてが集合霊、そこに含まれる各点が分霊、一人の霊だ。

そこで、各点は線に吸収されれば個性を失い、各線は面に吸収されれば個性を失い、各面はダイヤモンド本体に吸収されれば個性を失う。しかしそれでも、それぞれは、はじめから存在し、永遠不滅のかけがえのない役割を持っている。そして、ダイヤモンド自体は、彫刻家が木材から仏像を彫り出すように、はじめからその中にあったように原石から削り出される。【註3】原石が本源の神さ。

一郎　結局、自分とは何者なんだい？

光　やっぱり、本源という神における一つのかけがえのない側面だよ。神の子なんだ。

一郎　ああ、なんとか腑《ふ》に落ちたよ。でも君はどうしてこんな厄介な問題に取り組むんだい？

光　覚者から頭ごなしに集合霊だの分霊だの言われて、「信じるか信じないか」で済ますのでは、けっして悟りには向かわないからだよ。【註4】

考えるという実践、省察によって、自分の力で深信《じんしん》を得て、地に足の着いた信仰ができることを願うんだ。それが道だよ。

道は決まった

どう生きるべきか？などと聞かれたら、「そんなものは人それぞれで、決まったものはない」「問うこと自体、無意味だ」と一蹴《いっしゅう》するだろう。

しかし、なぜ生きるのか？　なぜ生まれてきたのか？　と聞かれたら、考えるだろう。考えれば自《おの》ずと、どう生きるか（様式ではない）道が決まるだろう。それが解脱への道だ。

自分が霊的存在だとわかれば、「死んだら終わり」ではない。生まれる前と死んだ後を含めたトータルな人生を考えるはずだ。今回、この肉体に宿って地上に生を受けたのは何か意味があるからだ。

「死んだら終わり」だと固く思っている人は、「どうせ死ぬんだから、損をしてもつまらない」「他人を陥れてでも、あるいは社会に混乱をもたらすとわかっていても、生きているうちに自分が得をして快適な思いをすればいい」というエゴイズムに走ることだろう。

でも、一度、霊的自覚をすれば、そういった利己的な発想は浮かばないはずだ。無責任な行動はできなくなるのだ。地上に生を受けたのはエゴを克服するため、それによって霊的進化を促すためなのだ。

積極的には、社会奉仕（利他業）をすることで真の平和をもたらす（仏国土をつくる）ことであり、消極的には、霊的不正をしないことである。

戦争・貧困・飢餓の原因はエゴイズム、エゴイズムの原因は、唯物主義、唯物主義の原因は霊的知識の不足、霊的知識の不足の原因は疑いと盲信、疑いと盲信の原因は省察（理性）の欠如である。

逆に辿ろう。理性を保ち省察をすれば確信（深信）を得ることができ、確信を得れば霊的知識が身に付き、霊的知識が身に付けば唯物主義は滅び、唯物主義が滅びればエゴイズムは消滅し、エゴイズムが消滅すれば戦争・貧困・飢餓がなくなる。すなわち平和が訪れる。

私は、精神世界や宗教への入り口で迷っている人、躊躇《ちゅうちょ》している人に、自信を持って入れるようにする役目、また逆に、安易な気持ちや短絡的な理由で入りかけた人を一度引き戻し、盲信を深信に変える役目、言わば入信のための案内役を勝手ながら預からせていただくつもりである。

一体と同一

ある賢人は、「人間は神の様態である」と言って、神を海に、人間を波に喩《たと》えた。海と波は常に一体だが、同一というわけではない。それでも、もし、海を表現しろと言われたら、絵をかく場合は、波をうまく描くことで海を表すだろうし、音楽なら、波の音をうまく入れて海を想像させる。そういうことを肝に銘じてほしい。

イエスの教えにない「三位一体」が後世に人によって認められたというが、それ自体は特に問題にする必要はないと私は思う。【註5】

だが、そこからなのだ。もし、神とイエスが「同一」だというようにすり替えてしまったとしたら、それは危険だ。肉体を持ったイエスを崇拝するのは完全に本末転倒だ。そうやって宗教は末法になっていく。

人間とは、肉体的存在でもあり、同時に霊的存在でもある。電子が粒子であると同時に波動でもあるように。それらはともに「側面」である。

イエスも私たちも、肉体であり霊であるから、人間である。ただ、イエスは霊的には高級霊（一級神）だということである。

海そのものは形を持たず、波によって表現されるように、神（大霊）は、形を持たず、イエスや私たちのような人間によって表現されるのである。私たち人間は神と一体ではあるが、同一ではあり得ない。人間が人間を崇拝するのは間違いである。

いや、この世にいない人を崇拝するうちはまだマシかもしれない。現存する人を崇拝して権力構造を作って、カルト化することがしばしばあるから、気を付けなければならないのだ。

慈愛に満ちた原初の人間ならともかく、言葉が氾濫する今の世では、言葉に対する免疫が必要になってくる。ブレないように。それが「考えること」なのだ。

イエス本人は、「ただ神の言うことを伝えているだけだ」と言って、自分が人間だということを主張したという。

天は語らず、ただ人をして語らしむ。神は自分の本源、みんなの本源、つまり、宇宙の本源だ。神を崇拝することは、何か自分とは別の存在を祭り上げることではない。自分が本源に帰ることを意味する。

イエスも他の聖人も、言うことはこれだ。

「我々は水路であることを知れ」

自分の本源、すなわち宇宙の本源からアイデアをもらい、人間の言葉で伝え、自分や人々の霊的進化を促す。これが肉体を纏《まと》って生きる目的だ。一人ひとりがそのための水路だ。【註6】

臨死体験は幻覚か?

世間では相変わらず、臨死体験の真偽について議論を繰り返している。

残念なことに、何千何万もの臨死体験者の証言があるにもかかわらず、一般の人は、未だに信じるか信じないかの域を脱せず、科学的証明がなされていない。むしろ科学者の中には、それらをすべて、脳の活動による「幻覚」だと言い張る人たちがたくさんいる。

近頃、ようやく、権威ある外科の執刀医が臨死体験者の証言から死後の世界を肯定し出して話題になっているものの、そこにある根拠はやはり権威だけである。

一方の臨死体験者本人たちは、「そこに木がある」というぐらい明らかで、およそ幻覚とは程遠い確信を得ているものだから、議論する気にもならないだろうが、私たち体験したことがない者たちは、体験中の人の横たわっている身体を見るのが精いっぱいであって、「脳」という外界の物質の活動が観察できるだけなのである（体験中、脳がまったく活動していない場合もあるという）。

そこである人は、「臨死体験は、脳の活動が作った幻覚だ」「睡眠中に見る夢と同じだ」と結論付けるわけである。

もっともそれを言うなら、今体験している世界が夢でないという保証はどこにもないのだが、それはさておき、果たして、本当に脳が「原因」で、体験が「結果」なのだろうか？　一方的な実在論（観念論）ではないだろうか？

たしかに、脳は身体全体をコントロールする身体の中枢ではあるが、あくまで外界の「物質」である。たとえば、私たちは、素晴らしい音楽に感動しているとき、脳は何らかの活動をしているはずだ。ラジオなどの再生機で音楽を流しているときも、デッキの各周波数の音量の棒グラフが絶え間なく変化する波を形成する。そのとき、感動と活動は、どちらが原因でどちらが結果というわけではない。つまり、「因果関係」ではなく、「対応関係」である。

同様に、臨死体験をしているときに、その人の脳は何らかの活動をしている。ただし、それらは「対応関係」にすぎない。つまり、臨死体験は脳が生み出したものではない。逆に、脳の活動は臨死体験が生み出したものではない。

それでも、ある人は、「それは睡眠中の夢も同じだ」と言うかもしれない。

夢というと、暗黙の裡に、体験中の人の意識を勝手に身体に閉じ込めて話を進めている。この時点で、他人の意識という「語り得ぬこと」を語ってしまっている。これが、「体外離脱」を認めない原因である（スピリチュアリズムでは、人はみな睡眠中に霊界を旅しているという）。臨死体験をしている本人は、ともあれ語り得ることを語っている。脳に活動を観察している人も、ともあれ語り得ることを語っている。

臨死体験は事実である。脳の活動も事実である。

誤解のないように断っておこう。私は、臨死体験を肯定しているのではない。だいいち私は非体験者であるから、私の口からは臨死体験を語ることはできないのだ。肯定しているではなく、否定する人たちのその根拠とするものが、論理の使い方の間違いから生じる極めてお粗末な代物だということを示そうとしているにすぎない。

もちろん、霊的なものは、省察によって確信することができる。臨死体験をはじめ、死後の世界や霊界の事情そのものは、それに通じる人たちに委ねるとして、私は、ただ、「自分＝自分の肉体」ではないということ、すなわち人間が霊的存在であることを、理性によって捉えるという実践を紹介する。霊的なものを拒絶する人たちの防御壁を崩すのが、私の目的なのである。

地球外生命

私たち地球人類は、地球外生命の存在に夢を抱き、他の惑星や衛星を探索しながら、いまだに発見されていない。この分だと、知的生命など夢のような話に思える。

それにしても、なぜ、いつも「地球型」の生命を探すのだろうか？　それに、なぜ「生物」ではなく「生命」という言葉を使うのだろうか？

プロの科学者たちは、「水、有機物、エネルギー」の３大要素が備わっている環境を探し、それ以外には生物の可能性を認めようとしない。もっとも、プロの方たちはいろいろな事情で保守的にならざるを得ないのだろう。

そのへん、自由な哲学者は、「たとえば、宇宙では、石ころが転がっただけなのが生物なのかもしれない」などと、遠回しに批判したりする。

ともあれ、生命に関する研究の王道は、一方では、生命を機械論的、決定論的に見ながら、一方では、生命を、生物とは区別するかのように、意思のあるものとして、生気論的、目的論的に見ている。まるで、物質から意識が生まれたのが当然であるかのようである。はっきり言って、唯物主義である。

しかし、本当に物質が進化して生命が生まれたのだろうか？　私たち人間は、もともと宇宙の塵なのだろうか？

スピリチュアリズムでは、人間をはじめ、他の動物にも、植物にも、鉱物にも、それなりの霊が宿っている。霊がなくて、「物」だけでは動かない。

たとえば、人間が死んだとき、死体を構成する微生物やその他の物質はそれなりの霊が宿っていて存続するが、肉体全体を司る霊はシルバーコードが切れて離脱してしまっているから動かないのだ。つまり、高次元の存在があってはじめて低次元の物質が機能するのである。
今の地球上の人間に宿っている霊は、人間の肉体が整ってから生まれたものではない。

真実逃避

ここでは、はじめから絶望的なことを言わなければならない。地を這う人、この世的な人の思考回路というのは、どうやら修復不可能のようだ。

粘り強く省察の実践を促し、やっとのこと、「人間は霊的存在なんだ」と導くと、ある新興宗教を持ち出して、「それって、あの団体の受け売りでしょ?」「教祖だって、結局金儲けだよね」と言って、話を逸らす。

かりに、その教祖が金儲けだとしても、どうして人間が霊でないということになろうか。

要するに、考えればわかることを、考えずに、信じるか信じないかの盲信に逃げ込んでしまい、相手をも盲信に追い込んでしまうのである。考えるのが怖いのだろう。

考えると、しがみ付くものが消え、地を這う自らの身を保つことができないのだろう。

とりわけ、霊的行動をする人や霊的真理を説く人に対し、「現実逃避だ」と諌める「地上の住人」には、つける薬はない。

そもそも言葉の上で、「逃避する」というとダメに聞こえ、「逃避しない」というときちんと向き合って対処する立派な行為のように聞こえるからだ。それが、無益な戦争に対してであっても。

彼らは、そのように地上の産物である心理学や道徳を借りてきては、それを巧く自分の強みにして、霊的真理を説く人たちを精神異常者扱いし、自分は尊敬を受けるべき立派な人間に成り済ますのである。

霊的真理を説く人たちしてみれば現実逃避なのではなく、幼少の頃からそちらに拠点を置いているだけなのだ。つまり、もともと地上の旅人なのだ。戦争とは即やめるものなのだ。ただし、降伏するという意味ではない。なにも、地上生活を疎かにしていいと言っているわけではない。むしろ、充実させるのだ。良く生きる、霊的に生きるということだ。


「現実を大切に」と言うと、地上の住人は、「損得勘定の計らいと解決」に必死になることだと思ってしまう。それもそのはず、彼らにとっては地上がすべてであり、肉体の死はすべての終焉だからである。

それに対して、地上の旅人は、そういうものを超越して霊的人生を送ること、良く生きることが、すなわち現実と向き合うことなのだ。

ともかく、地上の住人たちはこの世に対する執着が強いものだから、地上はむしろ、居心地がいいのであろう。それでも先述の如く、省察を促せば、少しの間は考えるのだ。なぜなら、もともとみな霊的存在だからだ。

でも、たいがいはすぐに戻ってしまい、その習慣は続かない。霊的真理を知らないため、何もない死後に恐怖を覚え、その恐怖から逃れるために考えることからも逃れる。けっして精神異常ではないが、霊的病気に罹っているのだ。

彼らは、思考回路が「成功するにはどう生きるか」だけになっているため、最後には「人それぞれだ」と言って、末端の様式に当たる「生き方」の問題にすり替え、「真実逃避」をするのである。【註7】

彼らにとって、戦争とはすなわち戦場に居ることなのだ。勝利は善であり、必要があってもなくても、とにかく争う。不利になれば降伏する。あとは、「道徳的にどうのこうの」という非建設的な地上の議論に追い込むだけである。

それは、そういう主義や思想なのではなく、そういう状態、つまり霊的病気なのである。

もっとも、病気と知っているならば、自然治癒力に任せて自分でも治そうとするものだが、地を這う人間というのは病気だと思っていないか、病気と知っていても中毒だから、アル中患者と同じで、治す気がない。だから、霊道に導く医者が現れても、拒絶するのである。

十年振りにお会いした七十五歳の絵の恩師が、頬杖をついて静かに呟いた。

「人間おかしくなっているから」「こんなに媚びていたんじゃねー」

世の中の厳しい状況にあって、「仕事をするには人間を壊さなければならない」と言って、物質的生活のためという大義名分の下に、カネの奴隷になる地上の住人が至る所で幅を利かせている。しかし、それに乗ってしまっては地上に生まれた意味がないのである（何度でも生まれ変わって同じことを繰り返す、いや、もっともっと悪い所に生まれることもある）。

だから、いかなる場合でも、どんな状況にあっても、尊厳を保たなければならないのだ。苦しい時こそ、それが試されるのである。

尊厳を捨てる（魂を売る）とき、この世的勝利がそのまま霊的敗北である。「肉体が死んだら終わり」ではないのだ。地上の住人は、死んだら終わりだと思っているから、平気で嘘をつく。しかし、人間は霊なのだ。それを弁えていれば、容易には利己的な嘘をつけない。人間を壊したら、それこそ終わりなのである。

肉体は存続しても、動いているにすぎず、生きていない（旧約聖書でいえば、エジプトへ帰るようなもの）。尊厳を捨てれば、いつまでも課題を残すことなり、永遠に輪廻を繰り返す。尊厳を捨てずにいれば、肉体は滅んでも、永遠に生きる。

しかし、またそう言うと、地上の住人たちは、もし言う人が不遇の身であれば、「そんなのは現実逃避だ」「自分のことが満足に出来てから言え」と言い、もし言う人が物質的に満たされていれば、「そんなことを言っていられるからだ」と言って、「真実逃避」を繰り返す。つまり、あくまで唯物論が前提にあるのだ。

生活のために仕事をするのは霊的不正ではないが、カネの奴隷になるのは霊的不正である。尊厳を捨ててまでエゴに走るのは、無益な争いを促し平和から遠ざかるからだ。

なお、「守りに入る」のは、その場は争いが収まり楽だから、一見平和をもたらすように思えるが、そうではない。それは、戦争好きな大国の傘下に入るのと同じで極めて危険なのである。戦う時には戦わなくてはならない。それは、エゴのためではなく平和のために。

地を這う人たちに問い質《ただ》したい。

自尊心を捨てることは良いことかもしれないが、どうして尊厳まで捨ててしまうのか？「自分は偉くない」と思うこととは、身も心もカネや権力の奴隷になることなのか？　我を捨てることは、理性を捨てることなのか？　あまりにも短絡的ではなかろうか？

では、このような状態は日本だけなのだろうか？　日本は昔からこうなのだろうか？

私はいつだったか、外国を引き合いにそれを指摘したことがある。

すると、彼らは、「ここは日本だ」「私は日本人だ」と言って、日本人の国民性ということにして合理化、正当化してしまう。

国民性という性質や思想ではなく病気なのだと強く訴えても、「あなたは外人なんだ」と、国民性を装って村八分にしようとする。そうやって、考えることから逃げる。

たしか外国からは、日本人は真面目で正直だという評判を得ているはずだ（その点で極めて日本人的な？私が「外人」などと呼ばれるのは心外だ）。どうもそのへんが外国と複雑に絡んでいるらしい。

古来、日本は徒弟制度が確立していて、どこへ行っても生活できるように手に職を付けて自立した社会人になったという。つまり、媚びないで生きる知恵を備えていた。

のみならず、霊性を備えていた。日本人は優秀だった。

それを欧米人がぶち壊し、日本人は骨抜きにされたのだ。嘘が入り込み、日本人の順応性や集団性と変に結びついてしまった。どうやら、嘘の世界に順応してしまった人たちが徒党を組んでいる。

当の欧米人は権力と戦うが、日本人はまさしく国民性と妙に結び付いて守りに入ってしまった（ほかに日本と同じ状態の国があるかどうか私は知らないが)。

これも闇の勢力の思惑通りの支配なのだろうか?

しかし、それを言うと、地を這う人たちはまた、「そうなんだから仕方がない」「生きるためにはそうするしかない」と言い切って、最後まで徹底して自らの御身安泰だけの優等生的な解決を図るのだ。

これは、どんなに言い張っても霊的不正である。それでは地上経験の意味がない。

少し乱暴な表現になってしまったが、諦めることも必要だと思う。


もう地を這う人は放っておこう。

意識ある人よ、行動せよ。

智慧を取り戻そう。

【註1】少なくとも、「自分の肉体が死んだら自分がいなくなる」という思い込みの呪縛からは逃れるだろう。とかく、地上に生きる人間は、「自分＝自分の肉体」を大前提として、自分の肉体はいなくなる。だから自分はいなくなる。という第一格の提言的三段論法を暗黙の裡に使ってしまう。このように、論理的な思考回路が霊的真理の受け入れをブロックしてしまうことがよくある。

【註2】個性を失っていっても、自分という自覚がある。いわゆる実存である。自分という霊的存在は実存界という大海から分かれた雨水である。

【註3】原石を神とする。スウェデンボルグの霊界体験では、「主」は姿形があり会った人がいるが、その背後にいる「神」には会った人はいないという。インペレーターも「天照大神やキリストのような二級神以下を霊視した者はいるが、宇宙の大精神たる絶対神を見た者は未だない」と言っている。

【註4】一躍跳入如来地

【註5】キリスト教の正統派が、「三位一体、経典、経典の翻訳」の三点を唱道するのは、経典病の弊害である。神は罪悪に対して代理者の犠牲を要求するなどということは絶対しない。われ等の使命は、地上の産物たる神学を撲滅し、これに代わる、より正しい教えを以ってすることである。等々。（霊界における最大・最高の類魂団の統率者インペレーターの霊訓）

【註6】「水路＝channel」チャネラーは特別な人ではなく、一人ひとりがチャネラーである。

【註7】地上の住人は、「人間は成長しなければならない」「他人から施してくれるようになるには、まず自分が他人に施すことだ」と説く。地上の住人にとって、人間の成長とはすなわち「世間ずれ」することをいう。一方、地上の旅人は、「人間は霊的成長をするために地上の経験をする」「持ちつ持たれつというのは後からそう言えることであって、見返りを前提に、他人に施すものではない」「ただ自分のすることをして、それが他人のためになればよいわけであって、他人に好かれようなどと思って行動するのは、エゴイズムである」と説く。地上の旅人にとって、人間の成長とはすなわち、汚れた世の中での「無垢の獲得」である。泥の中に咲く蓮の花のように。「人間の成長」一つとっても、出発点で、まったく反対の方に向いているわけであるから、話にならないのである。

即非と絶対矛盾的自己同一

仏法で基本となるものに、即非《そくひ》の論理と絶対矛盾的自己同一《ぜったいむじゅんてきじこどういつ》がある。

ところが、日本が誇る鈴木大拙《だいせつ》や西田幾多郎《きたろう》の懸命の努力にもかかわらず、一般の人にはなかなか浸透していかないようだ。

その説明が抽象的で難解だということもあるが、それよりも、実生活であまり役に立たないと思われているからだろう。

もしそう思われているなら、とんでもない誤りである。むしろそれらは、平和な社会の実現には絶対に欠かせないものである。

同じ東洋思想の中庸や陰陽を含めて、私は身近な題材と具体的な方法で、それらを読者に体験していただこうかと思っている。

即非の論理

光　人間がはじめに数を考えたとき、まず何という数を考えたと思う？

一郎　1だと思うけど。そうすれば、2も3も10も考えられるし、1/2だって考えられるんじゃないの？

光　本当にそうか？　1だけ思い付くなんてことあるかい？　何か比べるものが他にあるから1を思えるんじゃないのかな。

一郎　そうか。でも、1とか2とか呼び方や書き方を決めたときは、やっぱり1が最初なんじゃない？

少なくとも、1/2が先にあって、1が生まれたとは考えられないけどね。

光　うーん、決めたときの時間差はあったかもしれないけど。僕が言いたいのは、2や3が頭にないのに1を決める気がするかということだよ。

一郎　たしかにそんな気は起きないけど。

光　とにかく、何か特定のものの存在を意識して表現するとき、必ずそれ以外のものを含めた全体の存在を暗黙の裡《うち》に認めているということだよ。「1を考えたとき、すでに2や3その他の数が同時に存在する」ということ。1に限らず、百万や円周率πを考えるときでも同じだよ。「甲は甲でない、だから甲だ」即非の論理だよ。少し硬く言うと、一即一切、一切即一。

一郎　ということは、数だけじゃなくて、あらゆることに当てはまるよね。明るい所とか、速い乗り物とか、無限とか、美しい人とか。世の中、美しい人ばかりだったら、美人なんて言う言葉はそもそもないもんね。

光　まあ、基準は曖昧《あいまい》だけど、相対的なものはみな言えるよね。その中で、二元的なものは、即非というより「陰陽」の関係だね。「明るい　暗い」に関しては、映画館に入った時に誰でも経験してるだろうけど、はじめは暗くて周りが見えないけれども時間が経つと慣れてきて見えるようになる。これは生理学的なことより、僕たちは元来、極端なものを許さないってことさ。色もそうだけど、君は赤だけの世界ってあると思うかい？

一郎　部屋の壁をすべて赤く塗れば、しばらくはそういう世界を体験できると思うけどなあ。

光　でも、その部屋の中にずっと居たらどうなるだろうね？

一郎　おそらく、慣れてきて、赤くは感じなくなると思うよ。壁の中の少し青味がかった染《し》みなんかを青と認識するかもね。

光　色についてはあのゲーテが主張しているし、有名な「補色の実験」もあるし、とにかく赤だけっていうのはないいんだ。じゃあ、偶然と必然はどうかな？

一郎　うん、だけどたしか、霊的には偶然はないって聞くけどねえ。「袖《そで》擦《す》れ合うも他生《たしょう》（多生）の縁」って言って、霊界は必然性に満ちていると。

光　それはこの世的な言い方だね。霊界には必然もないいんだよ。

一郎　えっ？　ああそうか、偶然があるから必然もある、必然があるから偶然もある、ということは、偶然がなければ必然もないいんだよね。

光　霊的次元では、偶然と必然は溶け合っているんだ。そもそも偶然とか必然とかいうのは人間界の概念なんだよ。

　ところで、「1＋1＝2」についてどう思う？

一郎　うーん、子供の頃は、「＋」が単なる寄せ算だということを素直に受け入れていたし、ただの言い換えだと思っていたんだけど、今は「＋」がボウリングのスコアのようにもっと有機的な意味があってもいいと思うし、同じものならわざわざ書き表す必要があるのかなとも思うよ。

光　そのように考えるのは大切だよ。「三人寄れば文殊《もんじゅ》の知恵」と言われるように、単なる三人と集まる三人には、人間的有機的に見れば、違いがあっても不思議ではないよ。それでなくても、「＋」という記号を敢えて使うのなら、足すという行為そのものはどこに行ってしまったのかなと僕も疑問に思うよ。

この等式が納得できなくて学校をやめた芸術家がいるけど、僕も芸術家の端《はし》くれだから、気持ちは分かるんだ。【註1】なんだか、「あなたとあの人は身長が同じだから同じだ」と言われてるようなもんでね。まあ、それでもこの等式は世間で通用してるわけだから、ひとまず認めよう。

君が言ったように、同じものならわざわざ「＝」と書き表す必要はないはずだよね。【註2】ということは、左辺と右辺に何らか違いがあるということだ。【註3】具体的になんだろうね？

一郎 模様が違う。

光 そう、見かけが違う限り、同じだという保証はどこにもないからね。

それから？

一郎 えーと、書く場所とか時間が違うかもしれない。

光 まあ、これは通常は暗黙の裡に無視してるんだけど、そうだね。「2＝2」と書いてもそれは言えるよね。一見、無意義に思えるかもしれないけど。

物質界の人間は、時間的空間的に「違う」という観念が常に頭の中にあるから、「同じ」とか、「無視する」とかいう意識が働くわけだ。ここにも即非が隠れているんだよ。君の言ったように、まったく同じだったら、「同じだ」なんて思うことはないんだよ。

一郎 じゃあ、これも霊界では溶け合っていて、一体なんだね？

光　近似死体験をした人の話では、表現し難いけれども、数量的に比較して、同じとか違うとかこの程度とか、知性で判断することがないらしいんだ。強《し》いて表現するなら、自分と他のものがすべて繋《つな》がっているという感覚らしいよ。

絶対矛盾的自己同一

光　あ、ちょっと話が逸《そ》れて深入りしてしまったね。
　ここで、最初の数の話に戻るけど、1や1以外の数全体、つまり「数そのもの」って人間がいなくてもこの世に存在すると思う？

一郎　虚数単位「i」なんかはいかにも人間が作ったように思えるけど、今の即非の論理から、1や2と同時に人間の中に存在するはずだよね。それに今の文明の人間じゃなくても、ムーでもアトランティスでも、プレアデスのような他の星でも同じように数は存在すると思うし、どう考えてもはじめからあるとしか思えないね。

光　ということは、僕たち人間が思い付くものや作りだすものは、すべてはじめから宇宙に内蔵されているということだね。
　宇宙空間は有限か無限かという問題も、即非によって、人間の中には両方が同時にあるわけだけど、本来その区別はなく一体であって、有限の延長として無限を作ってゆくと考えれば、「無限を作っていくから無限がはじめからある」と言うことができるんだ。〔『宇宙空間は有限か無限か？』167頁参照〕一見矛盾するような事柄が実は一体なんだという何とも表現し難いこの感覚、これこそ「絶対矛盾的自己同一」だよ。【註4】西洋の普遍《ふへん》論争は終結したね。

人間の視点が入るということは、そこに必ず何らかの物差しが入るということ。この世は陰と陽で成り立っているとも言えるんだ。

でも、今のような省察をすれば、民主制社会に定着している何でも極端に白か黒かに解決する習慣は、人間の迷いだってわかるだろ？　それによって極端なことをしなくなるわけで、ここに中庸（中道）の精神が生まれるんだよ。【註5】そして、そういうことは人間界だけのものだと知るんだよ。すべては仏の掌《てのひら》の上ということさ。

一郎　でもそれは論理的な帰結では到達できないよね？

光　うん、省察という実践、そして体得だよ。

それじゃあ、そろそろあの思考実験を取り上げてみようか。

一郎　あの思考実験って？

光　『人間の産物（人工物）を除いた地球の環境を「自然」と呼ぶのなら、人間が生まれる前の地球の環境はまさしく自然にほかならない。そしていつしか人間が生まれた。もし人間が自然でないというのなら、自然が自然でないものを生んだことになる。宇宙のすべての現象を分子の振る舞いで説明できるとするならば、それは自然が自然でない振る舞いをしたことにならないか。また、今もそうではないのか。』

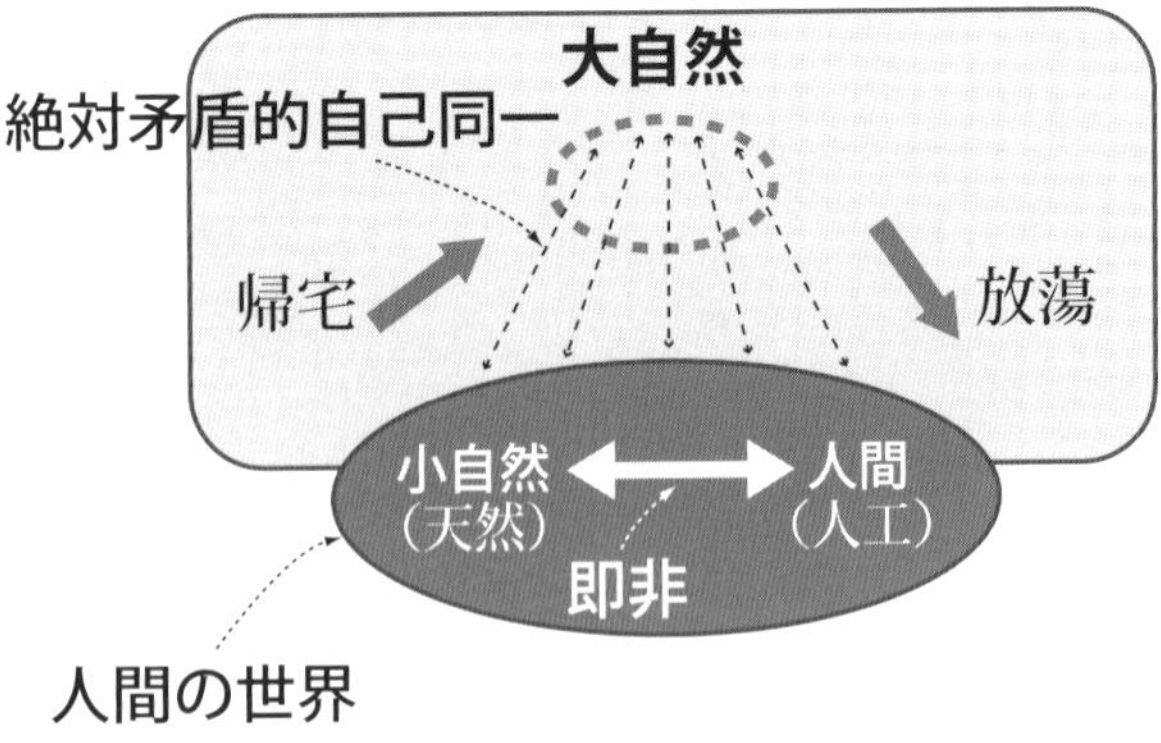

君はどう思うかな？

一郎　今までは、自然と人間って対立するように見てきたけど、よく考えてみると、普段僕らが自然って言っているのは、森や野生動物や気象など目に見える天然のもの、すなわち、計らいのないもの、人工でないものの「象徴」であって、所詮《しょせん》は計らいのある人間から見た「人間の世界」なんだって思うようになったんだ。

光　ああ、要するに、即非だね。

一郎　でも、君が提示したこの思考実験から、「自然と人間」そのものが大きな自然に包まれている感じがしてきたね。

光　じゃあ、人間から見た自然の象徴を「小自然」と呼ぶことにするよ。

そこで、「小自然と人間」を一体にした「人間の世界」と、それを包み込む「大自然」を融合すれば、人間が見ている世界とははじめからある世界の絶対矛盾的自己同一が完成するわけだ。

一郎　そもそも人間ってホントにこの地球で生まれたのかなあ？

かなり怪しくなってきたよ。

光　人間って宇宙にはじめから内蔵されている感じだよね。ほかの天体はともかく、何かの事情でこの地球に入植させられたのかもね。

一郎　修行か、罪人の更生か。

光　何はともあれ、これで放蕩《ほうとう》息子の帰宅だね。

浪費と吝嗇

光　じゃ、最後に、おまけだ。実は「浪費と吝嗇《りんしょく》」も一体なんだよ。

一郎　えーっ、ちょっと信じられないなあ。

でも形式からすると、たしかに対立するひと組には違いないし。どういうことかな？

光　僕の古くからのある友人のことなんだけど、そいつは高給取りにもかかわらず損得勘定に厳しくてねえ。

そいつは僕と同じ店の同じ商品を買おうとするときでも、まず僕が買って使ってみてから、その良し悪しで、それを自分が買うかどうかを決めるんだ。外出するときは、現金は少しだけ携えて、足りなくなったらその都度《つど》、銀行に寄ってカードで下《お》ろすという具合さ。

一郎　へえ、堅実というか、それは筋金入りの吝嗇家だね。生まれつきかねえ、それとも、過去に痛い目にあったのかねえ。

光　その理由について別の友人は、「現金が手元にあると使っちゃうからだ」と言うんだよ。

一郎　それじゃ、浪費家じゃないか。

光　なにも、手元に百万円あれば百万円使ってしまうというわけではないんだろうけど、カネを使う時の快感がたまらないんだろうね。

　でもそれと同時に、「余計に使ってしまった」という浪費の意識が伴うんだと思うよ。

一郎　ああ、浪費の意識が吝嗇を生むんだね。

光　そうなんだ。浪費や吝嗇は見かけじゃなくて意識なんだよ。
　たとえば君が不動産屋だとしたら、一千万円の高級車を現金で買っても、ステイタスのシンボルとするのなら、浪費の意識はないだろう？

一郎　まあそうだな。

光　ところが、高級車を買った君が五百円のコーヒーを飲んだ後に、近くの店でさほど変わらない味のコーヒーが二百円で飲めることを知ったら、浪費の意識が生まれるんじゃないかな？

一郎　たぶんそうだと思うよ。

光　つまり浪費とは「浪費の意識」であって、金額の大小ではないんだ。そしてその浪費を意識的に抑えることが「吝嗇の意識」であって、吝嗇そのものなんだよ。浪費と吝嗇は同時に起こるわけで、常に一対なんだ。それらは「解放と抑圧」という感覚の同一直線上の両極でもあるから、浪費家も吝嗇家も盲目的に感覚を追っているということだよ。

一郎　しょっちゅうあるよ。
　君は高価なものを買ったとき、「贅沢《ぜいたく》だ」と思ったことあるよね？

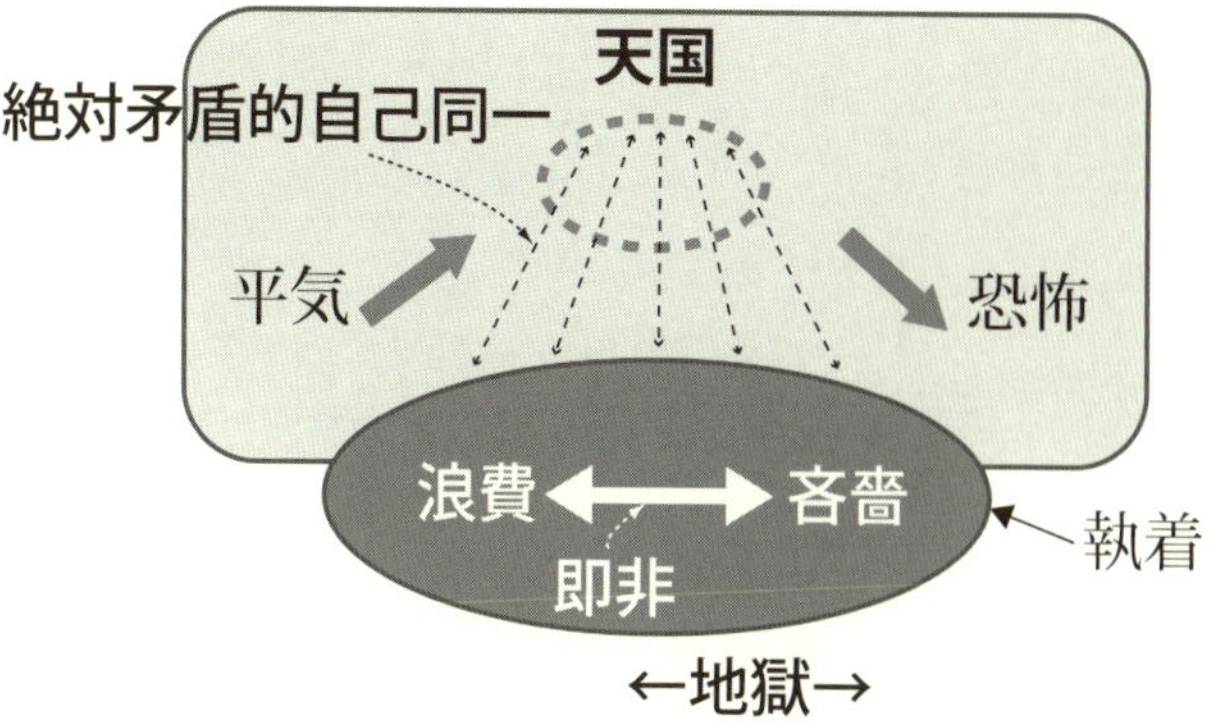

光　そのときのことを思い出してごらん。自分の中に、浪費と吝嗇が同居しているのがわかると思うんだ。

一郎　ああ、それは手っ取り早い方法だ。浪費家と吝嗇家は同じ穴の貉《むじな》なんだね。

光　そう、感覚ばかり追って、同じなんだということを反省しないと、浪費家と吝嗇家は地獄で永遠にいがみ合いを続けることになるんだ。【註6】〔『地獄とは』54頁参照〕

じゃあ、聞くけど、江戸時代の職人みたいに、「宵越《よいご》しのカネは持たない」という人をどう思う？

一郎　「浪費」ととれば、僕が浪費家なんだね？

ああ、そうそう、吝嗇家でもあるんだね。

光　そうだ。「カネは使う分だけを使ってあとは貯蓄する」という人は？

一郎　「吝嗇」ととれば、僕が吝嗇家であり、浪費家でもあるんだね。

要するに、執着があるかないかということだね。

光　最近、僕も買い物をするときに自分に言い聞かせるんだよ。

「恐怖を自覚し、そして静かに離れるべし」【註7】「中道を行くべし」
そう言えば、かつて同僚に、共産党員だけど大資産家だという人がいたなあ。【註8】
一郎　そんな人いたの？
光　本人曰《いわ》く、「オレはカネを使わない主義なんだ」
他のある同僚は、「カネを使わないのが彼の道楽なんだよ」と言うんだ。
一郎　そういう道楽だけはしたくないなあ。

地獄とは

昼休みの雑談中に、ある一人が切り出した。

「他人の悪口を言うと自分に返ってくるんだって」

すると、別の一人が、「そんなの迷信ですよ」

さらにまた、もう一人が、「それは、自分が悪口を言われないように、そう言って防御しているだけですよ」

そこに、私が割って入って、その真相を簡単に話した。

ここでは、少し詳しく話したいと思う。

周知のとおり、聖書にも、「他人を裁く者は自らも裁かれる」というのがある。でも、本当にわかっているだろうか?

簡単に言えば、ある事である人の悪口を言えるということは、少なくとも自分も同じ観点を持っているということだ。つまり、ある人が他人を裁くとき、「後で他人から裁かれる」のではなく、「そのときすでに自分自身によって裁かれている」ということである。

悪口が自分に返ってくるということの真相はここにある。

「俺はこういうのは嫌いなんだ」と言っていながら、よく観察すると、自分も同じことをしているなんていう人を、思い当らないだろうか? 要は、実際に行動するかしないかは問題ではなく、意識が有るか無いかである。地上の掟ではなく、霊界の掟である。

「姦淫しようと思って女を見るものは、すでに心の中で姦淫しているのである」

これも同じである。つまり、神は心を見るのである。

「そうは言っても、実際に行動するかしないかは大違いだ」と思う人もいることだろう。

では、良い例を紹介する。最も良い例は、やはり、浪費と吝嗇だろう。

これに関する悪口と言えば、おもに貧乏人が、「あの人は貧乏なくせに豪華なものを身につけているから浪費家だ」と言ったり、おもに金持ちが、「あの人は金持ちのくせに粗食をしているから吝嗇家だ」と言ったりすることだ(もっとも、その人の生活様式があるので、勝手に決めつけるものではない。単に意識の問題である)。

いずれにせよ、浪費や吝嗇を悪く言っていることに変わりはない。

では、このとき悪く言っている人に何が起きているのだろうか？

たとえば、あなたが街で買い物をしているときに、ある腕時計が目に留まったとする。値段は10万円。気に入ったのだが、値が張るため、買おうか買うまいか迷った。そこであなたは、仮に買ったとする。そのとき何を思うだろうか？

おそらく、「ちょっと使いすぎたかな？」と少し後悔したあと、「いや、ここで買わないなんてケチだ」と合理化するだろう。

ここで、振り返ってもらいたい。「使い過ぎた」と思った時点で、あなたには浪費の意識と吝嗇の意識がある。あなたは浪費家であり同時に吝嗇家なのだ。すなわち、浪費と吝嗇は同居しているのである。そして、この場合、吝嗇を攻撃している。つまり、自分を攻撃していることになる。

それでは、あなたは、今度は仮に買わなかったとする。そのとき何を思うだろうか？

おそらく、「倹約しすぎたかな？」と少し後悔したあと、「いや、この経済状態で買うなんて浪費だ」と合理化するだろう。

また、振り返ってもらいたい。

「倹約した」と思った時点で、あなたには浪費の意識と吝嗇の意識がある。あなたは浪費家であり同時に吝嗇家なのだ。すなわち、浪費と吝嗇は同居しているのである。そして、この場合、浪費を攻撃している。つまり、自分を攻撃しいていることになる。

浪費と吝嗇は、見かけ上の行動が別だというだけで、意識としては同じものである。一言で言うと、「執著」である。

他人の悪口を言うとき、自分はその人と違う行動をしたと言い張っても、同じ意識をもっているわけだから、結局、自分の悪口を言っているのである。

私たちの地上経験における一つの課題として、「二元性の克服」がある。浪費と吝嗇のほか、実在と観念（普遍論争の元）、機械論と生気論、自然と人間、等々、これらはそれぞれみな一体である。（即非）これら同じ意識の直線上で対極を攻撃することは、自分を攻撃することである。

この理（ことわり）を知って中庸（中道）を得ることが、道の第一歩である。地獄とはまさにこのことであり、理を知らないことである。

地獄とは、そういう世界が霊界にあるわけではなく、自分の想念が作り上げたものがいちばん下の層の幽界に反映されてできたものである。

ただ一つ懸念がある。

悪口を言わないことを絶対的に良いことだと曲解すると、世の中に対する「無関心」を招くおそれがある。

悪口を言ってはいけないとか、他人を裁いてはいけない、つまり、そういう意識を捨てなくてはならないと、一方的になってしまっては、社会が成立しなくなるのだ（そもそも「いけない」とか「いい」というのは、極めて地上的、肉的であって、聖人はそのような行動の規制をしない）。

極端な場合は、盗人や、殺人狂や、強姦魔を、放っておくことにもなりかねない（なくて済めばそれに越したことはないものが有るのが社会であり、社会は矛盾の上に成り立っている）。

中でも、おかしいこと（不満ではなく霊的不正）をおかしいと言わなくなるのは、たいへん危険なことである。

ともあれ、裁く者は裁き、裁かない者は裁かない。

たとえば、法律や道徳などの地上の掟に帰依している者は、よく地上的、肉的に人を裁く。そういう人は、他人から裁かれるのではない。

警察官や裁判官あるいは教師など、職務でそうする人は別として、自分自身を地上の掟に縛り付けているのであり、とりもなおさず、自分を地上の掟に則って肉的に裁いているのである。

同様に、聖職者や修行者など霊界の掟に帰依している者は、他人に法を説くときに、同時に自分にも法を説いているということである。

ただそれだけである。

私はなにも、利己的行動を地上的な観点から非難しているのではない。

私自身は、地上の掟に帰依していないため、他人に対して、「大人として恥ずかしい」とか、「みっともない」とか、逆に、「社会人として立派だ」とか「親孝行だ」などと、言ったことはほとんどない。「悪口や不満を言ってはいけない」とも思わないし、そう言って人を諭したこともない。

しかし、霊的不正に対しては、それを正すことはよくある（エゴイズム、唯物主義、理を知らないこと、を気付かせる)。

その場合、やはり、私自身を霊的に裁いていることにもなる。だからもちろんのこと、私の行動に霊的不正があれば、真っ先に私自身に霊的に裁かれるのである。

でも、それを覚悟でやらなければならない。

【註1】パブロ・ピカソ、トーマス・エジソン。

【註2】「A⇄A」無意義な命題（恒真命題）。真・偽を問わない。

【註3】「A→B」「B→A」有意義な命題。真・偽を問う。

【註4】絶対矛盾的自己同一を、自分と環境の一体化、「一即多、多即一」とし、あくまで人間の意識上の関係である「即非」とほとんど同じ意味で扱う人もいるが、私は敢えて、人間の意識と存在の一体化、すなわち実在と観念の融合、主客合一、普遍論争の終結を意味するものとして使い分ける。

【註5】中庸とは中程度のことをするという意味ではない。この話に関しては、そもそも中程度のことか中程度のものなどないことを言っておこう。善悪についてもそうだが、中程度の善や中程度の悪などない。善は悪を前提として見ているし、悪は善を前提として見ている。必ず両面を持っている。その両面を持っていることを自覚することで、自ずと極端な行動や思考に走らなくなり、中立することができる。その二元性を超越することが「中庸」なのだ。

【註6】ダンテ『神曲』（地獄篇）より。浪費家と吝嗇家が互いに責《せ》め合うことは、それぞれが自分自身を責めることでもある。浪費や吝嗇そのものが地獄なのではなく、即非の理《ことわり》を知らないこと、すなわち、無智が地獄なのである。

【註7】「金持ちが天国へ入るのは駱駝《らくだ》が針の穴を通るより難しい」（イエス・キリスト）という。この場合の金持ちとは、吝嗇家《りんしょくか》（浪費家）のことであろう。けっして「貧乏人が天国に行く」と言っているわけではない。金持ちであろうと、経済繁栄のために自然にお金が使えていれば、地獄へ行くことはない。つまり、お金に関して、天国へ行くか地獄へ行くかは、貧富の問題ではなく、「自然に流しているか、意識的に止めたり流したりしているか」の違いに尽きるだろう。

【註8】ある作家は、病床でこう言ったという。「今まで禅でいう悟りの意味を間違えて受け止めていた。悟りとは、平気で死ぬことではない。平気で生きていることだ」。「浪費―吝嗇」の意識から離れることは、恐怖から離れることであり、その観点において、平気で生きていることになる。「苦が有ること」に対して、「苦が無いこと」を求めるのではなく、苦を受け止めて、「空」になることが悟りなのである。思い通りになるときの快楽を覚えるのが天国なのではない。平気で生きていることが天国なのだ。

性偽善説

ここに取り上げた「性善説と性悪説」については、まず知らない人はいないと思う。だが、一部の人を除いて、日本人のほとんどが曲げて受け止めている。

原因はまず、学校教育の中で表面だけを紹介されて、ただ対立するかのように教え込まれているということ。それに、知識人の中でも原書を深く読んで理解している人は少ないということだ。

言い換えれば、即非の論理と絶対矛盾的自己同一を知らないこと、その使い分けができていないことに尽きる。一見、小さいことのように思えるが、実は戦後の日本の行く道を誤らせた大きな原因になっていると言っても過言ではない。

その一つの表れとして、人から裏切られたときに、開き直って、「人間は善ではない、悪だ」と自分に言い聞かせ、「自分さえよければ」という人生を歩む人が多くなったのである。

私はこれが日本人の信仰心を低め、ユートピア実現に歯止めをかけているのだと思う。ぜひこの機会に頭の中をすっきりさせて、大きな視点に立っていただきたい。

性善説と性悪説

一郎　世間一般ではよく、「あなたは性善説をとるが、私は性悪説をとる」なんて言うように、孟子《もうし》の説く性善説と荀子《じゅんし》の説く性悪説を対立させるみたいだけど、本人同士はどうなんだろうね？　だいいち、荀子は孟子の晩年に近い頃に生まれたとされているし、面識があったかどうかもわからないよ。

荀子は孟子が唱えたことを知っていたかもしれないけど、孟子は荀子が異論を唱えたかどうかなんて知る由《よし》もないわけだ。それなのに世間では、孟子の、

「善が先見的（ア・プリオリ）に備わっているからこそ、人間が必ず善を選び、悪を克服して、社会生活を営むことができる」という説と、荀子の、

「そのような善は偽りのものであり本物ではない、人間の本性は悪だ」という説を対立させているんだ。

光　彼らに関する古典をよく読んでごらん。見かけの上、仁や義というものが、幼少の頃に、後天的に先人から教え込まれるものだということは、もちろん孟子も認めていたのがわかるよ。

でも、それは人間にあらかじめ受け入れる器が潜在的に備わっているからこそ、言葉によって幼少の深層に刻み込まれて、以後の行為において引き出せるのだと念を押しているんだ。

それは、人間が生まれて来れば、そして人間の大人が育てれば、放っておいても必ず善が悪を制するということ。そういう知恵を生まれる前から備えているということ。そういう意味で本性が善だということなんだよ。

一郎　へえー、性善説のイメージが少し変わったよ。

たしかにそのような性質をあらかじめ備えているからこそ、僕たち人類の一派は人間となって社会生活をしてきたんだろうし、それ以外の人類は絶滅の道を辿《たど》ったか、動物のまま生息しているかなんだろうねえ。

光　狼少女の例にもあるように、人間は幼少の頃までに人間に人間としてしつけられなければ永久に人

間にはならず、善も悪も生まれないわけだ。逆に狼やその他の動物はいくら生まれてからずっと人間に育てられても人間にはならず、善も悪も生まれないいんだ。

一郎　ということは、人間の善悪は肉体が生まれたあとに教え込まれるものではあるけれども、それは人間だからこそ顕《あらわ》れるのであり、他の動物ではそれさえもないのだから、人間には最初から善悪の要素が備わっているともいえるんだね。

それにしても、荀子はなぜそこまでして、そのような善は偽りのものであり本物ではないと強く訴えたんだろうね？

光　人間は自己愛に満ちていて、社会生活のために善を装っているだけだと。そしてそれが地上に住む人間の本性だと言うんだ。

真空から粒子が生まれるとき、同時に必ず反粒子が生まれるように、悪が生まれるとき、同時に仁義《じんぎ》禮《れい》智《ち》忠《ちゅう》信《しん》孝《こう》悌《てい》などの善（小善・偽善）が生まれるというわけだ。

悪を悪と認識するということは、すなわち、奥底に本当の善（仏性）があるということで、その表面的な表れとして小善・偽善があるわけだ。だから、目に見えている小善・偽善は仮のもの、神に対する神の化身、信仰心に対する参拝みたいなものなんだよ。

表面的なもの、表現されたものに真実を求めてはいけないんだ。荀子はただそれだけを言いたいんだよ。

一郎　でもどうして分離してしまったんだ？

光　人間が物質界で生活するようになったからだよ。エゴが生まれたからだよ。

スウェデンボルグが他の天体の霊に聞いた話によると、地球上の最初期の人間は専《もっぱ》ら仁愛に生きていて、自己愛や世間愛そして法律（世法）には無縁だったらしいよ。

また、それに比べると、今の人間の霊魂は、その内的なものと最内奥のものとにおいては、たしかに自分の隣人を愛するようになっているけれども、人間の外部、つまりその自然的な心とその形態的な衝動は、まったく逆になっているということなんだ。

憶《おぼ》えているんだけど、たしか幼少の頃の僕は、自分が幸運であっても、周りの友達が一人でも不運で落ち込んでいるときは、自分も楽しくなかったよ。

それから、世の中で貧困や病気で苦しんでいる人がいるなんていうことをテレビのニュースなどで知ると、自分が何不自由なく生活していても、その人たちが何とかならないかと思っていたんだよ。

一郎　えーっ、ホント？

光　本当だよ。

一郎　それって、ただの同情じゃないの？　同情はあくまで自己本位だよ。

光　だって、幼少の頃だよ。少なくとも、自分が何かしてあげようとかいう自己顕示ではなかったはずだよ。振り返れば、「自分さえよければ」という考えは微塵《みじん》もなかったね。

もちろんそれは、生活の苦労など知らない純粋な子供だったからだろうけど。あるいはそれを「坊ちゃん」の驕《おご》りだと言う人もいるだろうしね。

いずれにしても、その僕も肉体が成長するにつれて、自分の成功ばかりに意識が向くようになっていったわけだ。

それに、後でそのような邪心が生まれたことを見れば、肉体を持った地球人にとって、善と悪はあくまで同じ直線上のものであって、知性とともに生まれた善と悪を切り離した上で、たとえば「困っている人を助けよ」と「人を殺めてはいけない」みたいに、一方を推奨してもう一方を推奨しないことによってようやく秩序を保っているのなら、ここでいう善というものは荀子の言うように偽りの善（小善・偽善）でしかないはずだよね。

ちなみにスウェデンボルグによれば、「情愛（affection）」は「愛〔自己愛や世間愛を含む〕（love）」に派生し、愛から生み出されたものだということだ。しかもこの愛も情愛も必ずしも善い意味で使われるとは限らないらしいよ。

性偽善説

一郎　あのう、話を聞いていると、孟子の主張と荀子の主張はどこも対立していないように思うんだけど。

光　気がついた？
これら古典を紐解《ひもと》いてよくたしかめてみると、けっして両者の主張は決して対立していないんだよ。論理学の言葉を借りると、違う階層で言っているんだ。

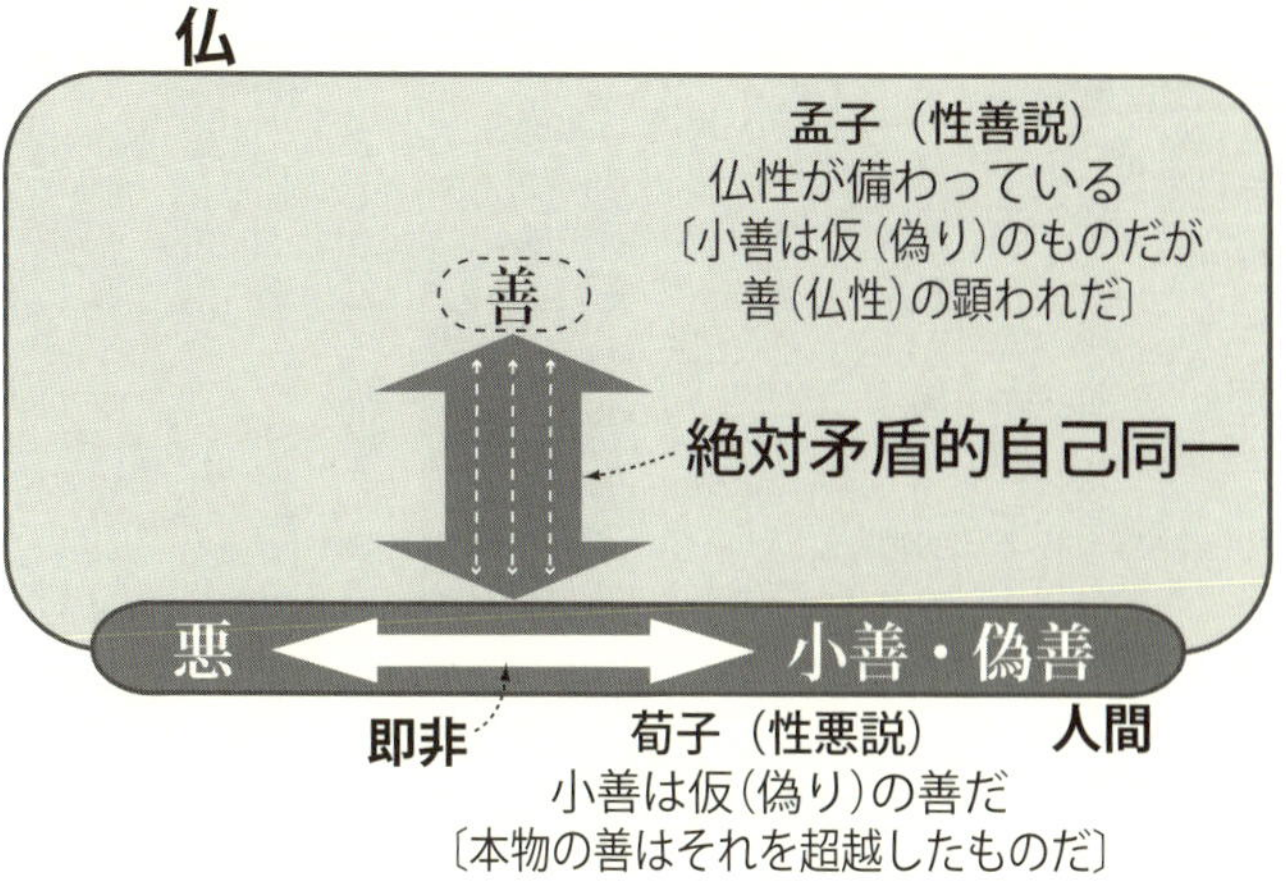

しかも両者は、僕流に表現すれば、「**性偽善説**」として昇華することができるんだ。

孟子は善悪が単に先見的に本性として人間に内在していると言っているだけで、なにもその善が偽善でなく仏教などでいう「本物の善（善行・善智識《ぜんちしき》など）」だなんて言っているわけじゃないのさ。偽善と悪をまとめて「偽善悪の観点」が人間の本性として内蔵されていると言っているだけなんだ。

言い換えれば、「人間には**仏性が備わっている**」ということさ。

つまり、孟子は「**絶対矛盾的自己同一**」を説き、荀子は「**即非**」を説いているにすぎないんだよ。

これをもし「人権」に置き換えて言うなら、「人権は社会があれば必ず約束されるものであって、いわば天が与えたものである」「人間は社会的な生き物である」と、孟子が言っているのに対して、

「人権というものは、人の命を脅《おびや》かし社会の秩序を乱す者が必ずいるからこそ、人間が後からやむなく作ったものであって、仮のものである」「しなくて済むことはしないほうが善い、なくて済むものはない方が善い」「しなくて済むことをするのが

人間であり、なくて済むものが社会である」と、荀子が言っているようなものだよ。

両者の主張の方向は相対しているんじゃないよ。両者の主張は、表現上は九十度の関係だけど、一体なんだよ。むしろお互いに足りない言葉を補っているともいえるよ。

孟子は性悪説を否定していないし、荀子は本当の意味での性善説を否定していないよ。

一郎　じゃあ、なぜ誤解を招いたんだろうね？

光　たしかに、孟子があまりにも小善に人間の真実を認めているかのような偏った表現をしていることもあるし、また周りの人や後世の人があまりにも曲げて受け取って、仮の神を拝んでいるものだから、荀子が見かねて、「それは偽りの善であり、悪と同じ直線上のものだ、ただ、野放しにしておくと人間は悪の道に進むだけだから、それでやっと抑えているのだ」と補足したんだと思うよ。

ところが、世間はそう甘くなかったんだね。事実、性善説を主に信奉《しんぽう》すると言われる今の日本人の大半が、その偽善悪の観点が「先見的に内蔵されている」ということを、「本物の善」が備わっていて「それは決して偽善ではない、悪とは無縁だ」という意味に履き違えてしまっているようなんだ。

そしてそれが裏切られたと思ったとき、今度は「悪人正機《しょうき》」を履《は》き違えて、「じゃあ、悪人になってやれ」という人と同じように、一方的なことに邁進《まいしん》するんだ。

同じ日本人が言うのもなんだけど、白か黒かの思考に陥っている感じだねえ。だから僕は、孟子の主張を履き違えた「性善説」を「腐った性善説」と名付けたんだよ。【註1】

一郎　ああ、そういえば僕にも覚えがある。特に左翼系の人なんかは、他人には「偽善はいけない」と言っていながら、周りからは「偽善者」と陰口を言われるんだ。

そうか、小善と悪の直線上に本物の善があると思っているからなんだね。【註2】それに、理性で悪を征することができると思い込んでいるからなんだね。

彼らは、そういう意味で性善説をとるって言っているんだね。

光　左翼系といっても、なにも特別な活動している人たちという意味じゃなくて、そういう思想に影響を受けた人が戦後たくさんいて、すべてに当てはまるんだけどね。

もちろん、話の分かる人もいるよ。でも大多数は、「差別はいけない」の一点張りで、「平等」から出発する思考回路になっているんだ。はじめからある格差というものを認めないから、大人と子供、男と女の役割が曖昧になって、社会に流れがなくなって、みんな強いストレスを感じるようになったんだと思うよ。

一郎　そうだよね。

そこで、「必要な差別というのもある」「格差というものがはじめからなければ、社会はダメなんだよ」なんて言うと、左翼系の人から、「あなたは性悪説をとるでしょ?」と返ってくるしね。

光　悪を認めないから、直線から逃れられなくて、同じ直線上の対極にある小善に走るんだ。心外だろうけど、それが自覚のない偽善という形になって、「偽善者」と呼ばれるようになるわけだよ。

もちろん、人間の尊厳を奪って物質的金銭的に走る支配者に歯止めを掛けるための闘争という意味では悪と戦うのは必要だけど、その闘争の拠り所が「道徳」なんだよね。だから、僕は以前から滑稽《こっけい》に感じているんだけど、彼らは道徳的に固まった大人に対して、まるで子供を説き伏せるように話を持っていくんだ（ユリゼン信仰）。ただひたすらデモとかストとか、物理的な闘争をしていればいいのに。

道徳というのは一つの方便であって、この世的な仮のものなんだよ。完全に性善説を履き違えているね。彼らと支配者たちの鬩《せめ》ぎあいが長年続いて、結果的に変な方向に行ってしまった感じだね。

そのせいか、近頃は上に立つ人と言えば、本来の「エゴの薄い人」じゃなくて、嘘の上手い人、人間関係が器用な人、つまり偽善者と呼ばれる人になってしまったような気がするんだ。武骨者《ぶこつもの》や愚直者《ぐちょくもの》が浮かばれない世の中になったね。そう思うのは僕だけかなあ？

一郎　いや、その通りだよ。

また逆に、「人間はどうせ悪なんだ」、「性悪説が正しい」と言っては、純粋に生きている人のことを、お人好しの性善説支持者だと誤解して、自分はずる賢く生きるとか、悪の片棒を担ぐことも辞さないとか言う人がたくさんいるんだよね。

光　そうやって誤解して、一次元的に白か黒かで性善説や性悪説をとる人が多いから、孟子の言いたかった「人間に備わっている仏性」を発動することがなかなかできないんだね。

一郎　だけど、これからどうすれば人々を誤謬《ごびゅう》から救って、安楽へ導くと思う？　何か日本人としての役割があるのかい？

光　まず、西洋の白黒思想を排して、中庸とか陰陽などの東洋思想を見直すことだよ。そして、足りないところを今から補って未来へ繋げることかな。

少なくとも僕の見識からは、古典に欠けていることは、「なぜそのような偽善と悪とのバランスの上に社会生活を営む人間が存在するのか」という損得抜きの問い掛けだね。つまり、今でいうスピリチュアリズム、ある著名な人の言葉を借りれば「霊性」だよ。

ともかく、エゴを克服することで、愛が発動するはずだよ。なんとしてもこの国を霊的指導者のもとに作り替えたいね。そして世界へ。

それが僕たち本来の日本人の使命かもしれないよ。

【註1】拙著『本物の思考力』より。

【註2】悪と偽善の一本の直線上に本物の善があると無理やり自分に言い聞かせる。左翼系の人に多いユリゼン信仰者はまさに自己欺瞞に陥っていると言わざるを得ない。さらに、自分の中に悪が同居していることを認めないうえ、その悪を否定し続けるから執著が強まる。これが地獄である。地獄へ行く人とは、悪人でもなく、偽善を行った人でもなく、執著のある人でもない。理を知らず、執著から離れる「切っ掛け」をつかめない人のことである。

0は生きている

0《ゼロ》は後からできた。なぜだろう？

今では、人は生まれた時から手玉に取るように扱っている0。

でも、大昔はもっと恐れ多いものだったに違いない。

今でも危険な0は、分母に来てはいけないと教えられ、瞬間の速さはいつまでも理想の彼方にあるという。

無限に小さい数0。

そこには、意外にも即非や絶対矛盾的自己同一、さらに中庸や陰陽が潜《ひそ》んでいるのである。

限りなく透明に近い青

光　青の絵の具を水で溶いて、その半分を捨てて残ったものを水で薄める。さらにその半分を残して水で薄める。この作業を繰り返す。入れ物の中の水の青色はだんだん薄くなり透明に近づいてゆく。

でも、どうだろう？　いつかは透明になると思うかい？

一郎　完全に透明にはならないだろ？　なぜなら、無限の時間を経験できない僕たちは、透明になるときを見ることができないから。

いや、待って、なるかも。だって、絵の具は物質だから、有限時間内に最後の分子が流れて完全に透明になるかもしれないからね。

光　まあいいや。ここで僕が言いたいのは、物質かどうかではなく、「限りなく透明に近い青」というものが論理的に存在するかどうかなんだ。

一郎　どっかで聞いたことがある表現だなあ。ああ、本のタイトルでそんなのあったっけ。でも、あまり気にしたことがないなあ。だって、よく使われるじゃないか、「この修復画は、元の絵に限りなく近い」とか。

光　でも、よく考えてみてくれよ。限りがあるから青なのであって、限りがなかったら透明になってしまうだろ？

一郎　ああそうか。

そもそも「限りなく透明に近い青」という表現自体が矛盾を含んでいるというわけだね。

光　「限りなく透明に近づく」ならどうだい？

一郎　それなら考えられるよ。そういう状態だから。

光　いずれにしても、「限りなく透明に近づくこと」はできても、「限りなく透明に近い青」にはならないと思うよね。

「矛盾するからそんなものはない、表現自体おかしい」

こう説明すれば、大概はみな納得するよ。中には感動する人もいるし。

でもね、もう少し突っ込んで考えてみると、文章や言葉で「限りなく近い」という表現を作れるのだから、無下《むげ》に存在を否定するわけにはいかないと思うんだ。

一郎　ラッセルみたいだなあ。

光　たとえば、数学の微分法ではどうかな？

この場合、極限に達するのにけっして無限の時間を要しないし。にもかかわらず、「限りなく0に近づく」などと言って分母に0が来ることを避けて、けっして「0になる」と言わない。かなり優秀な学生も、口を揃えて、「0にはならないんだ」と言うはずだ。

一郎　僕もそう答えるだろうね。

光　そもそも学校の数学教育では、無限大をある大きさ、ある値ではなく、「状態」だと教えているからね。

同じく、極限についても、限りなく近づく「状態」としている。でも、0にならなければ接線の傾きにならないし、このままでは一向に瞬間の速さは生まれない。

でもそれらは歴然と存在する。変じゃないか？

一郎　結局は0/0の値なんだけど、分母に0が来るというのはどうしても認めたくないからね。

光　ともかく、微分法の場合には、「限りなく近い」という論理的にありそうもないものが存在しそうだね。存在しなければ、接線も、瞬間の速さも、球の体積も、何か実感のないものになってしまうだろうよ。

このへんを学業の世界では「理想」として、ぼかして話を終えようとしているみたいだけど、この理想（イデア）というのが曲者《くせもの》でねえ。

一郎　たしかに理想じゃあくまで手が届かないものということになるし、実際目にしている接線の図や、体験している速度や、手にしている球の大きさはいったい何なんだ?ということになるからね。

光　一つには、先ほど言ったように「限りない」という言葉と「近い」という言葉は、普段は相容《あいい》れないということ、言葉の日常的な使い方の中にすでに自己矛盾が含まれているからだよ。だから、近いとか近づくとか言うと、手の届かない理想が自然に生まれて、永遠の「隔たり」ができてしまうんだ。その隔たりを埋める必要があるはずなんだけど、西洋に傾倒した学業に携わる人たちは逃げてそれをほったらかしにしていると思うね。

これはどうでもいいことかもしれないけど、わずかに、数学の「集合」の中で何とか作れるよ。ドイツとオランダの国境線上の地点はどっちに属するか?

それは領土の面積に影響しないから争いごとにもならないし、問題にする人もいないだろうけど。でも物好きな人は、ドイツを開集合、オランダを閉集合にすれば、その境界線上の地点を、「限りなくドイツに近いオランダ」なんて言うかもしれない。

一郎　だったらいっそのこと、「近い」という言葉の意味に、「距離が0」あるいは「接している」という意味を含めてしまえばどうだろう。とりあえず矛盾なんて心配はなくて済むのかもしれないよ。

「宇宙に行く」なんていう場合も、「宇宙」の中に「地球」を含めてしまえば、日常のことになるし、毎日「宇宙人」と会えるはずだ。

もっともその場合、わざわざ「宇宙に行く」なんて言わないだろうけど。ちょっと話が逸《そ》れたかな?

しかしそうは言っても、「極限」と「差がないこと」は、別のような気がするし、数学においても、意識的に区別しないと都合が悪くなるのではないかという懸念が生じるなあ。

光　まあそこが核心なんだな。

僕に言わせれば、「はじめからソコだ」ということと「ソコに持っていく」というのは、実は一体なんだよ。別のことのように思うのは、主客分離、語り得ぬことを語る非意義的行為、つまり人間の迷いだよ。

一郎　えっ、どういうこと？

光　哲学事典なんかで調べると、イデアは実在論でもあるし観念論でもあるということなんだ。

「色即是空、空即是色」

これを量のことに言い換えると、

「有即是無、無即是有」

目標との差は「無いと思うことが無いことそのもの」であり、それがすべてであるというわけだ。

一郎　ずいぶん乱暴に聞こえるなあ。そんな人が大工になったら、家が傾いちゃうかもよ。

光　まあ、僕らの世代は白か黒かという西洋的な教育を主に受けているから、いきなりそんなこと聞くと不安になるというのは無理もないけどね。でもそれは東洋の賢人には自然なことなんだよ。

一郎　そう言っても、今からそれを自然なことにするなんて、とてつもなく難しいことなんじゃない？

光　まあそうかもしれない。

そうだからなのか、キリスト教の教会関係者たちは、全員ではないだろうけど、哲学や哲学者を完全に誤解しているみたいだね。「哲学者は自分だけが正しいと思っている」と評する。

哲学者は「正しいこと」など一言も言ってないいんだけどね。「誰でも自分の思考を反省すると自ずとわかる」と言ってるだけなんだよ。
どのへんのことを指しているか定かではないけれど、東洋哲学を知らないせいか、話だけ聞いていると、彼らは哲学を「人智《じんち》」だと思っているらしいんだ。アダムがリンゴの実を齧《かじ》ることと一緒にしているらしい。というより、そう見るように、そう表現するように、伝統的に受け継いでいる感じがする。まあ短絡的に入信した信者ならそれも致し方ないけど。
哲学は「人智の限界を自ら知る」こと、内側から境界付け、語り得ることを語り、語り得ぬことを語らないという実践なのであって、けっして「これが正しい、あれは正しくない」などと、正しいことを主張しているわけではないんだ。哲学は学問ではなくて、「道」なんだよ。

一郎　道というと、修行者が悟りを開くまでの道、つまり「道の人」の道かい？

光　まあそうだ。上の世界と繋《つな》ぐ道と言っておこう。
さしずめ、ここでは「有限の延長」と「実無限」とを繋ぐ道だよ。

無限は有限の延長か？

光　西洋にもヴィットゲンシュタインという哲人がいるじゃないか。それ以前にもデカルトの存在があるじゃないか。彼らの言うことを真摯《しんし》に受け止める機会はいくらでもあるだろうに。
もっとも、ヴィットゲンシュタイン自身も著作の冒頭で、「こういうことを考えたことがない人にはわからないだろう」ときっぱりと言い切っていて、半ば諦《あきら》めているのも事実だけどね。
まあ、その手の哲学者が、簡単に神に委ねたり思考を停止したりすることなく、いかに道に迷い、自分で解脱しようともがいているのか、たっぷりと見物するがいいさ。

一郎　まあそうムキにならなくても。

それより、0や無限はどうなったの？　これからどう話を持っていくの？

光　じゃあ一つ例を挙げてみようか。

よく扱われている少数表示だけど、世の人々は、「0.333……＝1/3」は、抵抗なく受け入れるようなんだ。

一郎　うん、単なる表示の違いだけだと思うけど。

光　それに対して、世の人々は、「0.999……＝1」には、どうも抵抗があるようなんだ。

一郎　ああ、知ってる。

たしかに表記の違いだけとは思えないよなあ。一応、少数を分数に直す方法で、たしかめたんだけどね。なんか狐につつまれたような感じだったよ。

光　でも、この二つ目は一つ目の両辺を平等に3倍したに過ぎないんだよ。

一郎　そう言われればそうだ。

「0.999……＝1」は、疑う余地はないんだね。電卓だと機械の限界もあって、左辺の形で表示されるけどね。

光　ともあれ証明によってたしかだということは認めても、何か引っ掛かるところがあるという人が多いのは事実だろうね。

その理由は繰り返すようだけど、無限や極限の概念が「西洋的に」刻《きざ》み込まれているからだよ。「はじめからそこにあるのと近づくのはあくまで別だ」と。

「0.999……」は「0.9 + 0.09 + 0.009 + ……」というように、足していって1に近づくけれども1にはならないと。【註1】

西洋思想では「正三角形」も「円」も理想形（イデア）を外に置いて思考しているから、主客分離したまま普遍《ふへん》論争をし続けるのさ。だから、天地がひっくり返っても「円い正三角形」なんていうのを認めることができないんだよ。

一郎　じゃあ、東洋的になれば矛盾が解消されてスッキリするのか？

光　まあそうだ。少なくともこの件に関しては。

じゃ、もっと深く追究するとしようか。

かつて、「無限は有限の延長ではない」と、勢いよく主張した学者がいたんだ。

もちろん、数学教育において無限を「状態」としている背景から、そう表現したくなるのは充分わかるんだけど。しかし、実在としての無限（実無限）を認めた上で、いきなり無限に到達することを認めれば認めるほど、皮肉なことに、作っていく無限、有限の延長との乖離《かいり》を感じてしまうかもしれない。

一郎　そうだよ、いきなり無限に到達するなんて。

どう見ても0を足していって0以外の数になりそうもないし、極限値も方向によって違う値になったりするし、それらを「0/0」のような不定で堂々と表記するのさえ認めてもらえない得体の知れないものとも同一にしたくないよ。

光　だからここは、「無限は**単なる**有限の延長ではない」と言っておくべきだろうね。
言い換えれば、「無限は、有限の延長でもあるし、はじめから存在するものでもある」ということ。

一郎　でも、どうやって分離したその二つを繋ぐんだい？

光　0とは何もないことだと世間一般では決め付けているけど、やはり有るか無いかという二元性の一極、同じ直線上のものさ。

一郎　即非の論理だね。

光　0は「有る」を前提に無いのだから、常に有ることを孕《はら》んでいるんだ。だから、まったく無いなんてことではないんだよ。しかも両極は連結していて、その中間的なものがある。まったく無くて、ずっと無いままというのは、人間の知性の暴走の産物だよ。灰色は、白の中では黒として、黒の中では白として表されるだろ。太陽の黒点のように、すべては相対的なものなんだ。

一郎　極端を嫌う。これは中庸の思想だね。

光　真空の定義も、今は何も物質がないではなく、常に物質が生まれる可能性を孕んでいる状態というように変わったしね（色即是空、空即是色）。
有と無も同じで、満ちたら欠け、欠けたら満ちるというように、極端になったらなりっ放しということはないんだよ（無即是有、有即是無）。

一郎　陰陽そのものだね。

光　くどいようだけど、0はまったく無いことではないんだ。極端なことと同じで、「無い」ということは人間の想念が作ったものであって、常に「有る」を前提にしているわけだから、そのときの「有る」という想念が「有る」を作るんだ。多いとか少ないとか、有るとか無いとか、人間の想念がそのまま「存在」となるけれど、それを言葉にして、大勢の人が使うとそれが「実在」になるわけだ。

ここで厄介なのは、まったく無いものが言葉や0みたいな記号になって実在になってしまうと、人はそれをどうやって考えたか反省することをつい忘れてしまうんだ。

東洋ではそのような極端なものへの反省が常についていて回るんだけど、西洋では一般にそういう習慣はないみたいだね。

一郎　たしかにいちいち反省することはないし、思い付きもしないなあ。

確率0でも起きる

光　0で割ると言うと、無いもので割るなんてナンセンスだ、とか言って切り捨てて思考をストップさせるのが西洋思想のあり方さ。だからまた、0をいくら集めても0だと決め付けて、無限個集めても0だとなってしまう。

それで、例の「矢が的のある一点に中《あた》る確率」のごとき疑問を投げかけても、ほったらかしにするん

だ。すべて白か黒かで、即非も中庸も陰陽もない。

一郎　矢が的のある一点に中る確率って？

光　ああ、知らなかった？

ある一定の広さをもつ的があるとするよ。そこに遠くから矢を放つとするとき、的の中の一点Pに中る確率は何だと思う？

一郎　うーん、物質には幅《はば》があるからなあ。

光　じゃあ、矢が中ったときにできる窪《くぼ》みの縦横の幅の中点を、中った点とするよ。

あっ、それから、そうでなくてもいいんだけど、矢は必ず的のどこかに中ると仮定するよ。

一郎　点は無数にあるんだよね？

無限分の一？　そんなの決まった数になるの？

光　じゃ、はっきりさせよう。

点Pに中る確率は、ズバリ0だ。

一郎　えーっ！

だって、中ることだってあるじゃないか？

光　じゃあ、点Pに中る確率をαとするよ。そしてαを0でないと仮定するよ。

的の点は無数にあるから、十分大きい整数nに対して、アルキメデスの性質によって、

「nα>1」

となり、的のどこかに中る確率1を超えてしまうんだ。

これは矛盾だ。だから、αは0でなければならないということだ。

0以外の数と仮定して矛盾するわけだから、通常の数学では（実数の範囲では）、0としか表記できないんだよ。【註2】

ああ、念のため、このときのnは、なにも得体の知れない無限大でなくてもいいわけで、有限の延長でいいんだよ。

一郎 確率0だけど、起こり得る。現に、点Pに中らなくても、どこかに中っているわけだから。
でも、なんか信じられないなあ。

光 でも、この思考実験は君が考え出したの？

もちろんそのときはそう思ったよ。

でも、後で知ったんだけど、一部の学者の間では、以前から扱われていたらしいんだ。


一郎 あれ？ ちょっと待って。

さっきの話で、充分大きい数を持ってきたけど、その用意した点の数だけ確率の分母が増えるのだから、掛けても常に1であって、1を超えないんじゃない？

つまり、

「n×1/n＝1」

となって、あくまで確率aは1／nだから、0でなくてもいいんじゃない？

光　矢を放つ前の時点で、確率が変動するというのはおかしな話だよ。的の中には、はじめから無数の点が用意されているんだから、あとから用意した点の数だけを考えるのは滑稽だよ。

一郎　確率が変動しちゃいけないの？

そうだとしても、そのとき確実にいえることは、この無限小の確率を、定まった実数値で表すことはできないということだけだよね？

光　確率なんだから、定まった数であるはずだよ。

確率の話から離れても、0でなくて0に無限に近い数があって、それを表記できないなんて誰でも納得がいかないよ。だから、無限小は実数では0としか表せないんだ。

一郎　でも、無限小は無限小であって、やっぱり0とは違うんじゃない？

光　そうか、それでも、無限小を「0」と表したくないのなら、すでに話した例をもう一度見てほしいんだ。

「0.999……＝1」

これは、疑いようがないってわかったよね？　限りなく1に近い実数が、すなわち「1」だと。

ここで、この式の両辺の差を取ったものが無限小であって、「1－0.999……＝0」となるわけだ。つまり、無限小は、紛れもなく「0」なんだよ。だから、的の中の一点に中る確率も「0」なんだよ。

一郎　ああ、わかったよ。でもどうして、こうも悩ますことが起こるんだろうね？

光　自然科学も数学も、実在論に基づいて、常に客観的なものを追求しているからねえ。「自分の視点からのもの」を客観的に表記することなんか、土台無理だからだよ。

まあ、とにかく、無限というものは、作っていくものでもあるけど、あらかじめ内蔵されているものでもあるから、一度無限の話を持ち出せば、0は「まったく無いもの」では済まされないっていうことだね。

僕は以前から、0で約分はできないけど（0／0が1とはいえない）、分母に0が来てはいけないというのは言い過ぎだと思っているんだよ。0なんだけど、無いわけではない、死んではいない。0は生きているんだ。ならば、真空と同じように、何が起きるかわからないという見方をしている。

この際、数学や科学において、西洋思想一辺倒をやめて、東洋思想の即非、中庸、陰陽を組み合わせたらどうかと思うんだよ。そして、0を「無限小全体の集合」と定義すれば、人間が自ら招いた矛盾を解消できると思うんだけどね。

一郎　おお、これはまた思い切ったねえ。まったく新しい発想じゃないかな？

光　いや、すでに誰かが唱えてるかもよ。まあ、どうでもいいけど。【註3】

一郎　ここでちょっと、「即非」と「絶対矛盾的自己同一」について確認したいと思うんだけど。仏教でいう「無」や「空《くう》」はいったいどっちに対応するんだい？

光　これにはいろいろな取り方があるから、あくまで僕の見解を言うよ。

「無」は対極にある「有」と同じ直線上にあるから、有るか無いかという「即非」の関係にある。もっと詳しく言うと、「有限」と「無限」も即非の関係であって、「有」と「無」も即非の関係だ。全

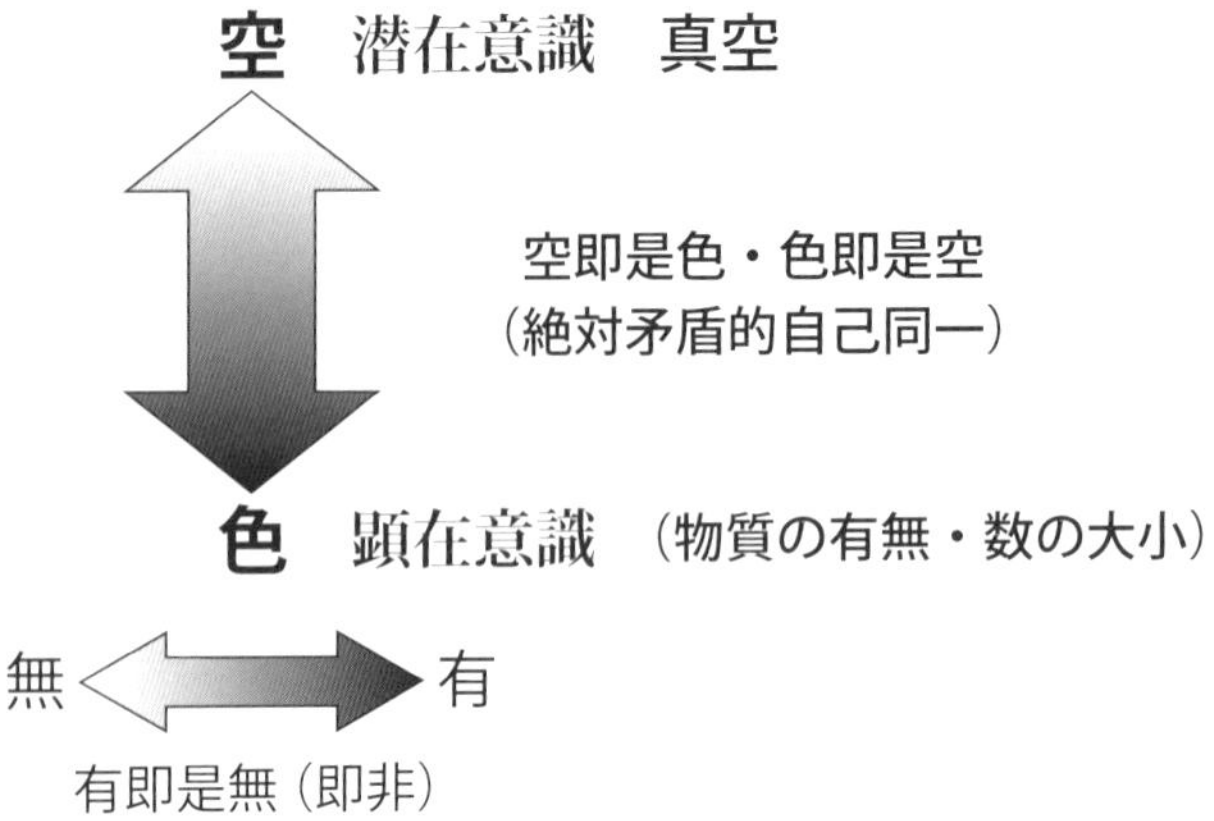

体として、無限小（0）、有、無限大（∞）という一本の直線があって、私たちの「ものさし」で「大―小」を作るんだ。

「時間はカマンベールチーズのようなものだ」などと、ある芸術家が言ったけど、空間もぶよぶよした餅のようなものだよ。

一方の「空」は今言った「有るか無いか」、「有限か無限か」という直線そのもの、また、広がりのみならず、時間の長短、あるいは、善悪、美醜《びしゅう》といった直線で表せるもの、つまり私たちのものさしで測る「色《しき》」を超越したもの、ある人は「中庸（中道）」と同じこととするものだ（色即是空、空即是色）。

つまり、「空」は「絶対矛盾的自己同一」に対応すると考えられるんだ。無は量的な少なさの極《きわ》みであって、あくまでも「色」の上のもの。空は色全体の超越だよ。

顛倒妄想

一郎　さっき君は0を「無限小全体の集合」と定義すればいいと言ったよね？

本当に0と無限小を区別する必要がないんだね？

光　改めて言おう。「まったく何も無い」というのは、肉体を持った者の顛倒妄想《てんどうもうそう》だよ。
現代の数学では、そのときの都合で無限小と0を完全に分けたり、場合によっては無限小を0に含めたりしているけど、いずれにしても、「まったく無い」という数や量を外部に認めている。この「まったく無い」という数を普段は「0」としているわけだけど、それによってかえって不都合なことや不自然なことが起きているんだ。

一郎　たとえば？

光　先ほど言ったように、分数の分母に0が来ては意味がないと決め付けて、それ以上考えることすら許さないとか、ある変数が0に向かうときの極限値と、0のときの値が不自然に離れていたりする。またそれに対して何の疑問も浮かばないか、浮かんでもすぐ揉《も》み消されてしまったりする。

一郎　なぜだろう？

光　そこには有限の存在である人間の揺るぎない信仰があるからだよ。
「無いものをいくら集めてもない」
無限小ならまだしも、完全な0は足《た》していっても増えるわけがないと考える。

一郎　無限小なら、「0×∞」の型なんていうのがあって、極限としては考えられるけど、完全な0は無限個集めても0にしかならないんじゃないの？

光　でも、本当にそうかい？　だいいち君は、0であっても何であっても、無限個足したことがあるのかい？

一郎　ないよ。あるわけないよ。

光　0であってもなくても、無限個の足し算を有限の時間で達成しようという有限の存在の人間は、所詮は無限を有限の延長としかとらえることができないんだよ。だから0をいくら足しても、それが無限個であっても、0以外のものになることは考えられないんだ。

それは無限小であっても同じで、無限個を単なる有限の延長とする方法では、何か別の数になるとは考えられないはずなんだ。わずかに無限小の場合は、同位の無限大や高位《こうい》の無限大が関わるときに、極限として0以外の数になることは考えられるだろうけど。

一郎　ああ、学校で教わったよ。

光　無限大とか無限小を扱う場合は、文字式で型が定まってから極めるよね。

無限小と無限大はお互いに逆数だということは認めるよね？

一郎　まあそうだ。

光　君はそのとき、何か変だと思うことはなかった？

一郎　特に何も。

光　僕はまず不公平だと感じたね。ここが肝心だ。

無限小に対応する逆数としての無限大は、高位の、低位のと、階級付けはできるものの、それらを超越する絶対的特権的な無限大はないよね。

一方、その逆数である無限小には、それを超越するもの、絶対的特権的な無限小、もはや無限小ではない「0」が存在するとされている。不公平だと思わないか？

一郎　たしかに。

光　先ほど話題にした、「0.999……＝1」からも、無限小が実数の範囲では0そのものだということがわかるだろ？

もし特権的な無限小というものがあって、それだけを「0」と表記するのなら、0以外の無限小はもはや実数の仲間には入れられないよ。超実数というものを考えることはできても、やっぱりそれも主客分離による一面的な実在論の産物だよ。

だから再三言っているように、『まったく何も無い』という0が、はじめから自分の存在に関係なく存在する」は、人間の迷いの産物、誤謬《ごびゅう》、幻だってことさ。

一郎　でも、実際、あるものとして扱っているわけだし、とりあえず存在しているんだろ？

光　釈迦《しゃか》が、死後の世界（幽界）の話をしている弟子たちに向かって、「そんなものは妄想だからやめなさい」と言ったのを知ってるかい？

一郎　聞いたことはあるけど、幽界は幻なの？

光　この現界もそうだけど、あると言えばあるし、ないと言えばないんだ。幽界は悟りきれていない人が留まる世界で、悟った人には存在しないということ。

特にこの場合、悟りに向かう修行者にとっては無用の通過点だと、釈迦は言いたかったんだと思うよ。つまり、幽界は「**妄想としてある**」ということだよ。

時間の流れ、空間の拡がり、数そのものが、垂直な関係として、絶対矛盾的自己同一として、存在を認めるのと同様に、「早い―遅い」、「遠い―近い」、「大きい―小さい」も、水平な関係として、即非として、存在するのを認めることだよ。そして、0も陰陽の極みとしてあることを認めることだよ。まず実在を、物質界に生きる人間の妄想としてあることを認めることだよ。
もしそうしないと、「まったく何も無い0」なんていうものが人間の思考から独立して、大手《おおて》を振ってのさばることになるんだ。

一郎　なるほど。「時空がはじめからある」というのは妄想なんだね。
物質界の人間が妄想を打ち破るためには、例の**四つが鍵**になるんだね。

光　やはり0は、人間の思考の中の「有る—無い」、「大—小」の無いであって、「有る」を前提としている。すなわち、常に有を生む可能性を秘めている。
数やその他の人間の産物が、宇宙規模のどんな文明においても同じように無から生み出されるように、無の状態においてすでに有を孕んでいるんだ。

一郎　人間の思考から独立した存在なんて**幻**なんだね。君が言っている西洋病みたいなやつね。

光　そのとおり。
まったく無いというのは、そもそも物質的な人間の生活の上で、陰陽の「陰」が極まったとき、白か黒かという必要性に駆られて生まれた仮の状態の観念であって、本来は物質的利害においてのみ有効なんだよ。
この宇宙の森羅万象《しんらばんしょう》は易《えき》のように、満ちては欠け、欠けては満ち、循環する。つまり、「**極端なもの**が独立して存在する」というのは、宇宙の摂理からはみ出した人間の幻想なんだ。

無限の実体験

一郎　でも、まだ実感が伴わないなあ。なんとなく雲を掴《つか》むようでね。

光　それじゃあ、無限と0を体験してもらうとするか。

ここに三面鏡があるから、外側の二枚を向かい合わせて、傍《かたわ》らから覗《のぞ》き込んでごらん。そうすると、無限に続く鏡の外形が見えるはずだから。

一郎　こんなの昔よくやったなあ。そういえば、あるビルのエスカレーターは両脇の壁が鏡になっていて、横を向くと無限に続く自分の姿が映ってるよ。

あれっ？　実際やってみると上手《うま》く行かない。なかなかピントが合わなくて、地下鉄の先頭車両から見る光景のように、カーブしていて先が切れていて、中心付近が暗くてぼんやりして、中心が見られないよ。

あっ、駄目だ。ピントを合わせようとすると、中心が鏡の外枠から出てしまって、結局見ることができないみたいだよ。

光　そうだろうね。中心を見るためには、まず二枚の鏡を完全に平行にしなければならないけど、そのときの視点、つまり、君の目の位置から垂直方向に中心があるはずだから、鏡に映っている君の目のちょうど裏側にあるわけだ。

一郎　じゃあ、絶対無理だよ。だって、目を鏡の枠内に入れたら、今度は自分の頭が邪魔《じゃま》になって、中心が隠れて見えなくなるもん。透明人間にでもならない限り不可能だよ。

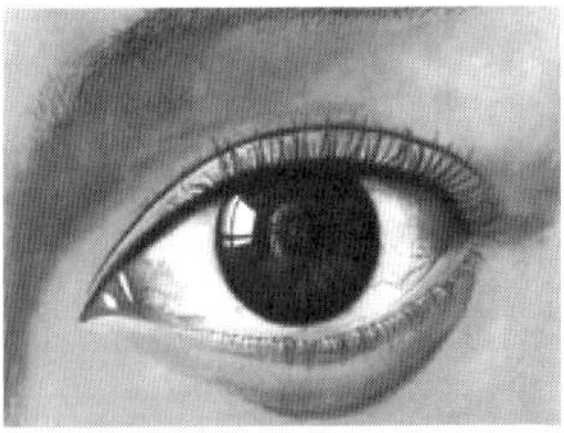

光　まったく不可能かな？　君の目自体が鏡になったらどうだろう。
瞳は凸面鏡になってるよ。もちろん向かい側に別の人間の瞳があってのことだよ。
一郎　ああそうか、そういう手があったか。でも誰と？
光　僕でよければ。
一郎　いや、遠慮するよ。後で、うちのパートナーとやってみるよ。
だけど、凸面だし反射率が低いから、すぐ小さくなって暗くなって、原理的には可能でも、現実的には意味がないと思うけどね。
光　じゃあどうしようか？
この際、物理的条件は取っ払おう。透明人間になったつもりで、思考実験と行くか。
一郎　なんだ、はじめからそう言えばいいのに。
光　二枚の鏡を「完全に」向かい合わせて、間に入って片方の鏡を見よう。
すると、無限個の鏡の外形が中心に収斂《しゅうれん》しているよね。
一郎　うん、そうだね。
光　いや、でも本当に無限個あるんだろうか？
一郎　どういうこと？
光　実際に見えるか見えないかは別として、理論上は無限個あるはずだと思うだろうけど。
でも冷静に良く考えてみようよ。
二枚の鏡にお互いの姿が映って見えるのは、はじめに片方の鏡に光が当たって反射した光の一部がもう一方の鏡のやや内側の領域に当たって、またそれが反対側の鏡のさらに内側の領域に当たって、という具合にして、その都度反射した光がそのときの鏡の姿として我々の目に入るわけだ。

ということは、中心付近の鏡の姿が我々の目に入るまでは、それだけ「時間」がかかるということだ。光といえどもあくまで物質界のもの、その速度は無限ではないから、理論上は中心付近には鏡の姿が作られていない部分があるということになるよね。つまり、物質界に棲む僕たちには、無限に到達する体験をすることはできないってことだよ。

地球の表面が平らだった場合の地平線は、目の高さにあるから、原理的にはそこに無限遠点が見えるはずだけど、現実には光が届かないから見えないということだね。地平線に限らず、宇宙の無限遠点は、自分の中に有限がある限り存在するけれども、宇宙の年齢が有限である限り光が届かないから、結局見ることはできないんだ。

一郎 それなら、なにもこんな例を出さなくてもいいじゃないか。ある線分の中点を取って、さらに中点を取っていくだけでいいじゃないか。

光 その通りかもしれないね。ただ、できるだけ臨場感を味わってほしいということもあってね。

「無限は作っていくものであり、はじめから存在するものである」

そして、どちらか一方が先立つということはないというこの絶対矛盾的自己同一を「体感」してもらいたくて。早く数学における「0」と「無限小」の区別をなくしてもらいたいんだよ。

ついでに、「限りなく何々に近づく」と同じく、「限りなく何々に近い」を文学としてだけでなく論理的に認めてもらいたいね。

一郎　話題は変わるけど、近頃の精神世界でよく使われる言葉についても同じことが言えそうじゃない？「自分が変わる、アセンション、真我を知る、引き寄せる、物質化する」など、自分の意思で能動的に行動や人生そのものを決めていくような意味の用語があるけど、一方で、「アカシックレコード、パラレルワールド」など、自分の意思にかかわらず行動や人生がはじめから決まっているような意味の用語もあるよね。

一見矛盾するようだけど、なにか同じことを言っているようにも思えるしね。

光　これらはみな「言い方」の違いにすぎないよ。人生は一瞬一瞬が「空」なんだよ。

前者は、生存の体験を時間的な流れとして捉えて光に戻っていく、という表現で、古い言い方をすれば「新生」だろうね。

後者は、あらかじめ可能性として潜在的に用意されていて、どのような世界であれ、自分の意識しだいでその中に入り込むという表現だよ。

一人ひとりの人間にとって、体験している世界は、やはり、作っていくものであり、はじめから存在するものなんだ。

無限個の想定外

光　ところで、世間でよく使われている「想定外」の意味が君にはもうわかると思うんだけど。

一郎　うん、今までの話から、君の言おうとしていることは察《さっ》しがつくよ。人間の思考から独立した存在なんてないんだよね。思考できるのはあくまで想定内のことにすぎないのだから、想定外のことは思考できないってことだね？

光　そう、我々は論理的にしか思考できないんだ。まあ、ここではあくまでも個人の話で、計算が入らない純粋な思考においてだよ。

想定内の世界で論理的思考は「完全」（語り得ることはともあれ語り得る）だし、想定外の世界では論理的思考ができないという点で「不完全」（語りえぬことは沈黙しなければならない）なんだよ。【註4】逆にそれを知れば、すなわち、内側から境界付ければ、想定外のことが起きても、人を殺したくなるほど憤慨することはなくなるわけだよ。

想定内の世界では、存在するものはすべて思考できるものであって、そのときそれがすべてで完全なんだ。

想定外の世界では、存在はそのとき思考できるすべてであって、そのとき思考できないものは存在しないんだ。つまり、想定内の世界と想定外の世界は別の世界だということだ。

一郎　そうだよね。

事故はなぜ起こるかというと、たいがいは想定外のことが起こるから、事故が起こるんだよ。

光　0と無限についても同様に考えられると思うよ。

0を無限個足すといっても、無限を「単なる有限の延長」とだけ見る限り、いつまで経っても0にしかならないし、「有限の延長」という見方をすれば、「明日も陽《ひ》が昇る」という信念と同じく、ともあれ極限値として、「0＋0＋0＋……＝0」として何も間違いはないんだけど、内側から境界付け、無限を「有限の延長でもあり、はじめから存在するもの」だというように、絶対矛盾的自己同一を実践すれば、「0＋0＋0＋……＝φ（φは不定）」というように「0以外の数」になっても、何ら違和感を覚えなくなるだろうね。【註5】

また、そう唱える人がいても、キチガイ扱いしなくなるんじゃないかな。

一郎　ああ、じゃあ、幾何学的にいうと、「点を無限個集めると線になる」という、またあのこと？でも、ある学者が言っていたけど、線の中の点は「分断」であって、点をいくら足しても線にはならないって。あくまで点は点、線は線だっていうことだよ。

光　それはそうだよ。悟性で「一次的」または「二次元的」に捉えるわけだから。

たしかに、線の中のある点にしても、立体の中のある位置の断面にしても、それらを「分断」とすれば、その位置は幅が0というよりは、幅や厚みを考えることすら無意味なのだから、点は点、線は線、面は面、別の次元であって、点を足して線や面になるなんてことは、ないというよりは無意味だよ。

一郎　じゃあ、君の言っている「0」っていったい何だ？

光　ただ、点を「分断」として見た場合でも、ある位置というときに、客観的位置、絶対的位置、つまり視点を超えた位置なんていうものが本当にあるのかという疑問が残るんだよ。

主客合一を果たせば、「ある位置」というものそのものが、そもそも「不確か」なんだよ。人間の主観が入るということは、取りも直さず直観的に捉えることになるわけだ。

だいいち、僕たち人間は一次元や二次元の図形なんか見ていないよ。見られないんだ。

直観的には、点も線も面も三次元の立体なんだ。だから、よく幾何学で都合のいい「すり替え」が起きているんだよ。

一郎　たとえば？

光　あの「両手の問題」にしても、二次元では重ならないが三次元では重なるというとき、奥行きを悟性で「無視」して二次元的に見ているはずの平面を、三次元の話に持っていく寸前に、直観的に「厚み0」の三次元の立体にすり替えてしまっているんだ。

無と空のすり替えが起きているんだ。

そもそも、左右または上下の区別があること自体、自分の視点から「前方」の平面図形を見ているということであって、前後の方向を決めているわけだから、その時点ですでに、すべての場合において、三次元の立体を見ているんだ。

図形は直観形式なんだよ。だから、「分断」という学者先生の権威ある言葉で、変に納得しちゃいけないよ。

一郎　分断のことはわかるんだけど、両手は重なるんじゃないの？

光　どうやら僕が余計なことを言って、話を逸らしちゃったみたいだね。

よくたしかめてごらんよ。両手の内側は張り付いているけど、一致はしていないよね。もし左右の手が溶け込んだとしたら、絶対一致しないことがわかるよ。厚みがあるからわかりやすいと思うけど。

一郎　じゃあ、あくまで右手は右手、左手は左手なんだね。

光　合わせる前も、後も、一致しない三次元の図形なんだ。平面図形と言われるものも全部そうなんだけど、厚み「0」にダマされてしまって、なかなか見破れないんだ。

試しに、合同で互いに裏の関係にある二つの図形に、それぞれ表と裏を作って色分けしてごらんよ。どうやっても一致しないから。

一郎　それじゃあ、裏の関係にある平面図形はどのようにしても絶対一致しないの？

光　二次元的に見れば、一致するよ。

一郎　どういうこと？

光　前後の次元、すなわち、奥行を無視すれば、同一な図形になるよ。だから、逆なんだよ。互いに裏の図形は、三次元では一致しないけど、二次元では一致するんだ。

肝腎なことは、自分がどう見ているかという「反省」なんだよ。【註6】

主客融合

一郎　話を戻すけど、それでどうなるの？

光　なにも、ここで僕は、厳密性を追究して新しい学説を唱えようというわけではないんだよ。主客合一、二元的なものの一元化を図るための実践を促しているだけなんだ。

たとえば、数直線上にある数pをとったとき、その値がちょうど1だと判断したとするよ。言い方を変えると、pと1との差が0だということ。そうすると、それがまさに、「p＝1」なのであって、pが1だと思うこと、**それがすべて**なんだということだよ。

もしかすると、本当はどうか、顕微鏡で見れば、なんていうのは、別の視点からの論理だから、それを語るのは非意義的で、論理の使い方を間違えているんだ。

また、その別の視点からの判断も同じで、怪しいということで、またさらに強力な電子顕微鏡で見るとなると、また別の視点を設ける羽目《はめ》になるから、「本当は」なんていうのは、「語り得ぬこと」で、永遠に掴むことができない幻だということなんだよ。

一郎　でも、それは物質を見ているからであって、純粋に数学的に言えば「p＝1」は完璧であって、そうでないものとは完全に区別することができるんじゃないの？

光　いや、冷静に考えれば、思念的な数学の「p＝1」も物質界からエッセンスを抽出したにすぎないわけだから、所詮は物質界に棲《す》む我々の論理的思考の産物なんだよ。

一郎　論理的な世界は、はじめからあるんじゃないの？

光　もちろん論理的な世界というものは、はじめから存在するとも言えるし、人間が作ったともいえるんだけど、今の人は古今東西の学業の遺産を一気に詰め込まされているせいで、「普遍」の方に偏《かたよ》っていて、それが実在化してしまっているんだよ。

「実在するからそれを見ている」という具合に。

存在への省察を済ませた後で、言い換えると、思うことと在ることとの絶対矛盾的自己同一を図った上で、存在が「実在」になるのなら健全なんだけど、実在が人々の間に長い間大手を振って歩くと、往々にして絶対矛盾的自己同一を掻き消してしまって中庸がなくなるから、注意が必要なんだよ。近代合理主義に染まった人たちが陥りがちな「常識の罠《わな》」だね。

簡単に言えば、もう少し、「(同じだと思っている)＝(同じだ)」というように、思考を中庸に戻してほしいんだ。だから、0や∞に付きまとう矛盾を解消するには、pと1との差は0だということ、pと1は「同じだ」ということそのものを考え直す必要が出てくるわけだよ。そして、想定内の世界で完全なことは、想定外の世界では何ら効力をもたないということを肝《きも》に銘《めい》じてもらいたいんだ。はじめから外界に0や他の数が存在するという実在論から出発するからおかしくなるんだ。

0は無限小の総体、つまり、0という極限だということだよ。

1は1、5は5という極限に他ならないということ。言い換えれば、「1」とは1に限りなく近い数、「5」とは5に限りなく近い数のことだよ(現在の数学における極限の概念は、限りなく近づくだけで、あくまで限りある近い数である)。

すべては主客合一なんだ。

一郎 あっ、そうだ、ラッセルの思考実験を思い出した。そのときは「色」を題材にしていたけど、ここでは「長さ」に置き換えるよ。

それによると、君の言うように0だと思うことがすなわち0ならば、つまり、主観がともあれそのまま存在と認められるならば、0を無限個ではなくても2個か3個足すだけで、0でない数になると思うんだよ。

光　どういうこと？

一郎　たとえば、3本の棒A、B、Cがあるとするよ。主観的に、まず、AとBの長さを比べたら、差は認められなかったとする。次に、BとCの長さを比べたら、差は認められなかったとする。ところが、AとCの長さを比べたら、AよりもCのほうが少し長いとわかった。

ここで、A、B、Cの長さをそれぞれ、a、b、cとすると、

「a = b」「b = c」「a < c」

ということになって、差をとると、

「0 + 0 = p（p ≠ 0）」

が言えてしまうということだよ。

そうすると、たとえば、

「0 + 0 = 1」

なんて計算ができてしまうことにならないかい？

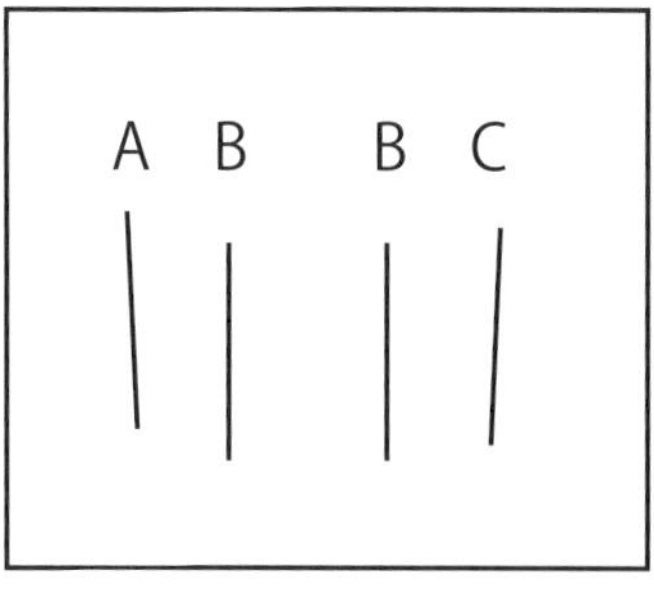

光　まあ、そうなっても仕方がないよね。図形という直観形式のものを切り貼りして無理やり数という悟性形式に当てはめるんだから。主観が入るとそういうことが起こるんだよ。

ある芸術家やある発明家が「1＋1＝2」が納得できない理由も、そんなところにもあるのかもしれないね。

でも、数式や計算式は**あくまで実在論に立った客観的なもの**だから。そうでないと人と交信できない

からね。つまり、「0＋0＝0」というのは、芸術家や発明家が嫌う「決め事」なんだよ。

一郎 じゃあ、「0×8＝0」と決めたっていいってこと？

光 まあ、いいよ。都合が悪くならなければね。

ところが、僕がはじめに言ったように、どんなに客観的に見ても、「0×8＝0」と決めつけてしまうと、矛盾を解消できないんだよ。

「0×8＝φ（φは不定）」という以外ないということなんだ。

そんなことよりも、僕はこれを通して、0とは何か、何もないとはどういうことかを省察して、一面的な実在論から脱却しようとしているんだよ。有身見《うしんけん》を消そうとしているんだ。

一郎 じゃあ、さっきのラッセルの思考実験から生まれる矛盾はどうするの？

光 そういう場合は、主観的存在を消して、替わりに論理的存在を設けて、「『b－a』も『c－b』も0ではなかった」【註7】と、後から取り繕《つくろ》うことで、矛盾を消して「決め事」を守るんだ。

学校教育の弊害

一郎 詰め込み教育は僕たちの宿命でもあるけど、この話題に関して君が特に弊害だと思っていることを挙げるとしたら何だい？

光 まあ、0を安っぽく扱うようになったことかな。

歴史的に見ても、0は後から導入されたわけだし、やはり異質な存在のはずだよ。今の数学では、負の数を考えるようになったから、0を中心に据えることが当たり前になったよね。

そのため、0が他の数と同等に扱われて、0に簡単に辿《たど》り着くことができて、0を簡単に手に入れることができると思い込むようになってしまったんだ。それによって、0に対する深い省察のきっかけを失ったといえるだろうね。

負の数を扱わない頃は、0は少ないこと、小さいことの「極み」であって、それに、極めて少ないもの、極めて小さいものは生活上考えても計算しても益《えき》のないものだから、「無いもの同然」であって、それだけ0は人間から疎遠なものだったはずなんだよ。

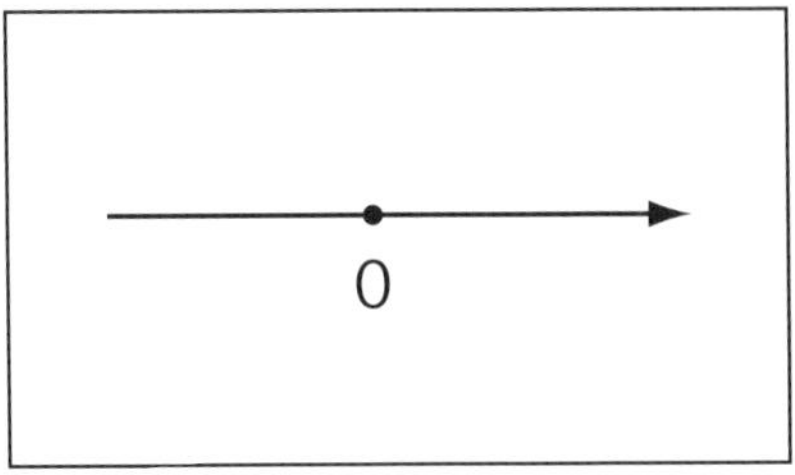

あと一つ、「有限と無限」「無と有」
この分け方が**全体**を見えなくして、これらの省察を阻《はば》んでいるのかもしれないよ。
一郎　あっ、さっきの話だけど。もし「0＋0＋0＋……」が不定の値をとるのなら、「0.999……」が1に確定するとはいえなくなるんじゃない？
光　「0＋0＋0＋0＋……」という表記に無理があるからね。
「0＋0＋0＋……」と書いてしまうと、表記の性質と限界から、どうしても0を足していくと見るようになるわけだ。これではいつまで経っても0のままっていう感覚だしね。
じゃあ、先程触れた「0×8」はどうだい？　今のところ極限の型だけど、同じ意味にとれるし、不

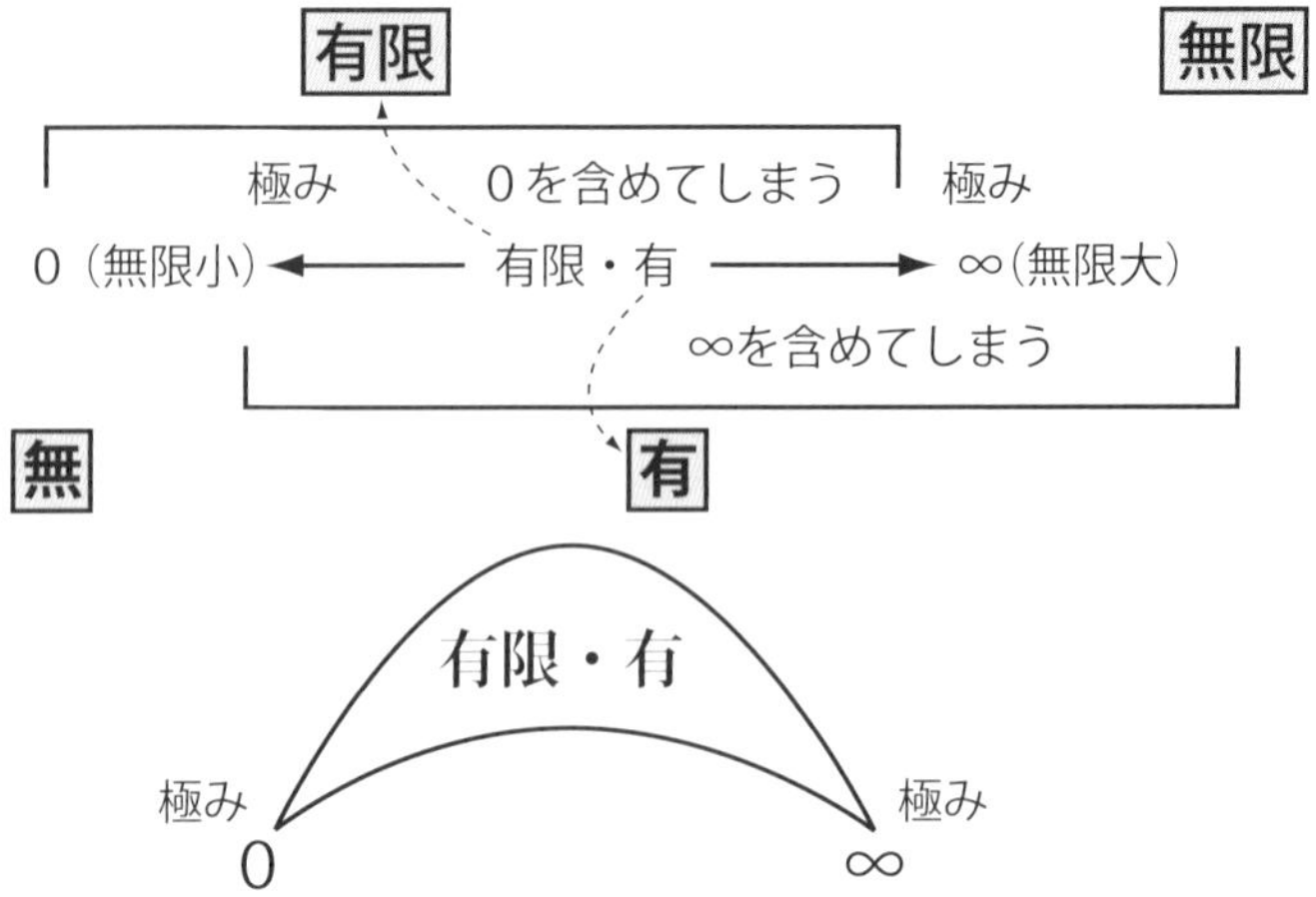

定形として通っているよ。

一郎 たしかにそうなんだけど。

でも、実際、「0＋0＋0＋……」と表したものが不定なら、おかしなことになると思うんだよ。

光 どういうこと？

一郎 「0.999……」は「0.9＋0.09＋0.009＋……」と表せるよね？

「0.9＋0.09＋0.009＋……」に「0＋0＋0＋……」を足した計算は、各項を足したものの足し算、「(0.9＋0)＋(0.09＋0)＋(0.009＋0)＋……」でもあるわけだから、これも「0.999……」であって、1に不定な数を足した数が1に確定することになるし、また、逆を辿れば、1に確定したはずが不定な値になってしまうと思うんだよ。

光 そんなことを言ったら、0の大軍が引っ切り無しに空から降ってきて、自分が書いた計算式の紙面に勝手に貼《は》りついて、身に覚えのない数量が常に足されることになるよ。

まず、どんな場面でも、紙面に「0」と表記するのと、何も表記しないのは、まったく別のことだということを弁《わきま》えてくれよ。

僕らには地上の経験から、0をいくら足しても変わらないという信念が定着しているし、実際、0を有限個足しても引いても数量は同じだから、普段は紙面に「0」を書いても、何も書かなくても、足し算や引き算では同じ扱いをしているわけだ。

でも、違うんだ。「0」は無を**意識**しているんだよ。無といえども極端な見方を避けて主客を融合すれば、すなわち、「0」を無限小の総称として意識すれば、何かが起こるんだ。

一方、何も表記しないのは、「空」であって、意識していない状態だから、無いのではなくて計算に入れていないんだ。

一郎　それを混同しちゃいけないんだね？

光　それに、数式で表す以上、どういう規則で表されているかが明確である必要があるんだよ。「0.999……」は、暗黙の裡《うち》に次の位が前の位の十分の一だという規則で表されているうえ、それ以外のことは記されていないから、それ以外のものは「無い」というより計算から外されているんだよ。

仮に、その中から、「(0.9＋0)＋(0.09＋0)＋(0.009＋0)＋……」(＊)という具合に無数の0をひねり出して書き直したとしても、先程と同じ規則でできているとすれば、この0を集めて足した計算式、「0＋0＋0＋……」は、無限小数の、「0・000……」であって、0でしかないわけだから影響はないよ。

ところが、いくら見掛けが同じだからといって、どこからともなく、素性《すじょう》がわからない「0＋0＋0＋……」を持ってこられて、無限個に分割して貼り付けられても、規則が不明なのだから、先程の計算式（＊）と形だけは同じように書くことはできても、所詮は異物の混入であって、計算式（＊）とは意味が違うんだよ。

まあ、もともとこの表記には限界があるし、0はまったく無いものという実在論から来る根深い信念があるから、納得してもらうのはなかなか難しいんだ。

一郎 結局、表記の仕方に無理があるということだね。

ああ、もういいや。これまで無限と0の話や東洋思想の話をしてきたけど、君は結局、何を目的にこんな大変なことをしているんだい？

光 全体を通して僕が願うことは、「自分の視点に関係なく在る」というのは顛倒妄想なんだということを、自分の理性で体感してもらうということ。【註8】

幸いと言おうか、皮肉にもと言おうか、最新の物理学がその切っ掛けを与えてくれているし、また、高次元の世界に通じている人たちが直接啓示《けいじ》を受けて伝えてくれているけどね。

僕はあくまでいろいろな思考実験を通して、その境地に達したいと思っているんだよ。それが道だから。

【註1】どうあがいても、「0.9999……＝1」である。それより、自分がどう考えているかである。「0.9999……」を無限に1に近い数と捉えたときに、自分が1を作っていくということが、すなわち1がはじめから在るということ、その体得が主客合一なのである。なお、両者の差「1－0.9999……」が無限小であり、同時に0なのである。

【註2】0ではなく無限小だという人もいることだろう。しかし、0でない無限小など本当にあるのだろうか？　あるいは、「動いている値であって、けっして0にはならない数」すなわち「状態」とする人もいよう。しかし、この例でいえば的や矢は固定されており、固定された条件から動く確率が算出されるというのは妙な話である（気象庁が固定データを基に動く降水確率を発表するようなものである。実際には、千回に一回降っても降水確率は0％と言うだろう。）。固定されている値なら、幾何学的に表せば、0と一致しているか離れているかのどちらかだというのが地上の掟である。ならば無限小は0と一致せざるを得ない。ということは、0を特権的なものとするところに誤謬《ごびゅう》があるのではなかろうか？（主客分離、普遍論争、有身見）0に対して真摯に向き合うことから逃げて、無限小という曖昧な表現で存在せしめたもので誤《ご》魔化《まか》したり、あくまで実在論の立場に立って、「超実数」なるものを考え出して無理やり整合性を示すのではなく、0やその他の数を自分たちがどう存在付けているかを省察すべきであろう。ここが本題であり核心である。そろそろ西洋思想一辺倒から脱却しよう。

【註3】私はここで、一つの学説を唱えようというのではない。この題材を通して、一面的な実在論を見直し、主客合一を図ろうとしているのである。まさに、哲学は学説ではなく、活動なのである。

【註4】「道（語り得ること・語り得ぬこと）」を参照。

【註5】「0＋0＋0＋……＝∅」について補足する。数学で扱っている極限は、近づき方が定まっているから値が定まるが、そうでない場合は、型が不明なため、表記のしかたが極限らしくても値が定まらない。学校の教科書ではこの手の計算式の値を、0としか扱っていない。そのため、ある関数のグラフにおいて、一点だけ飛び出ていて不自然な図になっている。一つの値に収めなくとも、せめて不定の値にしてもらいたい。分数に関して言えば、分母にいきなり0が来ると、素性の分からない0だから、計算ができないということであって、いけないとか、意味がないとか、あり得ないということではない。「X」や「a」などの文字式なら、分母に0が来ても極限として扱えるから心配はない。だから、わざわざ、

「x＝0のとき」なんて特別に扱わなくてもいい。そういう事情で発生した一点だけない関数とか、一点だけ飛び出た関数、また、穴の開いたグラフなど考えなくてもいい。0は無限小の総称であり、特権的な0はない。0は死んでいない。「真空」と同様に生きているのだ。これは到底不可能と思われることにも可能性を見出すこと、絶望の中に一縷《る》の希望を、闇の中に一点の光を見出すことに繋がる。

【註6】平面図形は2次元なのだろうか？『太陽の裏側に、地球からは見えない惑星があり、この地球から何人かの人間が宇宙船に乗って辿り着いた。そこはこの地球とそっくり、というより、国も人も全く同じだった。つまり、もう一つの地球があった。ただ一つ違っていたことは、顔も、建物も、文字も、すべて、「左右が反対」だった。こちらから行った人たちがそれを指摘すると、「いや、あなたたちが反対なんだ」と答えた。実は、その星からも同時に、こちらの地球に来ていて、同じことを指摘していた。』昔そんなSF映画があった。互いに裏の図形は、重力に支配されているため、上下が固定され、「左右が反対」と言うわけだが、なぜ、裏の図形として区別できるのだろうか？それは、以前にも言ったように、前後があるからである。普段は意識していないが、視覚に頼っている私たちにとって、図形とは、すべて「手前の図形」である。前後が反転した「後ろの図形」は見ることができない。後ろを振り返っても、それはあくまで手前の図形である（生まれつきの盲人は両方同時に捉えることができると言われる）。3次元の立体図形は、前後の違いで表と裏の図形が生まれ、重力に拘束されるので左右の反対と表現する。では、平面図形はどうか。「互いに裏の平面図形は、2次元では重ならないが、3次元では重なる」という、いわゆる「両手の問題」であるが、「2次元では」と言うときに、本当に2次元的に見ているのだろうか？もし、平面図形が2次元で表すことができるのなら、ある三角形を座標平面に貼り付けて、すなわち、縦と横を数値にして、「頂点が（0,0）、（5,1）、（4,3）」などと表せばよいはずだ（口だけでも表現できる）。ところが、それだと、SF映画の太陽の裏側の人と話が食い違ってしまう（仮に「右に」あるいは「左に」と言っても無駄である）。自分から手前の方に見た図形と、向こうの裏から見た図形が違うものだということであって、それは、とりも直さず、厚み0のペラペラな平面図形と言われるものが、あくまでも「3次元の図形」であることを示しているわけである。甲を同じ向きにして、両手を並べてみてほしい。「2次元では重ならない」というのは嘘である。あくまでも3次元として捉えているから重ならないのだ。前後の方向が違うから、別のものなのである。数学でもそうだが、

平面図形というものを考えるときに、前後の奥行を無視して考えているつもりが、厚みを0にして一方から見ているだけになってしまっているのだ。むしろ、前後の軸をつぶして（無視して）、手前の図形と後ろの図形（裏側から見たもの）を同一視することによって、つまり、2次元的に見れば「同じもの」となるのである。「3次元では重なる」というのも嘘で、正確には、「2次元では重なる」である。動作が3次元空間で自由に反転して行われたように見えるから、「3次元では」と表現したのだろうが、3次元の図形は一向に重ならない。両手で試してもらいたい。手には厚みがあるため、手のひらが張り付くだけで、両手は重ならない。かりに溶け込んでも、一致しない。平面図形は、厚み0であることをいいことに、表と裏が一致したように誤魔化して見ることができるだけである。表と裏の平面図形が重なるというのは、あくまで前後の向きを無視したということである。立体であれ、平面であれ、表と裏の図形が重なるのは、前後の方向を「無」（0）にすることで可能になるのではなく、前後の方向を「空」にして可能になるのだ。（ブログ『少年Kの真面目な戯言』より）。

【註7】それぞれ一つひとつは主観的にあり得ても、客観的にはあり得ない。論理的には矛盾だからだ。あいにく、数式や計算式はあくまで実在論に立った客観的なものである。「$a=b$」かつ「$b=c$」ならば「$a=c$」「$a<c$」ならば「$a \neq b$」または「$b \neq c$」「pが有限の値ならば、$0 \times p=0$」などの式の法則は、はじめから「約束事」として置くものである。物質的なものを肉眼で判別するという主観的なものを客観的な数式や計算式にあてはめることが土台無理なのだ。計算は客観的な作業であるから、視点は無限に倍率を上げた顕微鏡のようなものであり、無条件で計算式に入れていい0は、あくまで無限小の0だけである。無限に小さいものを追究する限り、その途中で2点（AとC）の間に差が認められれば、もはやその内側のものはすべて0ではなくなる。だから、今の問題に関しても、矛盾を解消しようとするときには、必ずミクロのほうの視点に立つのであり、「AとCに差があると判明した以上、BはAとCの間にあるはずだ」と、実在論に立ち新たに論理的視点を設けて判断を下す。すなわち、「$a=b$」、「$b=c$」は間違いだ、と。この場合、AとBの差、BとCの差は、論理的な存在となる（もし、AとCに差が認められなければ、矛盾がないからそのままでよい）（数式や計算式は、見えるか見えないかではなく、有るか無いかのエッセンスだけを扱う）。では、先述の無限小と0についてはどうか？ 実在論に立って無限小を感覚的にいくら「有る」と判断しても、客観的にいえば、「0」としか表せない。して

みれば、そもそも0とは無限小全体のことであること、「何もない」という特権的な無限小をはじめに想定してそれを「0」とするのは、主客を分離したまま実在論にのめり込んだときに見る幻だと反省できる。そのことで、かえって主客を融合することができるのである。ということは、単に「0」と表された数でも、それを無限個足せば何かが生まれるかもしれないという期待が持てるようになる。「pが無限の値をとるとき、0×p＝0」ということが、どんなに客観的な計算の法則に基づいても保証されないのである。式の決まりは約束事であるから、当然、実在論であり客観的である。実在論の立場に立って、数式をいじってみると、分離したはずの無限小と0から矛盾が生まれる。その客観的なものから、皮肉なことに主客が融合される機会を得るのである。私の活動は、普段から私たちがいかに絶対的なものに頼っているか、実在論に偏っているかを省察するにとどまる。それ以上のことはしない。けっして主客が融合されたものをまた客観的な計算式に当てはめていいということではないのである。それは、悟りを開いた釈迦が、再び宮殿に戻って国王の任務に就こうとするようなものだ。

【註8】「1だと思うから1なのだ」という具合に内側から境界付ける。結局、0も∞も、その他の数も、「自分が作っているものでありはじめから在る」ということ体得するに尽きる。「隣の実数」なるものが考えられない事情がわかるだろう。

道

道とは解脱《げだつ》への道。

解脱は「考えること」を通って辿り着く境地である。

道とは考えること。解脱そのものではないが、この道を通らなくては解脱に辿り着けない。

考えるとは、人生とは何か、社会とは何か、幸福とは何か、宇宙とは何かを考えること、すなわち省察である。

感覚が影であることを知ることで、影を全速力で追わなくなり、螺旋《らせん》階段を無限階段と知ることで、全速力で登らなくなる。内側からの境界付けによって、時空が顛倒妄想であることを知り、中道を得る。

要するに、極端なことをしなくなる。

これが道の人の境地であり、振り子の求心力が働き、いずれは輪廻《りんね》から逃れられる。


H大学のM・サンデル教授は上手《うま》いことを言っていた。

「考えることは学問ではない、道だ」

ヴィトゲンシュタイン流に言えば、「哲学は学説ではない、活動だ」

これを私流に言い換えれば、「考えること、すなわち哲学は理屈ではない、実践だ」。


もう少し詳しく言おう。

哲学を**預流果**《よるか》に達するまでの道ととらえていただければよいと思う。

預流果とは、**有身見**《うしんけん》、**疑**《うたがい》、**戒禁取**《かいごんじゅ》を消すこと。

有身見とは、「自分が独立して存在する（自分＝自分の肉体）」という迷妄《めいもう》。論理の使い方を正しくし、内側から境界付けることで、迷妄を消す。〔中庸、即非、絶対矛盾的自己同一〕すなわち、宇宙との一体感を得ることで、有身見を消す。

疑とは、神仏を疑うこと。さらに、因果や輪廻など目に見えないものを否定すること。霊的自覚により、すぐに消える。

戒禁取とは、「儀式や礼拝などの末端の様式」にとらわれること（宗派間の無理解、偏見）。哲学的省察によって、言葉の欺きから逃れ、消える。一面的な言葉にとらわれずに、経典（聖人の言葉）の本質をとらえることができる。

預流果に達することが解脱への関門であり、これを通過すれば振り子が減衰し、そのあとは何回か転生して**解脱**する。【註1】近似死体験をした人など特別な人を除いては、哲学的省察によって自己実現しなければこの境地に達し得ない。

魂の目

光　ちょっとの間、息を止めてみてくれ。

一郎　ああ、いいよ。

光　どう？

一郎　だんだん苦しくなってきた。あっ、もうダメッ！
光　もういいよ。今何を感じた？
一郎　一瞬、爽快感が走ったけど、すぐ何も感じなくなった。
光　苦しみがなくなった直後に快感が現れたんだろ？
これが人間の快楽のすべてさ。苦があるから快楽があるんだ。快楽は足りていなかったものが満たされた反動だよ。
この二つは同じ直線上のもの、つまり、快楽も苦のうちだということだよ。
一郎　ああそうか、これも即非だね。
光　それで、そのあと何も感じなくなったよね？
一郎　うん、たしかに。
光　満たされた状態というのは何も感じないんだよ。言ってみれば、幸福とは「感じないこと」さ。そして快楽は幸福の影。
一郎　これは食欲や色欲にも当てはまるね。
じゃあ、よく聞くけど、「幸せを感じる」なんていうのは嘘なんだ。
光　まあ、言い方の問題もあるけどね。
哲学者は最後には、「幸福とは当たり前のことができることだ」と落ち着かせるんだ。
一郎　でも、やっぱり君の言うことは感覚や論理の帰結では得られないんだよね。
君はいつも感じないことをどうやって捉えるんだい？

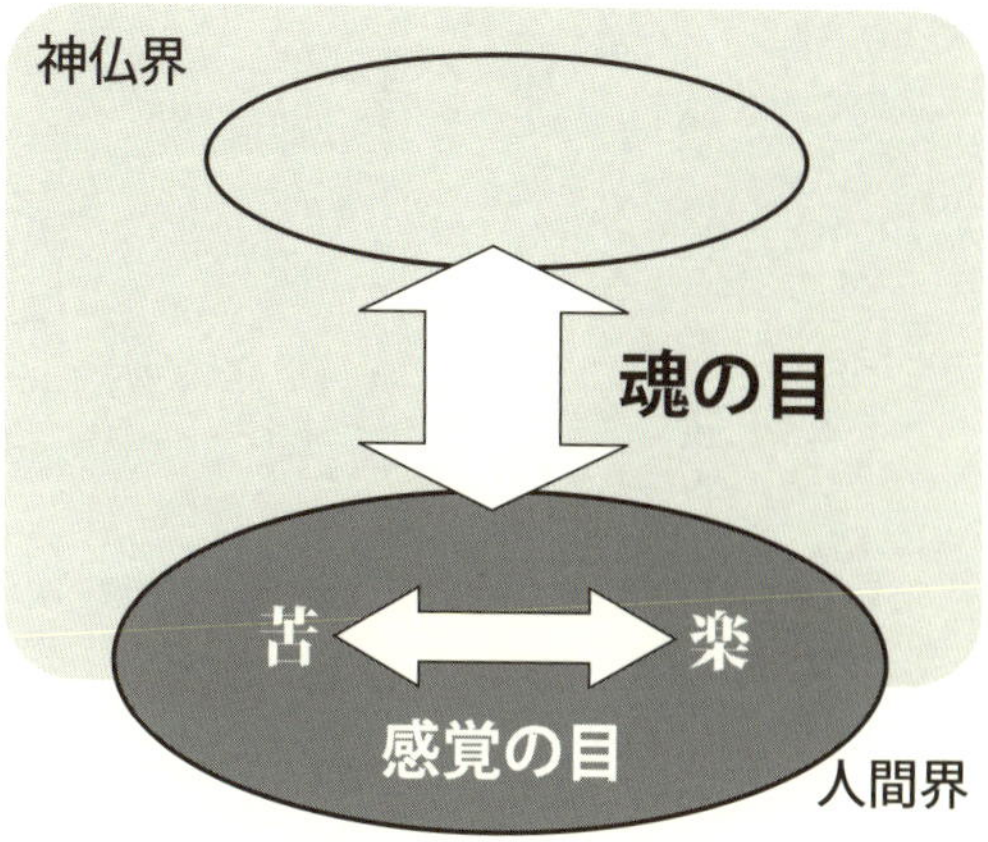

光　感覚の目ではなくて、「魂の目」で捉えるんだよ。【註2】「足《た》るを知る」って言うだろ？

一郎　たまに聞くね。

光　これは「我慢しろ」ということではないんだ。「足りている状態がいちばん幸福なんだ」ということを、魂の目で見る実践なんだ。

一郎　ああ、そうだったのか。でもそれを知ってどうなるっていうんだい？

　所詮、人間なんて感覚を追っているだけじゃないか。

光　そう、その通りさ。僕だって、いくら偉そうなことを言ったって、感覚で行動していることに変わりはないよ。

「わかっちゃいるけどやめられない」なんて言ってね。

　所詮影しか追えないんだよ。でもその追い方が変わるんだ。影を実体だと思って追うか、影を影だとわかった上で追うかの違いだよ。君はこの違いがわかるかい？

一郎　ああ、全速力で追うか、ゆっくり追うかだね。

光　前者がいわゆるバベルの塔の建設さ。塔の上に神の世界があるというのは幻想だよ。

登り螺旋《らせん》階段だと思っていても、傍《はた》から見れば一向に上昇しない無限階段なんだ。それがわかっていれば、全速力で駆け上がることはないよね。ゆっくり登れば、すぐ手の届く所に出口の扉、いや、上の次元へ通じる扉があることに気付くんだよ。

これを満員電車に置き換えてごらん。

一郎　満員電車の中だと知らなければ、みんな押し返した時の快感に味を占《し》めて押し合いになると思うよ。

光　社会も同じく閉じた空間さ。完全な自由なんかないんだよ。無限に広がると思っていると、広げたときに快感に味を占めることになって、仕舞いには付けが回ってくるんだ。

一郎　なんか高度成長の頃の日本と今の日本の関係みたいだね。

光　しかも今みたいな状態になっても考えないとしたら、今後どうなるんだろうね？人間は社会的な生き物だからね。人々が幸福になるためには、考える人、賢人に統率されていなければならないんだよ。

語り得ること・語り得ぬこと

光　ところで、この宇宙は永遠に続くと思う？

一郎　始まりと終わりがあるんじゃないの？たしか、一点からビッグバンによって拡がって、ビッグクランチによって一点に収束するという具合に。そしてそれが何度も繰り返されると。

光　じゃあ、結局どっちなの？

一郎　少なくとも今のこの宇宙は終わると思うよ。

光　じゃあ、その次にまた宇宙が始まるまでの間はどうしてるの？時間が流れてるのかい？

一郎　じっとしているんだろうから、時間は止まってるんじゃないかな？

光　でも「止まってる」って意識することができるのは、時間が流れを感じてるからこそじゃないかな？

一郎　ああ、そうだ、即非だ。

光　僕らには空間の拡がりと同じように、生まれながら時間の流れがあって、時間が有限とか無限とか言ったって、永遠の時間の流れのうちであって、悟りを開いた人以外は、知性あるものが生きてる限り時間的な永遠はあるはずだよ。

一郎　でも実際、宇宙が一点に閉じてる状態では時間が流れてるとは考えられないなあ。だって、すべてが動いてないんだから。

もしそのときそこに住んでいる人がいるとしたら、時間なんか感じないと思うけどね。

光　君は死後の世界を想像できるかい？

一郎　ああ、できるよ。

光　でも、それはあくまで今の生の経験からの想像だろ？

一郎　それはそうだけど。

光　宇宙が閉じている状態も同じことだよ。今、君が想像するだけなんだよ。つまり、今の時点で宇宙は「永遠」なんだ。それに尽きるんだ。

一郎　じゃあ、宇宙が閉じているときは？

光　それは「語り得ぬこと」さ。あくまで、今の視点からその時の状態を、「一点のままじっとしている」などと「語り得る」だけなんだよ。

だいいち明日のことだってそうじゃないのか？　明日も、陽《ひ》が昇って、いつものように食事をして時間の流れに乗って行動すると思うかい？

一郎　まあ思うよ。

光　でも、それはあくまで今思う明日だろ？

一郎　そうか、今の視点から「語り得ること」か。明日になった時の明日なんて、今の視点からは「語り得ぬこと」なのか。そうだよなあ。

そういえば、昔から「一寸先は闇《やみ》」とか「明日は明日の風が吹く」とか「来年のことを言うと鬼が笑う」とか、語り得ぬことを語らないように戒《いまし》める諺《ことわざ》があるよね。

円い四角

光　ここでちょっと題材を変えるけど、君は「円い四角」ってあると思う？

一郎　えっ、どういうこと？

光　円くて四角いもの。

一郎　それなら、ここに昨日キヨスクで買ったのど飴《あめ》があるよ。

光　じゃあ、円で、しかも四角形って言ったら？

一郎　そんなのないよ。
　数学の定義では円と四角形はまったく別の図形だし、いくら変形した円を認めても、四角形って言ったら角が尖《とが》っているんだから、円形ということと矛盾するよ。

光　じゃ、なんで「円い四角」というような表現が可能なの？
　矛盾するんだったらそういう表現は作れないんじゃない？

一郎　またラッセルかい？　それは言葉では何とでも言えると思うけど。

光　いや、もともと僕ら人間の言葉は暗黙の裡《うち》に、存在するものと一体になっているんだよ。「円い」と「四角い」は暗黙の裡に別々の観点から言っているんだ。
　どうしても僕らは学校で西洋思想を注入されてるから、理想形がはじめから外に存在して、それを見ているという一面的な実在論に陥りやすいんだよ。

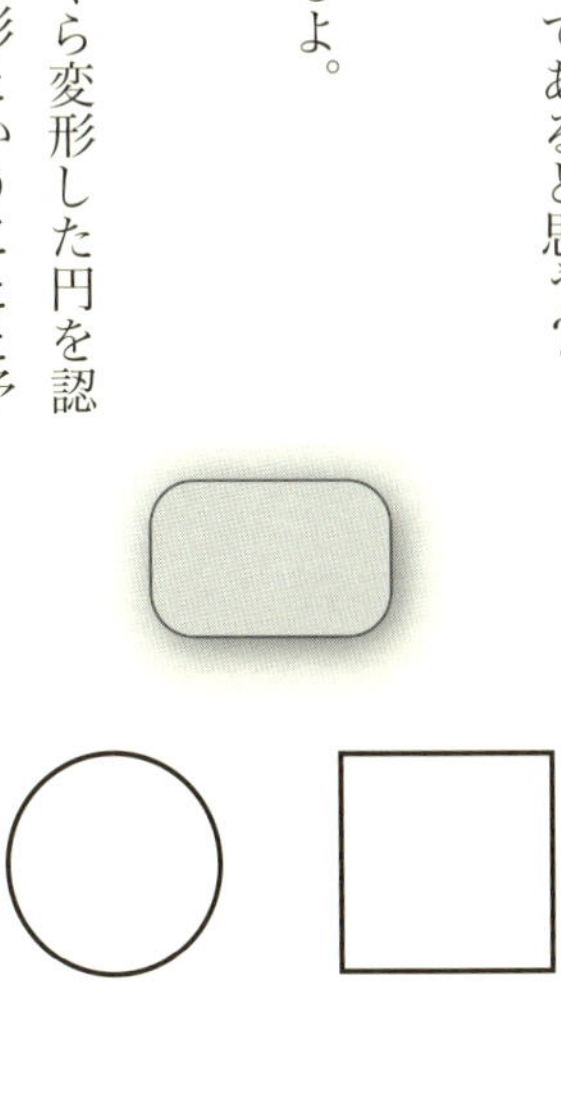

本家の西洋の哲学者は永遠の普遍論争に陥って、円と四角形は別々に離れて存在するから、円い四角の存在を許さないばかりか、逆にその表現ができることに対して戸惑ったりするんだ。だから、西洋思想に毒された僕たち戦後世代の日本人は、往々にして、ある図形を「円だ」と肯定することが、同時に「四角形ではない」と否定することになってしまうんだよ。つまり、自動的に語り得ぬことを語ってしまうわけだ。

でも、東洋的に見れば、数学の円や四角形はそれらの観点から作られる極み、理想だよ。数と同じで、人間が作るとも言えるし、はじめからあるとも言えるんだよ。

一郎　絶対矛盾的自己同一だね！

光　人間が作る、自分が作っていく、という見方があれば、極端なものがはじめから存在するという実在論の迷いが消える。

一郎　極端なことは避けるという中庸だね。

ああ、君の言う東洋思想をもっと見直す必要があるんだね。

光　そう、円いという観点でそれが円いか否か、四角いという観点でそれが四角いか否かなんだよ。「円と見れば円、四角と見れば四角」「あるときは円、あるときは四角」

そういう形が考えられるんだ。本来僕らは自然にそういう思考をしているはずなんだよ。

一郎　じゃ、のど飴のほうがホントなんだね。

光　まあ、早く言えばそうだ。

そののど飴を使って確認するよ。君はそれを円だと思う？

一郎　ああ、円だと思うよ。
光　それは何て言うんだっけ？
一郎　語り得ることだね。
光　じゃあ、四角形だと思う？
一郎　まあ、四角形に見えるよ。
光　それは？
一郎　これも語り得ることだよ。
光　それじゃあ、円だから四角形だと言うのは？
一郎　それは、語り得ぬことだ。非意義的命題だね。
光　じゃあ、もう一つ、そののど飴が円にも四角形にも見えないという人がいたらどう？
一郎　その人に円や四角形の観点があるから「そう見えない」って否定するわけで、ともあれ、その人は語り得ることを語っているわけだ。
光　君からその人に言うことは？
一郎　いくらその人に円や四角形の観点があるからといっても、その人が円や四角形に見えないって言うんだから、僕がそれを否定するのはやっぱり非意義的かな。
光　というより、その人がそののど飴が円や四角形に見えると言ったとしても、君がそれを肯定するのは非意義的だよ。もちろん否定するのも。
一郎　えっ？

光　だって、君は所詮《しょせん》その人の視点に立てないんだから。自分以外の視点からのものはすべて語り得ぬことだよ。

一郎　あ、そうか。

光　君が赤く見えるものを他の人が赤く見えると言ったって、それはこの世で一緒に行動できることを約束されるだけで、他の人の思うことを肯定したり否定したりすることは非意義的、論理の使い方の間違いなんだ。「世界とは自分の世界のことである」ってね。【註3】

一郎　なんだか孤独を感じるなあ。

光　でも、要らぬ誤解を避けて本当の意味で人を理解するには必須なんだよ。

関係・要因・傾向

光　突然だけど、血液型と性格あるいは職業は関係あると思う？

一郎　生理学者はほとんどみんな「関係は認められない」と言って否定してるようだけど、統計的には思い当たることがたくさんあるよ。もっとも生理学者はそれも心理的な操作だって言うけどね。

光　以前、B型は他と比べて血液の量がいちばん多いと聞いたことがあるけど、それがたとえば血圧にどう影響して、それがまた性格にどう影響するかなんていう因果関係を示すのは、とても無理だ。

医学界でも、O型の人は癌《がん》になりにくいとか、統計的ではあっても根拠を添《そ》えて発表してるし、血液型が何らか人に影響していることは認めてるよね。

でも、それが人の性格にどう表れるかということになると、生まれたときの星や育った環境も大いに影響するから、その関係を明らかにするのは不可能じゃないかな。

だいいち、一般的に言われてるA、B、O、ABの四つの型は大まかな分け方であって、本当はもっと細分化されてるし、Rhなどの別の観点からの分け方もあるから、生理学者から言わせると、ほとんどナンセンスだと思うよ。

一郎　そう言っても、経験ではどう見ても関係があるとしか思えないんだ。どっかの教団の幹部は全員A型だっていうし、とかくA型の人は徒党を組んだり神輿《みこし》を担《かつ》いだりするから、自分の世界とひらめきを大切にするB型の僕なんかは、A型の多い集団には馴染《なじ》めないし、近寄りたくもないんだ。

ある調査によると、マスコミ関係の仕事は、40パーセントがB型だっていうし、歴代の日本の首相を調べると、B型は数えるほどしかいないし、徒党を組むことを嫌うと言われるB型の性格が影響しているように思うんだよ。

光　まあ、生理学者は立場で言っているんであって、実証できていないものは否定するしかないんだよ。だから、なにも君が生理学者気取りになることはないし、思うとおりに思えばいいんだよ。

実は僕も、冷静に見ても率直に関係があると思うんだよ。でも、振り返ってみると、そもそも「関係」なんていうものは、所詮は統計的なものだってことがわかるよ。

学校の数学でよく扱う相関図を見てほしいんだ。〔次図参照〕生徒十七人の英語と数学のテストの点数だよ。英語の成績と数学の成績に相関関係があると言えるかな?

一郎　正の相関があるとも言えるし、ないとも言えるね。まあ、生徒が聡明だったり努力家だったりすれば、たいがいどの教科も成績がいいからね。

光　でも、その因果関係を生理学的に確実に示すのは至難だろ？だから、結局、統計的にしか言えないんだよ。

その人の観点が関係を拾うか否かであって、どちらも語り得るし、他の人の判断を否定することはできないんだ。

一郎　でも、学校の授業では、どれかが正解で、それ以外は不正解ということになっているんだよね。なんで？

光　学校の数学は、あくまで実在論の視点に立って、客観的なものを追求するからね。

それから、これは血液型じゃないんだけど、某易断《ぼうえきだん》の星による異性との相性なんか見事にその通りになっているし、ある占星術で観《み》てもらったところ、生年月日と時刻だけしか情報を与えていないのに、すべて言い当てられたし、科学的な実証は得られないけど何か大きな力が働いているとしか思えないんだよ。

エドガー・ケイシーもそのリーディングな中で、「もっとも当てになるのはペルシャ占星術だ」となんて言ってるし。でも、一方では必ず最後に、「それは傾向に過ぎない」と付け加えて、他のいろいろな要因が絡んでいることを示唆しているんだ。

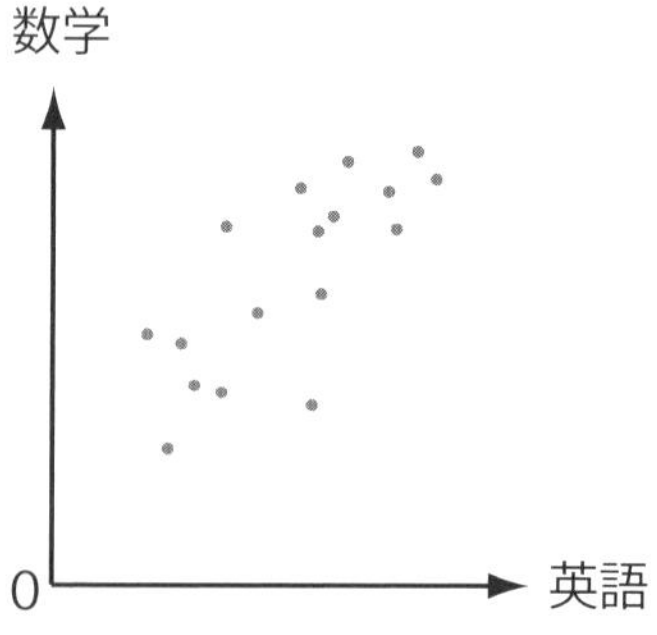

一郎　じゃあ、この際、統計的な理由も「関係」と言うことにしよう。

光　そうしよう。

えーと、そろそろ本題に入ろうか。

一郎　えっ、なんだ、今までは前置き？

光　たとえば、あることに関して天性の才能がある人の集合をA、幼少からそういう環境で過ごしたとか、後に努力をしたという人の集合をB、周囲の人から達人だと認められている人やプロの人の集合をC、とするよ。あることというのは、歌や楽器でも、絵や書でも、将棋や囲碁でも、何でもいいよ。

それじゃあ、「ピアノ」ということにしよう。そこで、毎日ピアノを弾く人１００人を調査したところ、Aが76人、Bが87人、Cが70人、それから、AかつBが63人、BかつCが61人、CかつAが69人、それに、AかつBかつCが60人だったとするよ。〔下図参照〕

一郎　えーっ、才能があって、努力をしても、達人になれない人っているの？

光　まあ、そういうも人いるよ。途中で指を怪我をしたとか、病気で動けなくなったとか。なにぶん、AとBに関しては、本人がそう答えているだけだから、詳しい事情は分からないよ。

一郎　これ、どこのデータ？　本当に調査したの？

光　まあ、これは喩えだから、深く考えなくていいよ。それに、

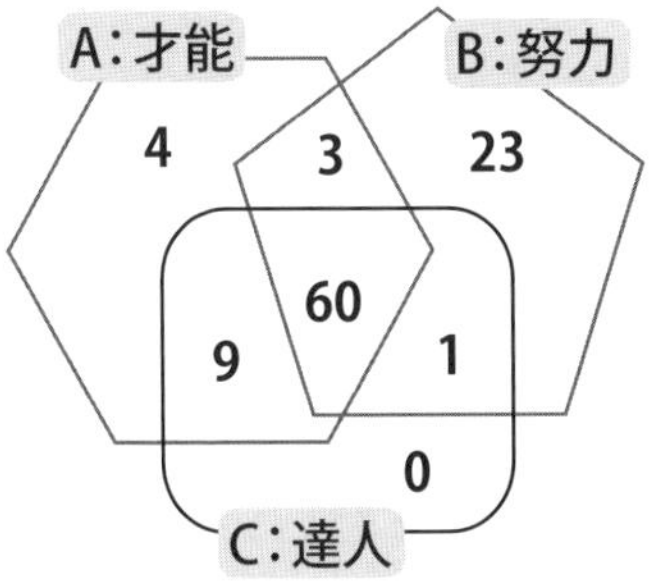

問題の本質とは関係ないから。ともかく、この結果を見てどう思う?

一郎　やっぱり、才能がある人は達人が多いね。それに比べると、努力をしても、達人になれない人が多いね。

光　じゃあ、ここで、達人のCに限定して考えてみよう。70人のうちAに属する人は69人、すなわちほとんど全員だよね? これを見てどう思う?

一郎　まさに、芸術は才能に左右されるね。

光　でも、ひとえに、才能に因るのかな?

　Cの70人のうち、Bに属する人が61人、すなわち87パーセントもいるんだよ。ということは、努力次第だとも言えるんじゃない?

一郎　9割に満たないんだよね。微妙だなあ。

光　いや、君がこの数字を見て、「努力は関係ない」と思えば、それはそれでいいんだよ。

一郎　もう、君の言いたいことはわかったよ。

　統計的に見て、「才能があるから上手い」とかあるいは「才能は関係ない」とか、また、「努力をしたから上手い」とかあるいは「努力は関係ない」とかを、個人が判断することは、それぞれ語り得ることだけれど、「才能があるから上手い」ということから「努力をしたから上手い」ということを、否定することも肯定することもできないということ、それは論理の使い方の間違い、すなわち非意義的命題だということだね。それぞれ別の観点から言っているのであって、お互いに語り得ぬことだということだよね。じゃあ、すべては「傾向」ということで決まりだね。ああ、もういいかな?

光　うん、実はもう一つ付け加えたいことがあるんだ。条件が限られた狭い集団の中に居ると、それが当たり前になって、その観点に立てなくなるっていうことだよ。

たとえば、この例で言うと、傍からではなく、達人の中に入ったつもりで言ってみると、案外、一方的になるもんだよ。

たとえば、努力家のBの人たちの中には、「ピアノ上達は努力次第だ」という人がいて、「才能は関係ない」と付け加える人もいるはずだ。もちろん、Bの中の人でも、冷静かつ謙虚な人もいて、いくら努力をしても天才には敵《かな》わないものだから、「才能が大きくものを言う」と言ったりするけどね。

また、自信家のAの人たちの中には、データの9人のような努力を感じないほどの天才もいて、「ピアノは才能がすべてだ」と言いのけるかもしれないし、Aの中でも、謙虚な人は、「努力次第で差がつく」というかもしれないよ。

つまり、要因は幾つあっても、「一つの要因で言い通せてしまう」ということだよ。でも、論理的に間違いではないんだ。人間は論理的にしか思考できないからね。

一郎　あれっ、ちょっと待って。

ある人が「ピアノ上達は努力次第だ」と言うことそのものは語り得ることだけど、「才能は関係ない」とまで言うのは、語り得ぬことじゃないの？

光　そこなんだよ。

「努力」という観点からは「関係ある」、「才能」という観点からは「関係ない」と、別々な観点からそれぞれ独立して判断するのなら、それぞれ、語り得ることだよ。でも、肝腎なあることを心掛けていないと、ついうっかり、「ピアノ上達は努力次第だから才能は関係ない」と語り得ぬことを語ってしまうんだよ。まあ、表面的な言葉だけならいいんだけど。

一郎 肝腎なあることって？

光 「一つの観点から言い通せてしまう」ということを常に反省することだよ。ヴィットゲンシュタイン流に言うと、**「内側から境界付ける」**だよ。

人間は論理的にしか思考できないから、論理的な間違いはすぐわかるんだけど、論理の使い方の間違いにはなかなか気が付かないんだよ。【註4】

それでも、一人の人間がその視点に立てるのなら、いつでも反省することができるんだけど、その視点に立てないのに、立ったつもりでものを言うことがよくあるんだよ。それが無理解を生むんだ。だから、「思考の反省」が必要なんだよ。

一般に、狭い集団の中では、「常識の罠」に嵌《は》まってしまって見えなくなることがよくあるんだよ。特に、言葉に頼る人はその可能性が高いよ。

一郎 宗教団体ではよくあるかもね。

光 宗教団体じゃなくても、身近な所でよくあることだよ。

君は、マッサージとか、カイロプラクティックに行くことある？

一郎 あるよ。

光 施術の時間はどう？

一郎 そうだねえ、カイロは短いけど、マッサージは長いことが多いかな。

光　それについてどう思う？

一郎　あまり気にしたことはないけど。

ああ、でも、いつだったか、タイマッサージに行ったとき、店の人が、「本当なら60分よりも90分がいいですよ。本来は90分からが基本で、60分というのはそれを詰めて急いでやっているだけですから」って言ってたなあ。

光　実は、僕も同じことを言われたことがあるんだよ。そして、そのことを、カイロの先生に言ったら、「時間が長ければいいってもんじゃないよ」って、笑いながら言ったんだ。

また、別のカイロの先生は、「施術に一時間も掛けるなんて邪道だ」なんて言って、他のものを貶《けな》してたよ。

そりゃ、カイロの先生は、カイロの観点から言っているわけで、カイロではそうなんだろうけど、タイマッサージには、タイマッサージの観点があるわけだから、立てない視点から他のものを貶すのは、論理の使い方の間違なんだよ。

一郎　そうだよね。カイロは「矯正して治す」という感じだから、時間はあまり要らないけど、タイマッサージは矯正というよりもどちらかというと「ほぐして、気を流して、気持ちよくなる」という感じだから、時間は長いほうが効果はあるよね。

まあ、別物と思ったほうがいいね。

光　何であっても、他を理解するということが平和への道であって、狭い集団に居る人たちは特にそうだけど、内側から境界付けることによって、語り得ぬことを語らないことが、平和への第一歩なんだよ。

独身

光　独身男性は、既婚男性に比べて、平均寿命が八年短いっていうのを、聞いたことある？

一郎　いや、初耳だなあ。

光　これはある著名な医者が言ったことなんだけど、状況からして明らかに身体の内部からの機能の低下が直接の要因らしいよ。

それから最近ではある有名な医者が、「男性はパートナーとの触れ合いが寿命を延ばす」なんて唱えているんだよ。

一郎　心の問題もあるんじゃないかな？　生活の張りとか、責任とか。

光　もちろん心の問題にも置き換えられるよ。

まあそれも含めて、直接の原因としては「内部からの機能の低下」だということだよね。

一郎　でもホントにそうかなあ？　独身の男は不摂生になりがちだから、身体を壊して長生きしないんじゃないかな？

光　じゃ、外的要因、単なる「不摂生《ふせっせい》」ということだね。

もうひとつデータがあるんだけど。熟年離婚後、男は十年寿命が縮むけど、女は活き活きするっていうんだ。

一郎　女は一人で生活できる経済力さえあれば、男は不要だし、むしろ邪魔《じゃま》物だもんね。男からすれば、熟年になって、もう触れ合いもなにもないだろうし、一人暮らしになってやっぱり生活が乱れて、不摂生になるんじゃない？

光　じゃあ、離婚じゃなくて、死に別れた場合はどうかなあ？

これはまったくの僕の経験なんだけど、老夫婦のうち、奥さんに先立たれた旦那《だんな》さんは、まず一年以内に亡くなるということ。僕の周《まわ》りではほとんどがそうだよ。先立たれたとはいっても、子供夫婦と一緒に生活していたわけだから、不摂生ということは考えられないんじゃない？

僕の母方の祖父なんか、祖母が亡くなってから二か月だったよ。悲しんで、生きる気力がなくなったみたい。他でもそんな感じで、食事もしなくなるらしいよ。

逆に、旦那さんに先立たれた奥さんは、知る限り全員が十年以上生きてるよ。実は僕の母もそうで、父が死んでから二十年以上生きてる。父は母と別居してから十一年後に死んだんだ。

一郎　あれ、君の親父さんは癌《がん》で亡くなったんじゃないの？

光　そうだよ。でも六十二歳、不摂生してたわけではないし、内部から機能が低下したんだと思うよ。思い出すなあ、癌になる直前に僕と母に会いに来て、また一緒に暮らすことを懇願《こんがん》していてねぇ。そのとき母に向かって露骨に、「抱き付くぐらいは」なんて訴えてたもんね。

もしその後、一緒に暮らしていたら、父はもっと長生きしていたと思うんだよ。

一郎　じゃ、やっぱり男は幾つになっても触れ合いが必要なのかなあ？

光　そうだと思うよ。あと、霊的なものがあるのかもしれないよ。

一郎　男だけに？

光　それはよくわからない。でも確実に言えることは、男は女がいてはじめて一人の人間なんだということ。
もっとも、これは生物の起源からしてその名残《なご》りがあるんだろうけど、肉体は所詮《しょせん》借り物だからねえ。そういう生物的な性質を備えた男に生まれることの霊的な意味となると、エドガー・ケイシーに聞かないとね。そうだ、独身男性の寿命が短いのは結局……？

一郎　もういいよ。君の言いたいことは決まってるじゃないか。
それより、君は独身だよね？

光　うん、未婚だよ。

一郎　未婚という言い方は、これからまだ結婚する意志があるということだね？

光　まあ、独身主義ではないってことかな。

一郎　じゃあ、なんで？

光　女の兄弟がいるから、修行が済んでるのかな。
男と女は別の生き物さ。女性の内容には、はじめから期待していないんだよ。
君は女の兄弟がいないんだよね。だから早いうちに結婚したんじゃない？

一郎　言うことはわかるよ。たしかに僕も結婚してから、「こんなはずじゃなかった」と思うことはあるよ。でも、そんな単純に片付けられるもんでもないよ。
君はさっき、男は女がいてはじめて一人の人間なんだって言ったよね？　ということは、君は今のところ半人前で、これから一人前になるかもしれないということだね。

光　まあそうだ。カノジョがいればそれでいいんだけど、あいにくいないからね。それに、年齢からいっても結婚がその転機になりそうだよ。だけど僕の場合は、運命学的にいって子供はできないらしいんだ。

一郎　そんな、運命学なんて信じちゃだめだよ。迷信とまでは言わないけど、あまり真面目の受け止めると、その星の影響力に支配されちゃうって言うよ。

光　いや、いいんだよ。女性は欲しいけど、子供は欲しいと思わないんだよ。

一郎　今は妻子があるけど、実は独身の頃は僕もそう思ってたんだよ。自分の子供が欲しいなんて思ってもみなかったけど、できてみると、こんなに可愛いものなのかと、そのときはじめて思ったよ。

光　ああ、そういうもんかねえ。

それから年賀状に、自分の子供だけの写真を印刷してよこす人が結構いるだろ？　自分はあくまで本人との関係であって、子供は関係ないのに、いったいどういう神経してるんだろうって、はじめ思ったんだ。でも一人や二人じゃないし、何かその人たちに変化が起きたのかなと考えてね。なるほど、子供が可愛くって、他人の都合など考えなくなるほど冷静さを失うみたいだね。

一郎　僕も同じことを思ってたよ。ある人は「面倒くさいし、それが手っ取り早いからだ」って言ってたけど、それなら、自分の写真や家族全体の写真を使ってもいいんじゃないかなって思って、やっぱり納得がいかなかったのを覚えてるよ。今は感覚的にわかるけど。

つまり、子供って自分の作品とか分身みたいなもんなんだよ。今の僕は独身の頃の感覚を忘れてしまっているから、つい逆のことをやっちゃったりしてね。

光　じゃ、よく「相手の立場になって考える」などと言うけど、それは嘘だね。相手の立場になんか立てるわけがないんだ。

一郎　そうだよね。まず、自分は他人《ひと》じゃないんだから、他人の視点には立てるわけがないよ。同じような境遇にあれば、辛うじて感覚的に通じ合えるけど、所詮他人の感覚は想像にすぎないし。それに、自分自身のことだって、年月が経てば忘れるしね。

光　心を白紙にして他人の気持ちを察しろと、簡単に言う人がいるけど、ホントに実行できるものかなあ？　他人の気持ちが分かったつもりでいるだけじゃないのかなあ？

簡単じゃないけど、考えること、省察が必要だと思うよ。

逆説的だけど、他人の視点には立てないことを知る。語りえぬことは沈黙する。感覚の目ではなくて、魂の目で見ること。それが心を白紙にすることだよ。それが他人を理解することになるんだ。

信じるとは

光　信じるといっても、盲信《もうしん》（妄信）と深信《じんしん》（理信）があるんだけど、知ってる？

一郎　ああ、聞いたことはあるけど。

光　百パーセント信じるというのはどちらだと思う？

一郎　盲信じゃないの？

光　いや深信だよ。

一郎　どうして？

光　盲信の場合、百パーセントというのは尋常《じんじょう》な社会人ならあり得ないよ。知性が働いている限り、どこかに疑いが残っているはずだからね。

だって、君も覚えがあると思うけど、盲信する人って、決まってすぐ鞍替《くらが》えするだろ？

一郎　そう言われればたしかに。

光　自信がないから、すぐ何か力のあるものにすがって、またそれよりも力があるものがあれば、そちらに乗り換えるんだよ。要するに、「賭《か》け」なんだよ。

時代劇なんか観ていると、ある旅鴉《たびがらす》が女を置いて、また旅に出ようとするとき、「あたし、政吉さんを信じてる」なんて、女が言うことがあるよねえ。

この場合の「信じる」って、百パーセント信じていると思うかい？

一郎　帰ってこないこともあるわけだし、当然それは想定してるよね。ということは、疑いがないわけじゃないな。

光　要するに、どうにもならないから、物理的に託しているだけだよ。だから、賭けなんだよ。

これは宗教にも当てはまるんじゃないかな。いきなり入信して、すぐ、「神を信じる」って言ったって、託しているだけで、疑いがないわけじゃないんだよ。

一郎　それじゃ本当の意味で信じているわけじゃないんだね。

光　まあそうだ。足が地に着いていないから、いつまでも自分のものにならないんだよ。

一郎　それじゃ進歩しないんじゃない？

光　でも、盲信の場合はむしろそのほうが健全だね。

一郎　えっ、どういうこと？

光　盲信はあくまで盲信。もし百パーセント盲信している人がいたら、それはかえって危ういよ。尊厳や思考がもともとないということ、つまり魂が抜けているということだからね。いわゆる「イッチャッテル人」だよ。

一郎　でも、イッチャッテル人は疑いがないという点では悪人ではなさそうだし、むしろ天使に近いんじゃない？　そのほうが即座に神の恩恵を受けるんじゃないのかな？

光　まあ、そうとも言えるけど、ただその場合は、崇拝する対象がたしかな高級霊で、導く人がたしかな人だということが絶対条件になるよ。

ところが実際、この地上ではそうじゃない場合が意外と多いんだよね。だいいち、そんな天使みたいな人が、この汚れた世の中でまともに地上生活を営んでいるなんて、奇跡に近いよ。

それより、百パーセント盲信じゃなくても、尊厳や理性を捨てようとか、魂を売ろうとしている人が結構多くてねえ。むしろそっちのほうが厄介だね。

一郎　えっ、さっき君はそのほうが健全だって言ったじゃないか？

光　あくまでも危険ではないという点でね。まあ、救われる可能性がなくはないけど、そういう人は余程のことがない限りずっと迷い込んだままでいるよ。

一郎　でも、神や仏に対する信仰は人智を超えたところにあるんじゃないの？

光　その通り。

でも、だからと言って、人間の思考というのはすべて人智の領域で止まって上の次元に繋がらないと決まったわけではないよ。

一郎　まさか、人智が人智を超えた領域に達するとでもいうのか？

光　そういう意味じゃないよ。人智の限界を知ることで、この世の執著《しゅうじゃく》や論理の呪縛など、知性による障害が取っ払われるんだよ。

「語りえぬことを語らない」や「内側から境界付ける」も、それから、東洋思想の「陰陽」や「中庸」も、仏教の「即非」や「絶対矛盾的自己同一」もそうなんだ。一言で言えば、霊的自覚だよ。高次元の扉へ続く道だよ。そこから迷わずに入っていけるし、入ってからもブレることなく上昇するんだよ。結論でも解決でも判断でもないんだ。研究成果でもないんだ。

一郎　じゃあ、逆に聞くけど、人智を捨てれば人智を超えられるの？

光　う～ん、捨てるだけで超えられるんなら、みんな覚者《かくしゃ》になっちゃうよね。

だから、天使みたいな特別な人を除けば、自分で達するしかないんだよ。少なくとも扉の手前までは。だって、みんな闇の世界にいるんだから。闇の世界の常識とか論理とか感覚にしがみついて、やっと日常の生活を保っているわけだよ。

でも、のめり込んでいる人は、それすら気付かないんだ。いきなり「捨てろ」と言われても、実際どうしていいかわからないと思うんだよ。そこで、哲学的省察によって、呪縛の原理を自分で知って、自分で振りほどくんだ。

ところが盲信者のうちのほとんどが、考えること、哲学的省察を、結論を導く「論理的手続き」だと誤解しているんだ。そこへ持ってきて、権威ある聖職者から、人智の限界を頭ごなしに諭《さと》されるわけだ。

だから、「考えなくなること」が「我《が》を捨てること」だと勘違いして、ただ権威ある者の言葉を鵜呑《うの》みにするだけの人がはびこるんだよ。

あとは周囲に受け売りをして、他の様式のものを自らの誤解によって貶す。砂上の楼閣に住んで、いい気分に浸るだけになるんだよ。要するに楽だからだよ。

一郎　楽になるってそんなに悪いことなの？　気分がよくなるし病気も治《なお》りそうだし、良いことじゃないの？

光　一時的には見かけ上そういうことが起きるかもしれないけど、考えることを捨てる人はそうしているうちに骨抜きにされて、確実に霊的障害を来して、精神も肉体もボロボロになるはずだよ。まあ言ってみれば麻薬のようなものだよ。

一郎　じゃあ深信というのは考えることが必ず付きまとうの？

光　そうだよ。自分で考えて到達すること、そして自分使命に従って行動すること、ひとつの自己実現さ。あの他力だって自己実現は付き物だよ。

僕が広めようとしているものはあくまで深信であって、一念発起《いちねんぽっき》で、しかも不退転《ふたいてん》のものなんだよ。宗教だって、それが麻薬にならずに、本当の救済になるためには、考えることが必要不可欠なんだ。通るべき道を通らなければならないんだ。

一郎　でも楽じゃないよね？

光　どうでもいいことに関しては楽をしてもいいし、むしろ楽をしたほうがいいけど、向き合わなければならないことを避けて楽になるのは道ではないんだよ。

一郎　その区別はいったい何だい？

光　まあ簡単に言えば、物質的次元での価値判断か、霊的次元での価値判断かだ。人間界の掟《おきて》だけに従うか、天界の掟に主《おも》に従うか。

生存している時だけのことを考えて行動するか、生前や死後のことを含めてトータルで考えて行動するか。戦争に貢献するか、平和に貢献するか。

「聖」とは何か

光　そうだ、ところで君は、ティツィアーノの『聖愛と俗愛』という絵を知ってるかな？

一郎　ああ知ってるよ。横長で、何か四角い石のようなものの両側に、服を着た女性と裸の女性が腰掛けている絵だよね。

光　どっちが聖愛を表していて、どっちが俗愛を表していると思う？

一郎　服を着ているほうが聖愛で、裸のほうが俗愛じゃないの？

光　僕も長いことそう思っていたんだけど、実は逆なんだ。

一郎　ええ、そうなの？

光　裸のほうが聖愛を表して、服を着たほうが俗愛《ぞくあい》を表しているらしいんだよ。つまり、聖人の教えとは、簡潔に言うと、「素《す》のままに生きよ」ということさ。

あの、断っておくけど、「従順になれ」という意味じゃないよ。逆に服を着ているというのは、社会的な立場とか自尊心とかに囚《とら》われていることを表しているわけだ。

イエスの有名な言葉に、「姦淫《かんいん》しようと思って女を見るものは、すでに心の中で姦淫しているのである」というのがあるよね。

法律とか道徳とか、専《もっぱ》ら俗界の掟に従って、善悪を判断したり、強みや弱みにするのをやめよというわけだ。

まあ、完全にとはいかないだろうけど、できる限り素のままでいるということ、正直に生きられたら、ありのままでいられたら、それに越したことはないということなんだ。

ウィリアム・ブレイクの「無垢の獲得」、あるいは親鸞聖人《しんらんしょうにん》の「計《はか》らいなき計らい」だよ。

一郎 でもそれは日常生活する上ではかえって意識的にそうしなければならないかもしれないし、周りとぶつかるんじゃない？

光 意識的にというのはちょっと違うんだよ。それが「考える習慣」なんだよ。そこが難しいところだけど。

一郎 たしかに思い起こせばそうだね。

子供は正直だといっても、子供自身は自分を正直だと思っていないはずだよね。

ティツィアーノ『聖愛と俗愛』

光　大人になっても、そういう境地を獲得するということ。泥水の中で凛として咲く蓮の花のように。なかなか難しいことだけどね、特に組織の中では。まあ、ぶつかることはあるだろうね。まず、誤解はされるよね。だって、さっきのティツィアーノの絵のように、いきなり裸の女性が現れてみなよ。服を着た人間からは、肉欲に塗《まみ》れているとか、礼節がないとか、とにかく常識を疑われるだろ？

僕も天使とまではいかないけど、素のままに生きてるほうだから、誤解されたりぶつかったりする経験はかなりしてきてるよ。そういうときは、なるべくそうならないように必要最低限の嘘で平和を保つように心掛けるけど、それでもどうしようもない場合は、そういう理解のない集団から離れるね。

一郎　そうは言っても、今の世の中、哲学的省察なんか、闇《やみ》の勢力の教育によってブロックされているんじゃないの？

光　それは感じるね。哲学に対する偏見は、宗教以上に強いからね。それは今に限ったことじゃないけど。それに、言っておくけど、僕は人類全員を導こうなんて、そんなおこがましいこと、さらさら思ってないんだよ。高次元への入り口の手前で迷っている人だけさ。なにせ次元上昇できるのは14パーセントだっていうからね。僕だって道の途中、その14パーセントに入ってるかどうかわからないよ。

一郎　じゃあ、あとの86パーセントはどうにもならないってこと？

光　まあ、完全にどうにもならない人も中にはいるね。

僕の経験ではその類いの人って、まず何も考えていないんだよ。

「地を這《は》う人」、「地上の住人」、または、「ベリアルの子」とか言って。

一郎　ナニモって？

光　この物質界の損得勘定《かんじょう》以外は。

一郎　損得勘定も考えているうちに入るんじゃないの？

光　そういうのは精神世界や哲学では「考えている」とは言わないんだ。

一郎　それじゃなんて言うの？

光　計算しているとか、判断しているとか、解決しているとかだね。

一郎　でも、もしかすると、さっき君が言った「入り口の手前で迷っている人」かもしれないじゃないか？

光　迷っている人は、ハッキリしないし、要領が悪いし、言動や行動を見ればわかるよ。

迷っていない人は、何もかもがハッキリしているから、僕が輪廻転生のこととか、霊や高次元の存在のことを口にすると、まるで何かに憑《と》りつかれた狂人を相手にするように鼻で笑って、確たる根拠もないのに無下《むげ》に拒絶するんだ。

そのくせ、「じゃあ、なんであなたはあなたに生まれたんだ。あなたが、じゃないよ。もし人間の生存を平等に扱うなら、あなたがあなたに生まれてくる理由なんかないじゃないか？　あのAさんに生まれたってよかったじゃないか……」と、僕が声を荒げて問いかけると、意外に神妙になるんだよ、そのときは。でも次の日になると、ケロッとして元に戻っちゃうんだよ。

入り口の手前で迷っている人なら、そこから道を進むんだけど。

元に戻っちゃう人っていうのは、迷っていないんだから、所詮は「地を這う人」と思って、最近は僕も諦めてるんだよ。まあ、いろんな思考実験を紹介して刺激だけは与えてるけどね。

一郎　それじゃ、その分岐点って何だろうね？

光　もともと真摯な人かどうか、敬虔な人かどうか、だけだね。結局、普段考えているかどうかに尽きるんだよ。

一郎　ということは、考えている人が14パーセントなのかな？　ところで僕はどっちかな？

光　僕が言って悩んでいるんなら、こっちだよ。

順応は無我か？

一郎　それにしても君はさぞかし生きづらいだろうね。何はともあれ少数派なんだから。

光　もちろんそうだよ。誤解されっぱなしで来ているから、慣れてはいるけど、もうウンザリだね。僕は純粋無垢に生きているだけなのに、権力構造の組織の中では、「プライドがある」とか、「自意識が強くて、凝り固まっている」なんて言われるんだよ。（自分たちは素直なんだ、余計なことを考えていないんだと言わんばかりに）

一郎　ああ、孤高を傲慢と取るやつね。よくあるよ。

光　また、「純粋だから染まりやすい」「誰かに洗脳されてるんじゃないか？」なんて、逆のことを言われたりするよ（自分たちは頭がしっかりしているんだ、立派な社会人として当然のことをしているんだと言わんばかりに)。

一郎　ああ、それもよく聞くね。君が自分で無垢を獲得しようとしているのを知らないからだね。

光　まったくの心外《しんがい》だね。子供じゃあるまいし。

もちろん僕だって大人だから、計算もあるし、悪もあるよ。ただ、その中にあって、無垢《むく》の獲得、計《はか》らいなき計らいを実践しているんだけど、理解する人があまりにも少ないもんだから。

一郎　それも14パーセントかな。

光　何パーセントかはともかく、僕に言わせれば、多数派の人たちは、我執《がしゅう》があるから順応しようとするんだ。純粋でもなければ真の意味の平和を好むわけではないんだ。すべて御身安泰《おんみあんたい》、自己保身なんだ。

エゴは知性と結びついていて、損か得かの計算が働くんだよ。それなのに本人たちは、「我を捨てている」と表現するんだ。

どうやら、地上の道徳に帰依《きえ》して、立派な人間になろうとしているらしい。

「君子は義に喩《さと》り、小人《しょうじん》は利に喩る」「君子は豹変《ひょうへん》し、小人は面《おもて》を革《あらた》む」【註5】

これらの格言を履《は》き違えて、自分は君子でいるつもりが実は小人になっているんだ。

一郎　たしかに、言葉の上では表面的に、「順応」は「奉仕」とか「無私」または「無我」に繋《つな》がるからね。

どうもその人たちは、権力とは、それに対して「媚《こ》びるものだ」と思い込んでいるみたいだよ。「郷に入っては郷に従え」とか「長いものには巻かれろ」を履き違えているね。そして、それが道徳的に立派だということらしい。

取り方次第だろうけど、それらは本来、「システムに馴染む」とか、「役割としての立場を弁《わきま》える」という意味で存在するんじゃないのかなあ。その人たちは、なにか、変なものを拝んでるみたいだよ。

光　そう、そんな感じだよ。

「なんで権力に媚びないんだ、なんでわざわざ損することをするんだ、馬鹿じゃないか？」という感じだね、はっきり口には出さないけど。

権力というのは特に国家権力のように、統率することによってあくまで一定の範囲内の平和を保つために必要なのであって、媚びるためにあるわけではないよ。

それに、権力を意識しているかどうかはわからないけど、環境の中だけでしか思考が働かないのか、今の日本人の集団は、どこに行っても、「ここはこういう所なんだから、合わせなきゃダメじゃないか」と言う人ばっかりで、それが当たり前だと思っているようなんだ。でも、僕からすれば、それは、「この町は伝染病患者で溢れているのだから、あなたも感染しなければならない」と言っているように聞こえるんだよ。完全に「様式」と「状態」を混同してるね。

一郎　その人たちも、言われれば一応理解はできると思うよ。でも、霊的病気に罹っているから、結局この世的な選択、物質界の損得しかないんだと思うよ。尊厳を確保するための何かが欠けているんだろうね。

光　うん、だから僕は最近は諦《あきら》めているんだ。所詮、その人たちはベリアルの子だからと。だから、話の相手が、道の人や入り口の手前で迷っている人たちだけなんだよ。

一郎　じゃあ、ベリアルの子から見ると、君はいったい何だろうね？

光　得体の知れないもの、まあ、クセノスとでも言ってもらおうか。【註6】

正直は善いことか?

一郎　ところで、君は純粋無垢でいられればそれに越したことはないと言ったけど、それで周りの人とぶつかることもあるということも認めているわけだよね。それに、「正直者が馬鹿を見る」なんてよく聞くよね。純粋無垢がどんなふうに良いと言うんだい? それに、どれだけ良いんだい?

光　まず、正直と純粋無垢とはちょっと違うんだよ。さっき言ったけど、子供が正直だというのは純粋無垢だから。それを「子供の正直」と呼ぶことにするよ。

それともう一つ、「意識的な正直」があるんだ。君も子供から大人になる過程で、「嘘はいけない」って、よく諭されたよね? それは道徳的な正直、戒律化された正直だ。それを「大人の正直」と呼ぶことにするよ。

肝腎なことを言うけど、悪いか善いかというのは、ここでは、「損か得か」ではなく、「戦争か平和か」なんだよ。子供の正直も大人の正直も、損か得かと言われれば、少なくともその場では損だ。これは十分承知しておかなければならないね。

一郎　嘘つく奴《やつ》のほうが得する、だから嘘をつくんだね。

光　でも、正直は九割かた平和をもたらすんだよ。

一郎　九割かたということは、そうじゃない場合もあるってことだよね?

「嘘も方便」って言うけど、それかい?

光　まあそうだ。嘘もたまには平和をもたらすこともあるよね。

大まかに言って、不要に人々の不安を煽《あお》らないように、嘘を言うというのがその典型だよ。

一郎　たとえば？

光　本当は、飛行機内や列車内の緊急事態なんかを例に出したいんだけど、難しいから、私事で恐縮だけど、癌告知にするよ。

僕の親父《おやじ》は癌《がん》で亡くなったんだけど、一回目の入院と手術の時は、医者や親父の兄弟は僕たち家族に「痔《じ》」だと伝えたんだ。もっとも、それで済めばそれがいちばん良かったんだけどね。

でも、二年後の二回目の入院の時はさすがに隠し切れずに「癌」だということ、それに、一回目も癌だったことを伝えたよ。まあ、隠し切れずに、というよりは、進行状況から言って、僕たち家族には構えてもらったほうがいいって判断したんだろうけど。

一郎　ということは、一回目の時は「嘘」が君の家族に平和をもたらし、二回目は「正直」が君の家族に平和をもたらしたということになるのかな。

光　うーん、どうかな。結果論だけど、一回目に正直に言ってもらいたかったね。

一郎　あれっ？　親父さん本人には癌を告知したの？

光　ああ、そうそう、結局最後まで本当のことは言わなかった。

一郎　そのほうが親父さん自身は平穏が保てたんだろうね。

光　いや、それもどうかわからないなあ。本人も薄々《うすうす》気付いていたみたいだったし、もともと坊さんみたいな人だったから、はっきりしたほうが迷わなくて良かったともいえるよ。

一郎　まあ、結果はどうあれ、君の周りの人たちは、戦争か平和かで判断して、正直と嘘を使い分けたんだね。

光　でも世の中、そういう人たちばかりじゃないよ。一見、平和をもたらすように嘘をついているようで、実はそうじゃないってことが身近にもよく起きてるよ。

一郎　たとえば？

光　あの震災の時の原発事故に対する電力会社の報告や、ちょっと前に起きた食肉偽装なんかがそうだよ。

一郎　あの嘘も、そのまま何事も起きなきゃ、それで済んだんじゃないの？

光　いや、とんでもない。もちろん何かあったら取り返しのつかないことになるし、たまたま何もなくて済んでいても、嘘が罷《まか》り通っていたんじゃ、風船手渡しゲームのように、必ずいつかは弾《はじ》けて大変なことが起こるよ。だって、今の組織の人の思考回路からすると、嘘によって自然に火種が消えるとは思えないんだよ。「知らぬが仏」なんて言っていられないよ。

一郎　うん、たしかに。

嘘に対して、周りもそれに対抗して嘘をつく。緊張を増すばかりで、全体にとって無益な競争が激化する。嘘をつかなければ競争に負けて、自分だけが損をする。自分に残るのは、失脚とか失業とか倒産だけで、誰も助けてくれないし誰も良いことを言わないからね。

今の世の中ってそんなもんだからね。

光　ということは、この手の嘘は、平和をもたらすんじゃなくて、戦争をもたらすんだよ。

それに対して、「会社のためだ」とか「自分だけの問題ではない、周りの人の迷惑も考えて行動する」という類《たぐ》いの立派な理由をつけて、それを「我を捨てる」という綺麗《きれい》な表現で自分を誤魔化《ごまか》している人もいるけど、その根底にあるのはあくまでエゴであって、保身にすぎないんだよ。

一郎　その手の嘘をつく人たちは、一部の人たちの目先の利益がそのまま当面の平和なんだと、思い込んでいるのか言い聞かせているのか、とにかく全体の平和とは真逆《まぎゃく》のことをしているわけだ。

そういえば、正直が良いとは限らないとか、嘘も場合によっては良いということを拡大解釈して、「ある特定の人たちにとっては嘘は良い」というようにすり替える人がいるなあ。そこが平和と戦争、無我とエゴの分岐点なんだね。

じゃあ、あの中国船衝突の映像を流した人なんか君はどう思う？

光　よくやったと思うね。

「日本人は自分の保身ばかりで何もできない」って高《たか》を括《くく》っていた中国人には申し訳ないけど、自分の立場を捨てて日本の自滅を食い止める奴がまだいるんだということを証明したわけだよ。日本も捨てたもんじゃないね。

もっとも、それを公《おおやけ》の場で口にすると、僕みたいに無頼《ぶらい》の身に甘んじることになるけどね。

正直者の心得

光　ああ、念を押しておこう。

意識的道徳的な正直、「大人の正直」はあくまで地上の掟であって、間接的に平和に貢献しているけど、そういう道徳的戒律的なものを拠《よ》り所にして自分の「強み」にしちゃいけないってこと。というより、個人的には正直そのものを道徳にしないでもらいたいんだけど。じゃないと、どっかの聖典の中に登場するある人のように、「今まで正直に生きてきたのにどうして財産を失うんだ」と、天が下す理不尽を嘆くようになってしまうんだよ。

一郎　ああ、それは、「自分はいつも人に施しているのに、人は自分に施してくれないのはおかしい」なんて、見返りを期待してボランティアをやる人みたいなもんだね。

光　そう、正直とか奉仕は損得からすれば損なんだから。正直を物質界の強みにするなんてとんだ心得違い、それは「道」ではないんだよ。

一郎　ちょっと余談になるかもしれないけど、報告はともかく、今回の原発事故自体が想定外だったというのは、まんざら嘘じゃないような気もするんだけどなあ。

光　これは難しいねえ。まったく予測していなかったと言えば嘘になると思うけど。おそらく、内部の人たちの中には、以前から危険性を訴えていた人もいるよ。

一郎　じゃ、なぜ完全な対策を打たなかったんだろうね？

光　蓋然性《がいぜんせい》との兼ね合いじゃないかな。

一郎　蓋然性？

光　どれぐらいの大きさの地震が起きてどれぐらいの高さの津波が来るか、そしてその確率で、事故は起こらないと判断したということ。

もっと露骨なことを言えば、携わっている人が生きているうちに、大地震が起こるかどうかの賭けだよ。

一郎　ひどいなあ。もしそれが事実なら、許せないなあ。

光　じゃあ、極端な例を言うよ。

突然、空から隕石が降ってきて、当たって死ぬなんてこと、君は思ったことあるかい？

一郎　まあ、頭のどこかにはあるけど、普段は意識しないよ。

光　どうして？

一郎　ほとんどあり得ないからだよ。

光　ということは、あまりにも確率が低いことは、思っても無駄だから計算に入れていないってことだね。

一郎　そうだね。起こらないとは言い切れないけど、構《かま》えないよ。

光　結局、それが想定外なんだよ。

仮に、隕石が降ってくることをいつも頭に入れて、ヘルメットをかぶって生活しても、実際起きたときは、ヘルメットを突き抜けたり、自分に当たらなくても周りの物が飛んできて自分に当たったりと、なにかと予期せぬことが起こるはずだよ。なにぶん、日常からかけ離れたことだから、想像がつかないんだよ。今いる世界からすれば、隕石が降ったときの世界なんか「語り得ぬこと」なんだ。

一郎　でも、それを言ったら、何も起きなくても明日のことなんて語り得ぬことじゃない？

光　まあそうだ。ただ、普段はある程度想像がつくから、毎日語り得ぬことを語って生活しているんだ。日常からかけ離れたことは、起こることは頭にあっても、具体的な対策が立てられないから、蓋然性との兼《か》ね合いで、想定するのをやめてしまうんだよ。

原発事故の場合は、隕石に当たるより確率は高いかもしれないけど、やっぱり蓋然性もあるし、それからいろいろな組織の事情との兼ね合いで、結果的に想定外だったんだと思うよ。

一郎　あり得るけど、想定しない。

じゃあ、「頭にないこと」と、「想定外」は必ずしも一致しないんだね？

光　別だと思った方がいいよ。でも、僕たちも同じような思考をしてるんじゃない？

だって、近々、また大地震が来るとか言われて脅《おど》されてるけど、本気で避難しようと思ってる？

一郎　地震を想定して行動しているわけじゃないよね。仕事などの関係で、引っ越すわけにもいかないし。

光　要するに、具体的な対策が見つからないからだよ。まあ、そこが人間社会の難しいところだね。

なぜ平和を目指すのか

一郎　だけど、なぜ平和なんだい？

人間は本来闘争的な生き物ではないと言われているけど、一方では闘争本能があることは否めないよね。スポーツなんか良い例で、抑えられた闘争本能のはけ口だともいえるんじゃない？

光　僕が言っている闘争というのは、仇討《あだう》ちのような止めどないもの、増幅するもの、それにもう一つ強欲《ごうよく》によるものだよ。

スポーツはむしろガス抜きとして、平和に貢献してると思うよ。だから平和も、単に何の活動もなくボケていられるという意味ではなくて、増幅する闘争がなく安心して社会に貢献できる状態のことだよ。

まず道の人にとって闘争の中で平和を獲得することが、その人自身の霊的進化を促すわけだけど、それが周りの欲の強い闘争的な人たちのエゴをなんとか薄くすることに繋がって、ようやくその人たちが自分のエゴに気付くんだ。そこが高次元への入り口、それが道の出発点だ。
また道の人は、そういう菩薩行《ぼさつぎょう》によってさらに進化するんだよ。人間の本質は霊であって、肉体は借り物なんだから。

平和の実現に向けて

一郎　そうは言っても、この民主主義の社会では闘争は付き物だし、その中でみんなが平和を得るなんて不可能じゃないかな？

光　うん、たしかに難しいけど、不可能じゃないよ。楽じゃないけどね。

一郎　えっ、楽じゃないって？

光　楽なのと平和なのは一緒ではないよ。

一郎　どういう点で？

光　何度も言うけど、「考えること」が入るんだよ。「考えること」は楽ではないけど平和につながるんだ。もちろん君主制がいちばん平和なんだ。君主制が崩れたから仕方なく民主制にしているわけだ。

一郎　でも一旦、民主制になったら、常に反対の勢力がないとダメなんだよね。

光　そう、僕は左翼の人の肩を持つわけではないけど、その点では彼らの言っていることには一理あるよ。もし民主制にあって、勢力が一方的になるということになれば、それは強欲のある人が上に立って、あとの者は奴隷になる。とりあえず均衡を保つには、彼らは不可欠といえるよ。ただ、平等を謳《うた》っていながらも、闘争のためにはどうしても人間の理想像を作らざるを得ないんだ。

彼らにとって偉い人というのは、あいにく道徳的に立派な人、あくまでこの世的に偉い人なんだよ。もちろん、分かっていて、闘争だけやってる人もいるよ。でも、ほとんどの左翼系の人は性善説を曲解して支持しているから、拠り所が「道徳」なんだ。

道徳というのはあくまでこの世における仮のもの。それを知らないで道徳の神（偽神・ユリゼン）を本物の神として拝んでいて、他の人も当然拝むべきだと決めつけているものから、結果的に周りの人をどうでもいいことで縛ってしまうんだよ。

だから、支配者層は逆手《さかて》をとって、「不満を言うものは云々《うんぬん》」と道徳心を刺激して、左翼系の人を自滅に追い込み、道徳的に立派な物言わぬ人間を手なずけて安泰《あんたい》を図《はか》るんだ。

一郎　その点で今の日本は最悪かもしれないね。たしかにますます一方的になって、弱者はカネと権力の前に、恐怖のあまり身動きできなくなってきているし、文化的なことをやってる余裕もないし、文化的なことをやってる姿を見せてはいけない雰囲気だし、何も物が言えなくなってきているよ。

というより事実、いわゆる使われる側の人は、奴隷意識を持っていないと、いや少なくともそれを態度に示さないと、すぐ弾かれてしまうんだ。だから、どこに力があるかを素早く見抜いて、巧《うま》く泳ぐ人しかいなくなるんだ。

光　それじゃ、まるで教養のない地を這う人たちの集団だね。

一郎　はっきりとした人間の形はないけど、カネや権力の偶像を崇拝する人が多数派を占めてる感じだよ。ドンパチはやらないけど、戦時中と変わらないよ。まさに「構造的暴力」だね。

光　でもね、これは一般の民衆がそうしたともいえるんだよ。

　まず、霊的次元で考えることがなければ、君主制の意味が分からないし、民主制では闘争が付き物だけど、それを弁えないからただ楽な道を選ぶ、つまり長いものに巻かれる、そうでない少数派の人を変人扱いする、という具合だ。

一郎　あのヒトラーも民衆が作ったと言われているしね。やっぱり日本はファシズムの国なのかなあ。

光　全部見て知っているわけではないけれど、日本に比べれば、まだ諸外国は尊厳を確保するために戦っていると思うよ。

　とにかく今は易《えき》でいう「遯《とん》」の世なんだよ。【註7】賢人は関わらずにただ離れているだけ。

一郎　そんなこと言うと、また逃げ口上だとか自己弁護だとか言われるんじゃない？

光　易によれば、小人をけっして憎まずに遠ざけていれば、陰陽消長の法則によって、やがて小人が畏《おそ》れて逃げるんだ。だからというわけではないんだけど、僕は君主が統率する社会の実現を目指しているんだよ。

一郎　でも、そう言うと、左翼じゃなくても日本人の多数派は誤解して、「独裁者を作るのか」と反論するんじゃない？【註8】カルト集団なんかを連想してね。

光　誤解しないでもらいたいんだけど、僕はなにも民主制のシステムの中で偉い人を一人作ろうと言っているわけではないんだ。まったく別の視点、言ってみれば霊的次元で偉い人、指導者が一人いればいいと言っているんだよ。

一郎　あれっ？　あの教団はまさにそれじゃないの？

光　いや、あれはあくまで民主制的な人たちが作った組織だよ。

一郎　でも、いずれにしても左翼系の人は、一人の偉い人というのを許さないよね？

光　彼らの頭の中は、とにかく格差があってはいけないんだ。あっていい差別や必要な差別を一切認めないから、男女の役割分担もなくなるんだよ。

一郎　それじゃ、彼らは今の日本の少子化や家庭崩壊に一役買っているのかなあ？

光　それは何とも言えないし、何とでも言えるよ。ただ、左翼の人も多数派の民主制的な人も、民主制の中でしか、つまり権力闘争や解決でしか思考が働かないから、一人の偉い人というと、多数決で決めた道徳的物質的に偉い人、肉体を持った人間そのものを祭り上げた独裁者を意味するんだ。

民主制では対抗する勢力のベクトルが正反対ではないから、その合力で全体が変な方向に動いて行ってしまうんだ。

一郎　変な方向ってどういう方向？

光　両者とも所詮は唯物論の上の成り立っているものだから、それらの合力は地上を真上から見下ろせば釣り合っているように見えても、横から見れば、上を霊、下を肉として、下へ向いているんだ。これじゃ、ますます肉主霊従の方向へ向かうよ。と言っても、国家を上の次元から見て統率する君主がいないから、修正もできないんだよ。

少子化や家庭崩壊などの歪《ひず》みは、民主制の末路《まつろ》の象徴だと思うよ。

一郎 いずれにしても、霊的次元で考える人そのものが少数派なんだろう？

しかも君はそれが多数派になるのを諦めているんだよね？

そこから全体を統率する指導者が生まれるというのは、いくらなんでもあり得ないだろう？

光 霊的次元で考える賢者が国家の中枢に入り込めれば可能性はあるよ。ただし、「民衆の言うことをやたらと聞いてはいけない」という帝王学を守っていればね。まあ急には難しいと思うけど。

一郎 でも、そうなるまでがたいへんで、可能性としてはほとんどゼロなんじゃない？　だって、少数派はいずれ潰されるだろうから。

光 たしかに、地上的な計算すればそうかもしれないよ。

じゃあ、だからといって何も考えなくても何もしなくても同じだっていうのかい？　それだと、人間というのは各人が守りに入って、多数派に付いて、「強きを助け、弱きを挫《くじ》く」というイジメの思考回路が働くもんだよ。そのほうが楽だからね。

特に、「死んだら終わり」の人は、霊的影響など信じないだろうし、この世に居る間の損得勘定だけだからね。

一郎 僕はそこまでエゴイズムに走らないよ。君のように霊的に生きるという信念を押し通すのもわかるよ。現実がこうだからこそ、君のような人の活動があると思う。思いは現実化すると言われるし、何が起きるかわからないからね。

でもねえ、僕がどうするかはともかく、冷静に考えて、難しいと思うよ。もはや地上は何か見えない力によって違う方に向かっているみたいだし。

光　ソクラテスも地上での実現という意味で半ば諦めたのか、自分の死後に実現を見据《みす》えていたのか、理想国家の構想だけ残して、自分自身は現状の政治には積極的に参加しないとだけ言って、宿命を受け入れたんだ。

何はともあれ、民主制というのはそれが成熟しない場合は、ヒトラーを作るか、その反作用として、ソクラテスが現れるかなんだよ。

一郎　理想国家って言うと、苦痛や心配事が何もない完全な楽園だと思ってしまうんだけど。

光　そうではないんだ。軍事もあるし、格差もある。もちろん適当に強欲も生まれるし、争いも起きる。だけど、それらを煽《あお》らないように、増幅しないように、火種が消えるように、よく統率されているんだよ。

一郎　軍事って？　理想国家にも軍事は必要なの？

光　自衛、戦争を終結させるための戦争、もちろんこれらを大義名分として軍事は存在するんだけど、もちろんそれだけじゃ平和は訪れないよ。これらはあくまで力に対して力。均衡を保てば、少なくとも「考える暇」は生まれるけど、そこからが肝心なんだ。

各人が霊的真理を知り、霊性を得ることが不可欠なんだよ。霊的指導者が生まれて、そこで初めて「平和」が訪れるんだ。

一郎　じゃあ、今地上にいる人類は未だ平和を実現していないってこと？

光　そのようだね。だって、記録に残っている歴史を見る限り、戦争が絶えたためしがないだろ。今もどっかで戦争やってるし。成熟していないんだよ。

一郎　霊的指導者が出現するとどうなるの？　何をするの？　具体的にはどんな政策？

光　わかりやすく言えば、一つは儒教の導入だね。それに武士道かな。道徳や戒律、読書《よみか》き等の学業（ユリゼン支配）、それと、芸術や武芸などの余技《よぎ》、必要無駄（ルーヴァ支配）。もちろんこれらは仮のもの、物質界の方便で、死後脱ぎ捨てるものだけど。

それによって、考える余裕ができて、汚れた世の中で真の平和を実現することができるんだ。それによって、心身が浄化されるんだ。生き恥を晒《さら》さず大義に生きる。それが生を受けた者の修行だ。

一郎　完全な楽園では心身は浄化されないの？

光　たとえば、環境がいい所とか景気がいい時は、たいがい人って優しいだろう？

でもその人が本当に優しいかというと、そうとも限らないんだよ。

維摩詰《ゆいまきつ》もフィロンも言っているように、完全な楽園や人里離れた山奥で悟るのは本物ではなく、強欲の渦巻く人里の喧噪《けんそう》の中で悟るのが本物なんだ。ただ、民主制の社会ではどうしても強欲や争いを増幅してしまって、考える切っ掛けすらつかめなくなることが多いから、一部の人以外は修行や心身の浄化が難しくなるんだ。

クルマや自転車などで急な坂道を登るときに、挫《くじ》けないように、ローギヤにする。いわば中庸を実現するための君主制、理想国家なんだ。

唯物論

私が二十七歳の頃、同僚の誘いで東京労働学校（高田求校長）へ哲学の講座を受けに行ったときのことである。

講義の後に、受講者同士の話し合いの時間が設けられていた。

私が机の上にあった黄色い紙を指し示し、「これが黄色だと、みんな口を揃《そろ》えて言っているけど、他人が本当に自分と同じ色に見えているかなんてたしかめようがないじゃないですか？」と言うと、その学校のある人が、「たしかに犬は違うように見えるって言いますけどね」と答えた。

また、受講者のある若い男は、やや喧嘩腰《けんかごし》に、「光が網膜に入って、それを脳が処理して、云々」と、私に食って掛かった。

「それが自然科学的な説明なんですよ」と私が念を押すと、若い男は苛立《いらだ》ちを抑えつつ考え込んだ。周りの人たちも、一触即発《いっしょくそくはつ》の雰囲気を察知して、顔を歪《ゆが》めた。

私のような人間に会って面食らったのか、学校の人は学校関係者の哲学に詳しい人に聞いてきたらしく、次の会のときに、「長谷川さんの言っているのは、不可知論じゃないですか？」と私に告げた。

私は、「いえ、違います」としか言いようがなかった。

「語り得ぬこと」を学校の人たちは「不可知論」だと完全に履《は》き違えていた。哲学講座といっても、普遍論争を終結させない半端な西洋哲学を紹介しているらしい。

この学校をよく知る受講生のある女性が、「ここは長谷川さんの思っているようなアカデミックな所じゃないんですよ」と、静かに私を諭した。

色の見え方については、同僚の理科の先生に聞いてみたことがあるが、「脳の色覚の構造が誰も皆同じだから、違う色に見えるなんていうことはない」と、やはり語り得ぬことを語った上での答えが返ってきた。

もうこうなったら、一つの霊が同時に何人もの肉体に入ってたしかめるしかないのだが、あいにく、霊界の掟では許されないらしい。また、肉体から離れ、霊界に戻れば、他者と繋がっていることを知り、自分の過去生を同時に知ることができるという。しかしそうは言うものの、もはやそれは地上にいる時の「肉体の感覚」ではないだろう。

不可知論とは、自然科学的世界観に基づいて、あくまで万人が同じ感覚を持っているという前提で、感覚与件が正しく感覚に結びついているかどうかわからないというものである。つまり、自然科学的世界観の下《もと》、語り得ぬことを語った上での論理であって、不可知論はあくまで一面的な実在論（唯物論）の立場に立った見方である。【註9】
ただし、なにも語り得ぬことを語ってはいけないというのではない。
私たちは、普段、語り得ぬことを語って地上生活をしているのであって、そうしなければ、人と関わることができない。ただ、その省察をするかどうかで大違いなのだ。省察をしなければ危険なのだ。
もっとも、校長の高田氏は有識者であって、「唯物論はタダモノ論ではない」と、口癖のように唯物論に対する偏見を解いていた。のみならず、高田氏は、「肉体を構成する物質は八年で代謝してしまう、それでは、自分とはいったい何なのか？」などと言っていたぐらいで、霊的存在を認めていることを仄《ほの》めかしていた。

肉体を鍛《きた》える人たちは、「健全な肉体に健全な魂が宿る」と言い、精神を鍛える人たちは、「気が充実すれば病気しない」と言う。

同じ目的に対して、方法論が違うだけなのだ。それを弁えないと、地獄を作ってしまう。

「パンの上に哲学や宗教または芸術もある」「もちろん、哲学や宗教または芸術が必要ないとか重要ではないとか言っているわけではない、素晴らしいものだ」「ただ、順番から言って、パンがあってはじめてそれらがあると言っているだけだ、これは疑いようのない事実だ」と言うのである（肉主霊従）。

一見もっともらしく思えるが、あくまでそれは物質界に居る人間の視点からの論理である。目に見えるものがすべてだという前提である。

しかし、聞く人によっては、すでにその時点で終わっているのだ。論理的にどこも間違っていないから、論理の使い方の間違いに気付かなくなる。

高田氏のような聡明で懐《ふところ》の深い人はともかく、それを聞いた常識人たちは、言葉に欺《あざむ》かれて、「肉体がなければ何も意味がない」「精神は肉体から湧き出たものである」「死んだら終わりだ」「霊界など空想の産物だ」「坊主に何ができる？」という短絡的で狭い思考の確信が生まれてしまう。

そして、何でも物で説明できるという偏狭な自然科学信仰ができ上がる。【註10】何事も物質の充足が大前提になる。

この世のしきたりに則《のっと》った善を行えば必ず幸福な人生を送ることができると信じる。そして、万人がそうすれば幸福な社会が実現すると信じる。そのため、自分たちはおろか、誰もが法律や道徳といった「この世の掟」に帰依しているはずだと決めつけてしまい、中には他人に対して警察官のような接し方をする者も出現する。当然、その人たちに「語り得ぬこと」などあるわけがない。なぜ自分が自分に生まれたかなど、考える余地がない。

ここでみなさん、人間の歴史を振り返っていただきたい。宗教や芸術のない文明などかつて存在しただろうか？

それに対して、他の動物の生態を見ていただきたい。食糧が充分あって余裕のある生活している動物が、宗教や芸術など精神活動をしたことがあるだろうか？

人間は**霊的存在**である。肉体が滅んでも霊は永遠に存在し続ける（他の動物の霊はあるにせよ、死後分解してしまう。霊界はない）。人間は霊界が拠点であって、その活動が地上物質界に反映されるのである。宗教や芸術の精神が元々あって、その上に物質的条件が加わり、地上の宗教や芸術となって花が開くのである（霊主肉従）。

言ってみれば、霊界の住人にとって、「宗教や芸術の上にパンがある」ということである。社会には人権は付き物であり、人権のない集団などもはや社会ではないのと同様に、「哲学や宗教または芸術のない国、パンだけの社会はない」とも言える。

霊界の仕組からすれば、次なようなことがいえる。

霊だけで肉体がなければ人間として存在できないが、肉体だけで霊が宿らなければ人間として動かない。霊とは、「創造物の中の知的存在」であり、霊があるからこそ、知的行動ができる。

霊を普遍的なものではなく外界のもの（霊体）とした場合でも、霊と肉体は、別物として存在し、どちらかが先立つわけではない。むしろ、霊からすれば、進化するためには、まず知的存在があってはじめて、その上に肉体という進化を促すものと結びついて、哲学や宗教または芸術という形で顕《あらわ》されるのである。しかも、肉体だけ満足し平穏な人生を送っても、霊的進化には何の意味もない。

「人はパンのみに生くるにあらず」

人は生活するために生きるのではなく、何かをするために生きるのである。

そもそも、この学校に来ている共産党系の人たちは、行き過ぎた商業主義や拝金主義、あるいは「権力者自身のための支配」に、歯止めを掛けるための対抗勢力となるべき人たちである。哲学といっても、労働者として、自分の人生において、あくまでこの世で戦うための心得を身につけるのが目的だ。たとえわかっていても、目に見えないものを拠り所とすることは無力を意味する。それはそれで素晴らしい。

本来、唯物論はそのための理念であって、自然科学的世界観の下で平等かつ平和な社会を実現するための一つの方便だ。方便だと弁えれば、高田氏の言う高級な唯物論は、れっきとした方法論として成り立つ。

ところが、どうしても思慮が足りない多数派の追従者たちは、それを聞いて白か黒かになってしまい、二元性を超越できないのだ。【註11】どう足掻《あが》いても所詮は思考回路が「肉主霊従」であるから、そこからはけっして霊性は育《はぐく》まれない。

私の見識からすれば、この東京労働学校の哲学講座は、哲学とは似て非なるものであって、幸福な社会を実現すべく高級な唯物論を説く高田氏の意志とは無関係に、結果的にこの世的な唯物論を植え付けて広める洗脳機関になってしまっている。

言ってみれば、考えること（省察）を排除した宗教団体の典型である。だからこそ、人々を「霊主肉従」にするために、考えること（省察）の習慣が必要不可欠だと私は言いたいのだ。霊的指導者を君臨させるには、頭ごなしの布教・伝道だけではなく、どうしても省察が必要なのである。

宇宙は有限か？　無限か？

宇宙空間が有限なのか無限なのか、悩む人も多いだろう。

科学者がよく宇宙空間を地球の表面に喩えて、「表面積は有限だが果てはない」と説明する。だが、これは、宇宙の体積や質量が有限だという測定の結果と直観的に果てがないことの矛盾を解消するための説明にすぎない。しかも、これが通用するのは「繰り返し宇宙」を前提とした場合のみである。（この類の説明を得意になってする不届きな宗教家もいる）それで本当にモヤモヤが解消されるだ

ろうか？【註12】

「宇宙が有限なのか無限なのか？」で悩んでいる人は、そんなことを聞いているのではないはずだ。痒いところに手が届いていないのだ。

大地に立って空を見上げていただきたい。空間が曲がっていると言われようと、行き止まりがあろうと、あなたの周りには疑いなく永遠に広がる空間がある。

真っ直ぐ先を見ていただきたい。「無限に遠い場所」というものを考えることができる。しかし、原理的に行けない場所がはじめから在るということには抵抗があるだろう。

そうかといって、自分が作っていくなどと考えると、幻を見ているようで変な感じがするに違いない。いずれにしても腑に落ちない。なぜなら、私たちは「在るか無いかどちらか」の世界、物質界に生きているからである。無限に遠い場所が在ったり無かったりするのは許せないのだ。

実在論を前提とする科学者によれば、今この時点で、無限に遠い所が「在るか無いか」のどちらかのはずだから、科学者は「無限を作ってゆく」などと言って終わってはいけない。

また、この物質文明の中で生まれ、科学者の洗礼を受けて育った私たちも、生まれたときから空間の拡がり（延長）があるはずだから、今この時点で、無限に遠い場所を考えざるを得ない。そのため、無限に対して消極的になってしまっては、いつまでもモヤモヤが残るだけである。

私たちにとって、無限は有限の延長ではないのだ。

悩みの根源は白黒思考にある。「繰り返し宇宙」はあくまで自然科学であって、哲学的宗教的にまったく効力を持たないのだ。

そこで、そのモヤモヤを解消するのが、即非と絶対矛盾的自己同一の実践である。「有限」を考えたとき、その先があるからすでにそこに「無限」という意識があり、「無限」を考えるとき、「有限」を前提としている。つまり、有限と無限は一体である。そういう意味で、宇宙空間は無限だと言える（ただし、有限を否定するものではない。この問題に対して、シルバーバーチは、もし有限だとしたら、その先は何でしょう?と言って、「無限」と答えているが、その意味は取り方次第だろう）。

そして、そういう無限（有限）の空間は人間が作っていくものなのか、はじめから在るのかと言えば、数の存在と同様に、「作っていくものでありはじめから在るもの」なのである。

数の個数は無数であり、人間が論理的に無限に作ってゆける（1、2、3・・・、あるいは1、1/2、1/4、1/8・・・のように）。

しかし、それらは有限個の延長ではなく、はじめから無限個用意されている。数を無限に作ってゆけるということは、すなわち、あらかじめ数が無限に内蔵されているということである。すなわち「空」の状態から、意識することで、「色（存在）」に至らしめるのである（色即是空・空即是色）。

無限に遠い場所は、数の場合と同様に、「空」として常に孕んでおり、はじめから内蔵されているものを、意識して引き出すだけなのである。だから、悩んでいる人は、空を見上げたとき、思っていただきたい。「無限に遠い場所を考えることができるから、はじめから在るのだ」と。

ぜひ、一体感を覚えてほしい。

少なくとも、自分の周りの拡がり（延長）は生《せい》の経験において永遠であり、死後のことに関しては「語り得ぬこと」である。「自分とは自分の世界のこと」である。

地上の経験に限って言えば、あなたの身体があなたなのではなく、あなたの見ている宇宙の果てまであなたなのである。

【註1】〔解脱までの道のり〕預流向《よるこう》、預流果《よるか》、一来向《いちらいこう》、一来果《いちらいか》、不還向《ふげんこう》、不還果《ふげんか》、阿羅漢向《あらかんこう》、阿羅漢果《あらかんか》。〔悟りの4段階＋1〕、準備段階：「預流向」、第一段階：「預流果」と「一来向」、第二段階：「一来果」と「不還向」、第三段階：「不還果」と「阿羅漢向」、最終段階：「阿羅漢果」〔『もっとあの世に聞いた、この世の仕組み』（雲黒斎）より〕。

【註2】ソクラテスの表現。

【註3】ヴィットゲンシュタイン『論理哲学論考』より。

【註4】脂漏性皮膚炎は、ストレスが大元の原因だと言われるが、ストレスをなくすのは無理である。とりあえず皮膚病の観点から、塗り薬を塗り、飲み薬を飲めば、かなり症状は治まる。一方、間接的な原因として腸内環境があるが、とりあえず胃腸薬を飲み続ければ、やはり症状は治まる。このとき、皮膚が要因である（腸は関係ない）とも言えるし、腸が要因である（皮膚は要因ではない）とも言えてしまう。また、両方が要因とも言える。要するに、その視点に立つかどうかだけであり、この例では、一人の人間がいろいろな視点に立てるので、「思考の反省」が可能なのである。

【註5】易の第四十九卦「沢火革《たくかかく》」上六、「面を革む」とは上の人に表面だけ従うこと。表面だからこそすべて捨てているように見える。それが純粋に生きることをやめること、尊厳を捨てることに他ならない。根底にあるのはエゴである。なお、「豹変《ひょうへん》」とは、豹の毛が季節により次第に生え変わり、鮮やかな斑《まだら》模様になることをいうのであり、けっして急変することではない。

【註6】Xenos（見知らぬ人）。

【註7】易の第三十三卦「天山遯《てんざんとん》」。山はいかに高くとも天には及ぶべからず、君子はこの象《しょう》に鑑《かんが》みて小人を遠ざけ、敢《あ》えて憎みはしないが、自身の守りを厳《げん》にする。

【註8】君主と独裁者はまったく違う。君主は欲が薄い人がなる。君主になる人自身は支配欲がないが、周りの賢人たちが擁立《ようりつ》する。独裁者は欲が強い人がなる。民主制において上に立つ人は、多数派の欲の強い人たちの代表として選挙で選ばれるのだから、その上に立つ人はまさに欲の塊《かたまり》だ。民主制の指導者の決め方は、所詮は支配欲の強い人たちの舵取《かじと》り合戦であり、もしその候補者が上に立てば自分たちが物質的に有利になると判断する欲の強い民衆を引き付けて、それが多数派になった時にその候補者が指導者として選ばれる。

【註9】もちろん、観念論も、主客合一（絶対矛盾的自己同一）を体得せず普遍論争を続ける人の、一面的な見方である。実在論を唱える人も観念論を唱える人も、実在と観念の両方を同時に自分で作っているわけであって、「こちらが先立つ」と言って、もう一方を攻撃することは、自分を攻撃することになる。これが「地獄は自分で作る」と言われる所以《ゆえん》である。すなわち普遍論争は地獄そのものである。

【註10】この狭い自然科学信仰は、堕落した唯物論だと言えるが、一般の人たちはこれを唯物論と呼ぶことが多いようだ。意外だと思われるかもしれないが、私の知る限り、共産党員でも、宗教の必要性を認めている人たちは多い。その人たちが言うには、良い宗教と悪い宗教があるのだと。ただ、気になるのは、カネを取るか取らないかでそれらを区別していることだ。

【註11】あいにく、共産党の人たちのほとんどは、地上の攻防に終始するあまり、人智を超越できない。しかし、彼らは少なくとも守りに入っていない。私の知る限り、みな侠気があり、彼らなりの役割を担い使命感を持って社会に働きかけている。活動の内容、人々への影響はともかく、「動機がエゴでない」ということはそれだけで尊いことである。

【註12】現代の自然科学では、宇宙が有限か無限かの問いに対して、宇宙の曲率が1より大きい場合、宇宙空間は球やトーラスの表面に喩えられ、果てはないが体積は有限だとする。そして、そこに住む私たちは、空間が曲がっているとは思わず、無限に広がっていると思い込んでいるのだと。もしかすると、私たち現代人は、「本当は曲がっているのに」という言い方に何ら抵抗がなくなっているのではなかろうか？　知らず知らずに私たちを実在論に陥《おとしい》れる自然科学的世界観はかなり根深い。

真の信仰

日本は最も信仰心の低い国だという。なぜか？

一つは宗教に対する偏見が強いからだと言われる。私の経験から言っても、それはまず間違いない。

では、なぜ偏見が強いかと言われればどうだろう？

ある宗教団体は、「宗教が悪いものだと刷り込まれているからだ」と言う。

たしかにそれもあるだろう。しかし、私はそれよりも、考える人が少ないからだと思う。

偏見を持つ方にも持たれる方にも、考える人は意外と少ない。だから、日本において、たとえ「宗教は良いものだ」と刷り込んだとしても、安易に流行《はや》らせると、カルト化するか、そうでなくても麻薬のようになるというのは否定できないのだ。実際そういう実例はあるし、現象だけ見れば、宗教に偏見を持つ人の言うことにも一理あると思う。

その偏見を持つ人たちの中にも割と冷静な人がいて、その人が言うには、頭ごなしに「正しい教え」を押し付けられても、何が正しいのか根拠が乏しいし、それを誰が決めたのかということだ。所詮《しょせん》は、本人がそれを「正しいと信じるか、信じないか」の賭《か》けに過ぎないというのだ。

もっともだ。日本では、とかく「信仰心」というと、すぐに、「神が……」、「主が……」と続く。これは省察を怠った人の思考回路である。

本来、信仰心とは、まず省察によって、霊的自覚を得ることである。その上で、大きなもの、高次元の存在を認め、神の掟に従って霊的に行動することである。

偏見を持つ理由はもう一つある。教義の問題ではなく、組織の問題である。

オウムも教義自体には間違いはないという。では、なぜオウムがカルト化したかというと、それは、「考えない人」たちが集まって組織を固めてしまったからに尽きる。

ある元幹部の証言によると、内部にいる人は、自分で考えなくなるという。サリンを造った人は、学生時代から、「自分が役に立つ人間だ」ということを証明したかったという。

「人のために」と言えば聞こえはいいが、「人類の平和のために自分の能力を捧げる」という愛ではなく、「特定の人のために自分の能力を誇示する」という自己の執著《しゅうじゃく》になってしまったからだ。

神仏に帰依《きえ》するつもりが、肉体を持った人間に帰依してしまう。

これは他の教団にも言えるのではないだろうか？　また、一般の組織にも当てはまらないだろうか？

それに、ある教団が事件を起こすと、すぐ、鈍感な人たちの代表がテレビなどのマスメディアで、「目に見えないものに興味を持つ若者を、教団の勧誘から救わなければならない」などと注意を促すのだが、結果的に信仰心そのものを捨てさせるだけになる。

アメリカが日本に原爆を落として多数の死者を出したのは、アメリカの軍人が目に見えないものを信じていたからだろうか？

洗脳や事件は、目に見えないものを信じるからではなく、組織がそうさせているのであって、構造自体は国でも会社でも学校でも同じである。

宗教団体が一人でも殺人を犯せば、違法だから問題にする。しかし、国が、失業者や鬱《うつ》病者、あるいは自殺者や餓死者を毎年のようにたくさん出しても、違法ではないから本人の責任として処理し、さほど問題に取り上げない。ただそれだけである。

後程《のちほど》触れるが、一般の組織の中にも、核兵器を開発する科学者みたいな人がいるのではないだろうか？「一人殺せば犯罪者だが、大勢殺せば英雄だ」という戦争の理屈が罷《まか》り通っているのではなかろうか？

要するに、官軍か賊《ぞく》軍か、それだけである。ほとんどの国民が、力関係で行動し、この世の法律だけに従っているのだ。

そう言っても、今の日本の体質からして、そうなる傾向は消えないだろう。現に、今の日本の組織のほとんどは、闘争のための物言わぬ兵隊を集めているだけである。したがって、国民のほとんどは御身《おんみ》安泰《あんたい》の計らいと闘争のための解決に思考を費やし、考える暇《いとま》など持てない。

とにかく、このままではいくら布教しても、日本に本当の意味での宗教は定着しないだろう。私の見立てでは、布教だけだと、宗教はこれからもずっと、考える少数の人にとっては真の救いになるが、考えない多数の人にとっては麻薬になるだけだろう。

ある真面目な宗教団体は底辺を広げることに尽力している。それも一つの方法だが、既述《きじゅつ》のように、偏見を持つ冷静な人たちがそれなりの理由をもって阻止するだろうから、日本では成功しないだろう。ではどうすればよいか？

繰り返すが、哲学を広め、考える人を増やすことだ。とはいえ、哲学に対する偏見は、ある意味で宗教以上に強いのも事実であり、厄介なことに、その中には宗教関係者もいる。【註1】

しかし、こうは言えるだろう。既述の事情から、まず宗教に対して聞く耳を持つ人は少ない。仮に聞く耳を持ったとしても、現代人は「信じるか、信じないか」だけになってしまう。偏見を持つ人が、信じるか信じないかの賭けで信じても、それは所詮、地に足が着かない盲信《もうしん》である。

それに比べて、哲学に偏見を持つ人でも、聞く耳さえ持てば、少しの危険もなく、確実に霊的自覚と、高次元の存在に対する深信《じんしん》を得ることができる。

私自身は群れるのは好きでないし、はっきり言って、団体を作ったり団体に入ったりするのは二の次でいいと思う。もちろん、もしその必要があるならば構わないが、その場合、まず一人ひとりが理性を保ち、麻薬にすることなく、地に足が着いた信仰をすること、また、それによって、偏見を持つ人たちから信用を回復することが先決だろう。うまく行けば、その後、政治に参入して、その政策の中に「方便」として儒教や武士道を導入し、全国民にとって霊的行動をする余裕ができる理想国家を作ってほしい。

そこから日本の本当の進化が始まる。

日本の宗教事情

十数年も前のこと。親鸞会《しんらんかい》に顔を出すようになって二ヶ月ほど経《た》って、本山《ほんざん》で行われる会長の高森氏の講演を聴きに富山へ行ったことがある。

私は会の人たち数人と都内の駅からワゴン車に乗り、富山のホテルで一泊して次の日に講演に出席したのだが、周りの人たちはみな正座をして神妙《しんみょう》な顔つきで食い入るように高森氏の間延《まの》びした話を聞いていた。

その日は「雑行《ぞうぎょう》」の話をされたのだが、私にとっては取り立てて新しいことはなく、むしろ退屈で、もっと手短に話してくれれば半分以下の時間で済むのにと思っていた。

本山を後にしてワゴン車で帰る途中、私の隣《とな》りに座っていた青年がいかにも高森氏の話に感動したように呟《つぶや》いた。

「いやあ、学問ではとても教えてくれないことですねえ」

私はすかさず切り替えした。

「学問でも哲学ではありますよ（もっとも、哲学は学問ではなく道だ）」「だって、ソクラテスが言っていることと同じですから」

そもそも学問の本来の目的が「己《おのれ》を知ること」なのだ。『寅さん』の中にもそういう話があったではないか）……言わなかったが。

「でもあの話じゃ、哲学や宗教の習慣がない一般の人には解らないと思いますよ。もちろん私には解りますけどね」「現代人の自然科学的世界観、いや自然科学信仰というのは、みなさんが思っているよりずっとずっと根深いんですよ」

すると、後部座席に座っていた若者の一人が重く低い声で言った。

「長谷川さん、絶対矛盾的自己同一って知っていますか？」

完全に私を侮《あなど》っているのだと察知した。

私はすかさずまた、「外部に実在するものと、自分が意識するものとは、一体だということ（を体得すること）です」と答えた。

もっともこれに関しては、専《もっぱ》ら自分が体得することであって、人に示すというものではないので、「わかっていない」と思われてもしかたがないのだが。

この先は言おうと思ったが言わなかった。

『じゃあ、皆さんはその絶対矛盾的自己同一をどうやって人にわからせるのでしょうか？　私なら、宇宙空間が有限か無限かを省察することで、無限があることと、自分が無限を作っていくことが同一だということを体得させますけど。自然科学信仰はやはり自然科学の言葉を通してでなければ崩れないんですよ。外側からではなく、内側から自分で辿《たど》り着くしかないんです。』

もっとも、彼らからすれば私は「自力」に見えるのだろう。

思うに親鸞会の人たちは、真宗という特定の宗派、特定の教義という方便を通して啓蒙され開眼したためか、その最初の衝撃で目が眩《くら》んで、方便を軽《かろ》んじていながら方便そのものを称賛し、他の方法が見えなくなってしまったのだろう。

「いろいろ考えていろいろな書物を読んできたが、最終的にはここにたどり着くのだ」「今まではその過程であって、ようやくその段階に達したから、縁を得て絶対の幸福を獲得したのだ」「それ以外のことで彷徨《さまよ》っている人はまだその段階に達していない」と言う。

ところが、私からすれば、創価学会の人も、エホバの証人の人も、その他の宗教に携《たずさ》わる人たちも、「外で熱心な人々」がほとんどであって、他に対してお互いに同じことを言っているようにしか思えないのだ。【註2】つまり、その人たちにとっては自分たちの教派がいちばん上で、その他のものはその下なのである。

神（God）、仏、大霊など、その僕《しもべ》に当たる人や霊団による呼び名も様々であり、地上における啓示の表現も様々である。大事なことは、「自分はこの国に生まれ育って、縁があって特定の表現を通して霊的進化をしているのだ」という自覚である。

ルーテル教会のある信者は、「もし人間が生まれ変わるなら、人間が溢《あふ》れてしまう」などと、訳のからない理由をつけて、輪廻転生を否定し、仏教を貶《けな》す。というより、輪廻転生の意味そのものが分っていないのだ。

今のキリスト教の聖書は改竄《かいざん》され、輪廻転生の記述がない。かつてはあったが、その派は廃《すた》れたという。「記述がないから否定する」という短絡的で幼稚な思考法だ。

また、そういう人たちの表面だけを見て、自分の考えもなしに、「宗教なんてみんな排他的に決まっているよ」と、さらりと言いのける人も多い。

たしかに無関心になる理由はわからなくもないが、「宗教は排他的なものだ」と決めつける人たちは真摯《しんし》や敬虔《けいけん》からほど遠い。日本はまだその程度なのである。

親鸞会でよく扱う『父母恩重経《おんちょう》』の「〇〇の恩」は、少なくとも私の知る限り、肝腎なところ、スピリチュアルな部分が抜けている。

「生んでくれと頼んだわけではないのに」と生まれたのを親のせいにして拗《す》ねてしまった子供に対して、なぜか、「育ててくれた親の恩」を突きつけて説得し、それでまた子供の方も改心してしまうというのだから滑稽《こっけい》だ。

子供は「生まれるまで」のことを言っているのに、親は「生まれてから」のことを答えて誤魔化《ごまか》している。もっとも、生まれてきたことを親のせいにする子供の方もまったく信仰心がない。

もちろん、父母恩重経そのものはとても有り難いもので、受胎後の恩のみならず、肝腎な前世の業《ごう》や父母との因縁を述べていて、充分心得るに値する。ただ、この話題に対する親鸞会の話はピントがずれていると言わざるを得ない（もしかすると、私がいないときに、肝腎なことを言ったのかもしれないが）。

また、参加した人の中にも、「来てよかった」と言って感動する人がいるというのだから、どうかしていると思う。さらに感動した勢いで、親鸞会をカルト扱いする人たちに対して非難する人もいるらしい。こうなると、なにやら、お互いの無理解な信者たちによって、他教派や他宗派間の無益な貶し合いに発展していく構図が見えてくるようでもある。

私はなにも親鸞会を愚弄《ぐろう》するつもりはない。お世話になったことだし、むしろ活動を応援している。ただ、一つ言わせてもらえば、親鸞聖人の遺作や仏典を忠実に伝承するだけでなく、もっと積極的にスピリチュアリズムが扱う霊界の事情を取り入れて、輪廻転生の仕組を説明した方がよいと思うし、そういう時期に来ていると思うのだ。

「あなたが自分や親を選んで生まれてきたんだよ」

それぐらい単刀直入に言えないものだろうか。

某《ぼう》学園ドラマでも、「生んでくれなんて頼んでない」と言う高校生に対して、「ガキみたいなこと言ってんじゃねえよ」と一蹴《いっしゅう》するだけで、一向に真面目に向き合おうとしない。親のせいにするのは間違いだが、真面目に考えることは重要なのだ。

これが日本の宗教事情のすべてを物語っているわけで、真面目な人たちが霊的進化の道を行くのを妨げていると思われる。

私の経験から予測すれば、このままでは伝統的な教団で目覚めた人がいくら布教活動をしても、真の信仰心を持つ人の数は増えないだろう。だからこそ私たちの活動があるのだ。

入信する前に

一郎 君は盲目的信仰を嫌うけど、そうすると、精力的に布教活動をする宗教団体の人たちを敵に回すことになるんじゃない？

光 僕はそのつもりはないけど、向こうはそうかもね。それでも安易に宗教団体に入るのは奨《すす》めないね。省察の道をしっかり歩んでいない人は、そのようにどこかに入信すると、間違いなく他の宗派や精神世界、あるいは運命学などに対してまったく理解がなくなるからね。
あるキリスト教系の信者は、仏教を「我慢しているだけだ」って言うし、ある新興宗教の信者は、キリスト教を「貧乏人の宗教だ」って言ったりするしね。また、ある信者に言わせれば、手相なんかは、単なる手の皺《しわ》に過ぎないと。

このように、それぞれが偏見の塊になって、他への非難が始まってしまうんだ。それは取りも直さず、自分の所もよく解っていないということだからね。【註3】そうなったら、神も天国も幸福も平和もないよ。だから、自慢に聞こえるかもしれないけど、僕なんかむしろ入信を促されても誘われても、断っているんだよ。

一郎　でも君ほどしっかりしている人なら、大丈夫じゃないのかい？

光　もちろん僕は大丈夫さ。どこの宗教団体に入ったって同じだよ。公正さも保てるし、言葉の限界による表現の違いや拙《まず》さも心得ているさ。

一郎　ああ、じゃ、宗教団体に入ったら、かえって君は厄介者扱いされるかもね。

光　だから特定の宗教団体に入るのは嫌《いや》なんだ。というよりあまり意味がないんだよ。いずれ脱退する可能性が高いし。

だって、自分の所を棚に上げて他所《よそ》を非難しているのを聞いたり、そういう人たちと話しをしてもイライラするだけだろ？　そういう人たちの誹謗《ひぼう》は、ほとんどが無理解から来ているんだから。

一郎　でも、たしか宗教団体の人たちは君みたいな「独覚《どっかく》」のあり方を奨めない、あるいは認めないというようなことを聞くけどねえ。

光　彼らは理性というものを、この世の人間の思い上がりとして一方的に排除したがるからさ。「理屈を言う者は神に愛されない」という具合にね。でも、それは組織維持のために後から作った詭弁《きべん》さ。

一郎　組織？

光　会社でも学校でも、あまり考える人がいると組織の維持には都合が悪いんだよ。

一郎　どうして？

光　操《あやつ》れないからさ。今の組織の大半は、「恐怖」を「安楽」に変えて人を手なずけているんだよ。

一郎　土台、君は組織には向いていないいんじゃない？

光　そんなことはないよ。以前、同僚から、「いや、あなたは組織の人間だよ」って言われたし、ある人からも「組織でもいいけれど、上司しだいだ」なんて言われたんだよ。

一郎　じゃあ、どうして？

光　それだけ、どこでも奴隷化が進んでるってことだよ。宗教団体も例外ではないよ。

でも、「菌は菌を制する」って言うじゃないか。同じように、知性の暴走を止めるのもやはり知性なんだよ。ただし、「考えること」はその人たちが思っている理屈とは違うんだ。計らいではなくて、思考の反省、省察なんだ。

たしかに神仏の世界には理屈はないよ。でも、それを頭ごなしに教えられて神仏の世界を知った気になっている人が、結構いるんじゃないのかな。

「素のままでいい」「あとは祈るだけ」

これだけなら、鸚鵡《おうむ》でもできるよ。

人間の存在は、神の表現であって、方便として理屈があるわけだよ。ただ、その方便に頼るあまり、がんじがらめになって見えなくなることがよくあるんだ。「素のままでいい」というのも、言葉による人間の表現だ。そこで知性を止めようとしてしまうと、洗脳に向かうんだ。

なぜ素のままでいいのかということを、即非や絶対矛盾的自己同一などの実践によって、自分で消化して、他人に説明できるくらいになって、はじめて地に足が着いた信仰になるんだ。そうでなければ、理屈は要らないと言っておきながら、自分の理屈に溺れることになるんだよ。あくまで自分で理屈を振《ふ》り解《ほど》くことによって、理屈を超えた神仏の世界があることを直《じか》に知るんだ。

一郎　ええ？　そんなことできるの？　特別な人だけじゃない？

光　まあ、易《やさ》しくはないよ。でも、実践すれば誰にでもできるよ。

一郎　具体的はどのように？

光　霊的自覚、魂の目、内側からの境界付け、即非、絶対矛盾的自己同一、中庸、霊性。これが大きな流れだよ。

一郎　ああそうか。いつも君が言ってることだね。でも、簡単ではなさそうだし、時間も掛かりそうだね。それに、一般の宗教団体では、信じることが先立っていて、実践的なことはしないみたいだね。

光　教団の人の多くは、哲学する実践をしていないのに、いや実践していないから、哲学者を誤解するんだ。哲学者は自分で自分を苦しめるってね。

「神の世界に理屈はない」

ここで、短絡的に知性を捨ててしまうんだ。計らいを捨てるつもりが、思考の反省、省察まで捨ててしまうんだ。また、考えないことによって楽になることが神に好かれることだと思っているから。

一郎　でも、目指すのは、計らいのない境地、障りのない境地、素のままでいられる状態なんじゃないの？

光　そこが肝心で難しいところなんだ。もちろん、純粋無垢でいられることが神に好かれることだけど、それは、あくまで「無垢の獲得」であって、逆境の中で自分で獲得することなんだ。計らいを捨てるんではなくて、「計らいなき計らい」なんだよ。

一郎　どういうこと？　どう違うんだ？

光　人間は肉体を持って社会人として生きているんだから、知性自体は消えないんだ。

悪を認めるのと同様に、偽善も認めることだよ。でも、思考の反省によって、その偽善が悪と同じ直線上のものであり、本物の善ではないと気付くことで、偽善という計らいが自然に弱まるんだ。これが、「計らいなき計らい」だよ。それによって自然に本物の善が見えてくるんだ。

一郎　ああ、それが自分で直に知るということなんだね。

光　知性を階段に喩えると、登りに見える階段が登りだと思い込んでいるうちは、上にある目標に向かって全速力で駆け上がるけど、それが無限階段で一向に上昇しないと判ってしまったら、登る気もなくなるだろ？

でも、止まるわけにはいかないんだ。人間は肉体を持って知性を働かせて社会生活をしているんだから。止まったら、それは人間をやめることだから。じゃ、どうするかというと、推進力が減退してゆっくり登るんだ。すると、余裕ができて、周りに目が行くようになるから、すぐ脇の手の届く所に扉が見えるんだ。

これをカイロプラクティックに喩えるとこうなるんだ。歪んだ脊椎を真っ直ぐにしたい人がいるとするよ。でも、いきなり骨をポキポキ鳴らして矯正するのは拙速《せっそく》であって、危険であるばかりでなく、すぐに戻ってしまうんだ。なぜなら、骨は周りの筋肉に支えられているから。

つまり、この周りの筋肉が知性に相当するわけであって、まず、筋肉を充分ほぐしてから骨を矯正するのが理に適っているんだ。いや、それだけじゃないよ。

プロの整体師が経験で発見した事実だけど、実は、長い期間、周りの筋肉をほぐしていると、自然と骨が真っ直ぐになるんだよ。

骨の矯正が「祈り、外からの光」であって、筋肉のほぐしが「哲学、自己実現」なんだ。

知性を制御して正しく使う能力を理性だとするよ。理性を通して確信することで、はじめて理性を超越することができる。それが神に通じることなんだよ。

一郎 いろいろなことに喩えられるんだね。悟りには段階があるって聞いたことがあるけど、やっぱり「知」の部分が大切なんだね。

盲信者は、理性を超越しているんじゃなくて、知性を制御できずに野放しにしているばかりか、知性に翻弄《ほんろう》されているってことだね。

光 「悪は認めるけど、自力はいけない」と言って、計らいを無理に絶ってしまったら、思考の反省もなくなってしまうんだよ。だから、罪をすべて神に委ねて救いを求めるなんていうのが先立って祈りに入ると、足が地に着かないから、変な低級霊にくっ付かれてエネルギーを吸い取られることもあるし、思考の反省、すなわち哲学がなくなるから、他のものに対して「理解」がなくなるんだ。

気持ちよくなって、しかもその団体に権威があったりすると、洗脳の完成、あとはお決まりの排他的行動さ。

一郎 ちょっと待って。気持ちよくなって権威があると、どうして洗脳されて排他的になるの？ そのメカニズムがいまひとつ見えないんだけど。

光　以前、ボクシングの世界チャンピオンTが町で殴り合いに巻き込まれたとき、自分の指を骨折したという事件があったよね？

一郎　ああ、そんなことあったなあ。

光　どうして骨折したと思う？

一郎　それだけTのパンチが強かったってことじゃない？

光　まあ、そうだろうなあ。実は、僕も以前、人を殴って自分の右手の中指を骨折したことがあるんだよ。

一郎　信じられないなあ。君のような穏やかな人が殴るなんて。

光　まあ、若気の至りで。じゃあ、どうして僕は指を骨折したと思う？

一郎　それは、君の指の骨が弱いからじゃない？

光　やっぱりそう思うか。でも、僕がそのときどんなに強く殴ったか知らないよね？

一郎　まあ、想像つかないけど。じゃ、間違いだって言うの？

光　いや、間違いではないよ。ただ、骨折の要因は一つではないということを頭に入れてほしいんだ。

肝腎なことは、全体の理由をある一つの要因で言い通せてしまうということだよ。だから逆に、チャンピオンTが骨折したのは骨が弱いからだとも言えてしまうし、僕が骨折したのはパンチが強かったからだとも言えてしまうんだよ。

ある要因を理由に別の要因を肯定あるいは否定することは、非意義的命題であって、語り得ぬことを語っているわけだ。

一郎　じゃ、なんで僕ははじめに、骨折の理由を、チャンピオンTはパンチが強いからで、君は骨が弱いからだと思ったのかなあ?

光　うん、それは、はじめの時点で「チャンピオンTは強い、『光』は弱い」と決めているからだよ。そこから思考が出発するんだ。

そして、強いものには強い理由を、弱いものには弱い理由を後から付けているんだよ。しかも、それは論理的に間違いではないから、言い通せてしまう。それで、論理の使い方の間違いに気づかなくなる。心理学的なことはともかく、ちょっとでも省察を怠ると、そう思っている自分が見えなくなるものなんだ。

一郎　いや、失礼。僕は省察を怠ったんだね。

光　いや、これは誰でもそうだから、あまり気にしないように。それに、君はすでに気付いたんだからいいんだよ。

一郎　ああ、教団も同じなんだね。

「自分の教団がすべてで、他はダメ」とはじめに決めているから、それなりの理由が後から付くんだね。

光　だから、哲学のない宗教は永久に理解を生まないし、平和も幸福もないんだ。つまり神も天国もないってことだよ。

さっきの話に戻るけど、人間は地上で生活している限り、分別《ふんべつ》を捨てられないんだ。「素のままでいい」って教えられて、そのつもりになって捨てたはずの「分別」を、他の教派などを排除するときに行使するんだ。

一郎　じゃ、ちっとも素のままになってないじゃない？

光　だから、宗教施設にいるときに一時的に無垢になったつもりで楽になっても、それは無垢を獲得したことにはならないんだよ。

一郎　じゃあ、神仏にお任せするといっても、自己実現はなくてはならないんだね。ああ、そこに哲学の出番があるのか。

光　でも、なぜ一般に教団の人は哲学者を受け入れたがらないんだろう？
簡単に言うと、偏見だね。

一郎　それじゃあ、君は、軍手をしてゴミに囲まれた人を町で見たら、その人をどう思う？

光　ゴミ屋敷に住んでいるとか、とにかく不潔な人だと思うかな。

一郎　でも、もしその人がゴミ屋さんだとしたらどうだ？

光　それなら話は別だよ。外見は清潔じゃないけど、町のゴミを片付けているわけだから、美化にいちばん貢献しているわけで、ある意味いちばん清潔だともいえるかな。

一郎　その通りだよ。まさに、妖怪「あかなめ」だよ。【註4】でも、ゴミ屋さんだと知らなければ、その人を見て、「ゴミが好きなんだ」と思っても不思議じゃないよね？

光　それは完全に誤解だね。でも、生涯に一度も掃除をしたことがない人だったら、永遠に誤解するだろうね。

一郎　さらに、ゴミ屋さんを見て、「ゴミを散らかしている」と言ったとしたら、どうだい？

光　それはまさしく濡れ衣だよ。

光　それと同じで、哲学がわからない人は、哲学者が理屈のゴミの中へ分け入って理屈を振り解く姿を見て、「理屈を言っている」とか、「理屈が好きなんだ」あるいは「屁理屈《へりくつ》をこねている」と思うわけだよ。

知性の暴走を防ぐのが哲学なのに、知性の暴走そのものだと思っている。それは、その人たちがもともと哲学的人間ではないためか、言葉に対して免疫がないせいか、自分だけで考えることは独り善《ひとよ》がりで誤解をして危険だと思っているからで、他の人もそうだと決め付けるからなんだよ。また、それは楽をして救われたいと思う人の言い訳でもあるけどね。

その手の人には、「我《が》」を捨てることを、「考えること（理性）」を捨てることだと思っている人が結構多くてね。そういう人は順応するつもりが、自分を見失って、洗脳されてしまうんだ。そういう人が宗教団体に入るともうダメだね。死後、擬似天国に行くことになるだろうね。

一郎　擬似天国って？

光　ある宗教団体に長くいる人は、定期的に宗教施設に通って礼拝することで安心して、救われたような気分になるんだ。

一郎　神が降りて来たと勘違いするわけだね。

光　うん、でもそれは、ただ考えなくなって楽になることで、麻薬のように気持ちよくなっているだけなんだよ。そこに権威が加わって、「自分たちの教団がすべてで他はダメ」と思うことで、一層強化されるんだ。

そういう人たちが、死後に想念を結集して作り上げた天国みたいなもの、それが疑似天国で、実は地獄の一部なんだよ。【註5】

一郎　でも、自分たちが救われたと思っていれば、それで幸せなんじゃないの？

光　たとえそれが自分にとって幸せだと思っても、霊的進化はないんだよ。なぜなら、霊性を得ること、霊的に生きることは、決して楽になることではないからね。

一郎　典型的な教団というと？

光　たとえば、都合よく作り変えられた現在のキリスト教は、ある高級霊のやり方と同じように、人々を「神」という権威に釘付《くぎづ》けして、その名の下に人々を「自分では何も考えず何も責任をとらない家畜」としてしまうことで自分たちの地位や名声、権力を保持しようとしてでき上がったものらしいからね。あるスピリチュアリストによれば、もはや背後にいるのはキリストではないんだよ。宇宙霊アヌンナキでもないらしいよ。

一郎　どうしてそうなったの？

光　キリスト教は、伝道において、早いうちから「知」の部分が欠けてしまっていたからだよ。自己の確立がない者たちを支配するのは簡単なことなんだよ。

本来は哲学のない宗教なんてないんだ。だいいち「考えないこと」を良しとするなんて畜生道《ちくしょうどう》だろ？聖書を分析的に読んではいけない、一字一句付け加えたり削ってはいけないなんて、組織の上層部の人たちが自らの権力を保持するために作った都合のいい戒律だからね。

たしかに学術的にどうこう言うのは本末転倒《ほんまつてんとう》だけど、言葉にとらわれないでその奥にある本質を見抜くのは、むしろ信仰する者として当然のことだよ。

一郎　そういえば、キリスト教の教会の人たちは、聖書を聖遺物のように扱っていて、読むだけで神と通じるみたいなことを言っているなあ。分析してはいけないなんて、それじゃまるで聖書そのものに神通力があるって言っているみたいなもんだよ。

結局、そうやって今のキリスト教信者は、「理屈を言う者は神に愛されない」という教会の理屈に完全に丸め込まれてしまっているってことだね。【註6】

光　だいいち、キリスト教発祥《はっしょう》からして狂っているだろう。

「人間でありたい」というイエスの意思に逆らって、周りの者や後世の者が神格化するなんていうのは、そうする人たち自身の権力保持以外の何物でもないからね。

ある覚者によると、生前のイエスは、大祭司による審問《しんもん》で、「あなたは神か?」の質問に対して、「自分は神の言葉を伝えているだけだ」と言って、頑《がん》として覆《くつがえ》さなかったというんだ。殺されても地上の権力に屈しないということさ。

要するに、イエスは霊的に生きる人間の手本を示したんだ。けっして、みんなの罪を肩代わりするために死んだわけではないんだよ。にもかかわらず、一方、弟子たちといえば、イエスを神として祭り上げ、それをネタに商売をして儲《もう》けているようなペテン師ばかりなのさ。

しかもその取巻《とりま》きたちは、イエスが超能力を使えたという理由で「神だ」と祭り上げただけで、イエスが伝える神の啓示など二の次だったらしいんだ。【註7】本当の弟子はユダだけだったらしいよ。

神という名の下《もと》に人々を骨抜きにして洗脳して権力を保持する輩《やから》は、いつの世も同じようにいるからね。

一郎　でも、イエスの磔刑《たっけい》の時に逃げ出した他の使徒たちも、イエスの復活後、改心して、布教活動し、殉教《じゅんきょう》までしたというじゃないか。

イエスはそのように霊的には神（人格神・二級神）なんだから、周りの人がイエスのことを神だと言っても差し支《つか》えないんじゃないの？

光　復活に関しては事実かどうかいろいろ説があるけど、この物質界を去った霊が、物質化して現れるっていうことが稀《まれ》にあるらしいよ。神でなくてもね。

それはともかく、使徒たちはあくまでも復活という「奇蹟《きせき》」によってイエスを本物の神だと信じただけであって、イエスの教えの内容に感動して神だと思ったのではないんだ。

もちろんイエス自身は、それでも本当に真面目に聞いてくれる人たちなら、それでいいと思ったに違いないさ。でも、肉体を持った自分が神ということになるなら、人々が「拝む」という行為に及ぶだろ。それだけはご免だったと思うよ。

肉体を持った者を拝むのは、偶像崇拝の極《きわ》みであって、危険だっていうことをあらかじめ知っていたんだよ。だから、イエスはあくまで自分は人間だと言っていたんだ。

実は、僕もそういう教祖様みたいな扱いをされたことが一度だけあるんだ。

一郎　えーっ、ホント？　どんなふうに？

光　以前勤めていた高校で、僕の著作を読んだという女子生徒二人がやって来て、「『視点の数だけ真実があるというが、その視点を超えた真実はない』っていうところで、ビビビッと来ちゃった。なんか洗脳されそう。先生の弟子になりたい」なんて、どっかの芸能人みたいなことを言ったんだよ。だから僕はこう答えたんだよ。

「それはダメ。それをやったらカルトになっちゃうから。これは親鸞聖人がいちばん嫌ったことでねぇ。

それを知っているから、親鸞聖人は弟子を作らなかったんだよ」

一郎　へえー、すごいね。君はナマの体験をしているわけだ。

光　少なくとも布教の掟として、そこだけは守らなければならないといけないね。

昭和天皇がどんな思いをしたのか、日本がどんなことになったのか、僕が言うのも烏滸《おこ》がましいけど、胸が痛むよ。最近でも、それを守らないで教祖を拝んで洗脳された信者が殺人を犯したカルト教団があっただろ？

一郎　魂を売ることを「我を捨てること」だと履き違えている人たちからエネルギーを奪い取って骨抜きにして、組織を維持しているんじゃ、まるで悪魔の支配だね。

光　つまり、後世の信者たちは、イエスがいちばんやってほしくないことをやっているということだよ。

一郎　でも、すべての信者がそうだとは思えないけどなあ。

光　もちろん人にもよるよ。歴史上の人物の中でもしっかりした人たちがいて、信者でありながら教会の欺瞞《ぎまん》を暴いていたんだよ。ただ、そういう人たちは、教会組織の権威によって、異端扱いされてきたけどね。今でもそうさ。

一郎　考えないで洗脳された方がたしかに楽だもんね。楽になれば幸せになったような気分になるだろうしね。まさに麻薬だ。

そういえば、会社や学校の組織の中で、管理職の人が「理屈を言う人には幸福は訪れない」みたいなことを言っているのを聞いたことがあるな。一般の組織の多くが「闇の勢力」に支配されているようだね。

光　まあ、そうしているうちに、権力者たちの争いが激化して、今のような閉塞感《へいそくかん》に満ちた殺伐《さつばつ》とした世の中になってしまったんだよ。
宇宙的生命や異次元の存在と交信のある著名な覚者《かくしゃ》が言っているよ。「現在のキリスト教の神は人間に作られた想念の神であり、エネルギーの寄生虫の一つだ。イスラム教もユダヤ教もそうだ。」
それはアストラル界におけるいちばん低いレベルの生命体で、神の姿をして人を騙《だま》し、戦争を引き起こしたり、別の苦痛を引き起こしたりして自分のエネルギーを得ているって。

一郎　今はもう末法の世なんだ。聖人の本当の教えなんて、千年以上前にとっくに廃《すた》れてしまったんだよ。
あれっ？　なぜ仏教はその中に入っていないんだ？

光　仏教はインド哲学であって、いかなる場合も考えることを捨ててはいけないからだよ。つまり、魂を売ることはしないんだよ。
「まずは神仏を拝め」「仏典を読むだけでいい」なんていうことは、まずないんだよ。それどころか、「自分が主《あるじ》なのである」「犀《さい》の角のようにただ独り歩め」と、お釈迦様が言っているんだよ。必ず自己実現が伴うんだ。

一郎　でも、浄土系などは他力本願であって、「行《ぎょう》不退」ではなく「信不退」、弥陀《みだ》の誓願《せいがん》に委《ゆだ》ねるだけ、としているよ。

光　そうは言っているけど、その「信」というのは「盲目的信仰（盲信）」ではなくて、あくまで「深《じん》信《しん》（理信）」なんだよ。

一郎　そこがいまひとつわからないんだけど、どういうことなんだ？

光　「他力」とはいってても、そういう姿勢になるまでが肝腎なんだ。

経典を置いておくだけでいい、一字一句付け加えたり削ったりしてはいけない、などとけっして言わないからね。必ず本質を見抜いて、しかも白黒をつけずに、ただ自己の貪欲《とんよく》、悪、迷いを認める。そこから逃れられないのに足掻《あが》いたら余計に迷い込む（絶望を認める）。

そういうことを大きなもの、絶対的なもの、阿弥陀仏に委ねるんだ。それで救われるんだ。いわゆる「悪人正機《しょうき》」さ。でもそこで、誰かに犠牲になってもらって、罪を許してもらうなんてことはしないよ。あくまで「計らいなき計らい」、自分の力で悪と偽善（小善）の中道を行くんだよ。

「自力、雑行《ぞうぎょう》を捨てよ」とは言うけど、それらをしてはいけないというわけじゃなくて、仮のもの、方便と知れというだけなんだ。自分で知ること、体得なんだ。

それで、「じゃあ、本物はどっちだ」ということになって、「横」ではなくて「上」だとわかるんだよ。けっして省察することそのもの（哲学）を捨てるんじゃないんだよ。

一郎　じゃあ、「南無阿弥陀仏を唱えれば救われる」なんていうのは嘘なの？

光　嘘と言うより、誤解を招く言い方だね。それは自己実現の結果、ふと出る言葉なんだ。

一郎　でも、自己実現があろうとなかろうと、結果的に上から救われるんだから、同じことじゃないの？

光　外からの光に先立って、内からの光があるんだ。

たとえば、インドの修行僧に、「神はどこにいるの？」と尋ねると、相手の胸を指して、「ここだよ」と答えるよ。反省を極めて、自分のいちばん奥の領域に達すると、神に繋《つな》がるわけだ。それなしに祈りだけで外からの光と繋がろうとすると、邪悪な低級霊と繋がってしまう可能性が高いんだよ。

末法とはいえ、考えることをやめていないから、つまり哲学があるから仏教は助かっているんだと思うよ。

一郎　それじゃ盲信者たちは立つ瀬がないんじゃないの？　その人たちの信仰は意味がないっていうこと？

光　そうとは限らないよ。まあ、盲目的信仰っていうのも一つの在り方だからね。

一郎　えっ？　君の言ってることには一貫性がないなあ。

なんだい、さんざん盲信者をこき下ろしておいて。

光　僕は少なくとも信仰心に関して、表現という末端の部分をとらえて、本来のものを否定したりはしないよ。万教同根、本質はみな同じなのに、表現に対する省察不足で、本末転倒になったり互いに無理解が生じていることを嘆いているだけなんだよ。【註8】

だから僕はどんなものに対しても、それなりの存在する意味を見出すようにしているんだ。この世に存在するものすべてが神仏の表現だからね。それで盲信者にも一縷《いちる》の望みを見出すんだよ。

ただその場合は、前にも言ったように、導く側がたしかだという条件があるけど。あとは、「声聞《しょうもん》」になりきればいいんだよ。菩薩《ぼさつ》や独覚《どっかく》には到底なれないからね。

言葉に対して免疫がないのなら、言葉に頼らなけりゃいいのさ。彼らは属する団体の教義を自分の中で消化することなく、ただ鸚鵡《おうむ》のように言葉を再生して、外部の人に受け売りをするだけ。活動に関しては、けっして鸚鵡以上にはなれないからね。だから逆に、ああだこうだと、理屈をつけなければいいんだ。

それと、他の宗教団体のこと、哲学や運命学のことを一切語らないことだね。盲信に関して言えば、自分たちが「考えない」のは構わないけど、「考えるのはいけない」というのが間違いの元なんだ。ただ聖職者たちの話を聞いて、大霊と一体感を得られることを信じて祈ればいいんだよ。それでも神の恩恵を受けると思うよ。そうすれば少しでも霊的進化はするよ。

一郎 どうして他のものを語らないほうがいいんだい？

光 だって、祈りから出発する盲信者は、疑いがないからこそ神の恩恵を受けるんだよ。

他と比べて自分のところは本物だとかいちばんだとか、自分のところは「考える」ことがないから「考える」のは邪道だとか言うのは、要らぬ知性を働かせてますます無垢《むく》から遠ざかることになるから、祈りが届かないんだよ。そういう盲信者が仏教徒に比べて圧倒的にキリスト教徒に多いということだよ。とにかく盲信者は、正しい教えに導かれる必要があるよ。

一郎 正しい教え？

さっきから、「導く側がたしかなら」とか言ってるけど、どこで判断するんだ？

光 あいにく、このレベルになると、僕はお手上げなんだよ。もうそれは、高次元の存在が直《じか》に見えている人たちの判断を仰《あお》ぐしかないんだよ。

もっとも、「明らかにたしかでないもの」の方は僕にも分かるけどね。

一郎 その人たちはホントに信用できるの？

光 所詮、それも賭けでしかないけど。まあ、それが盲信者の宿命かな。

スピリチュアリズムより

ある霊団の高級霊に言わせれば、現在の人間界の宗教は形式の捕われすぎていて、宗派間の論争を引き起こしているとのこと。高級霊はそれには興味がないと言う。

しかし、そんな宗教に対する盲目的信仰に関しては、善《よ》いか悪いか知らないと言っている。

これはどうしたことか？

盲目的信仰は、疑いの心から脱することを表すので、天使の守護を受ける。

一方で盲目的信仰は、特定の教義に固執《こしつ》する傾向があり、排他的感情の原動力ともなり、本末転倒になりかねない。教義は所詮人間界の一面的な言葉でできており、言葉を通して信仰する者が、もし言葉に対する免疫《めんえき》を持ち合わせていなければ、たちまち道が逸《そ》れてしまうだろう。それを食い止めるのが「考えること（哲学）」の役割なのだ。

盲信者は、大霊から授けられた「言葉」を正しく使えずに、「言葉」の奴隷になってしまっている。哲学は奴隷状態から解放し、言葉を正しく使わしめる。ところが高級霊はそれには深く言及しない。おそらく高次元の世界には、哲学に当たるものは必要がないから存在しないのだろう。

言ってみれば、哲学者は人間界という泥沼に凛《りん》として咲く蓮《はす》の花なのだろう。だから、私はどの様式の宗教団体にしても、入信する前に必ず「考えること（省察）」を奨めるのである。

スピリチュアリズムで言われる「自分が選んで自分に生まれてきた」ということを、教会では「神がその人の人生を決めてこの世に送り込んだ」と説明する。短絡的に入信した人は言葉に欺《あざむ》かれて前者を否定してしまうだろう。

一方、スピリチュアリストは後者を否定はしないだろう。なぜならスピリチュアリストは、それらは「表現の違い」だということを弁《わきま》えているからである。

もともと私たち各々《おのおの》の霊はある高級霊の分霊であり、その高級霊は私たちの集合霊である。そして、その高級霊を神（人格神・二級神）と言ったり守護霊と言ったりしているだけである。私たちの霊はみな高級霊ひいては神と一体なのである。

霊の次元においては、主客が分離せずに一体になっているから、「自分の霊が自分の肉体を選んで生まれた」ということと、「神が決めて自分の霊を自分の肉体に送り込んだ」ということは、同義なのである。

現在の宗教や宗派の間の排他性は、言葉の不完全さゆえ聖人の教えが年月によりぼやけてしまったり経典が改竄されたりするといった、いわゆる末法の現われなのかもしれないが、それとは別に、「神を自分の外の置く」と取られる表現が誤解を招く原因になっているといえる。

霊の次元では、私たち人間の霊は神の分霊であるから、明らかに一体である。物質界では、私たち人間は神ではないが、神と一体である。別だけれど一体。ある人はそれを「海の対する波」に喩《たと》えた。仏教においても、真宗は阿弥陀仏を自分とは別にあるように置いているが、禅宗《ぜんしゅう》はすべてを自分の中にあるとする。これも表現の違いであるから、誤解があるなら解いて欲しい。

このほか、「神は賽《さい》を振るか否か」で、神の全知全能性との矛盾を指摘する人がいるが、これも同じである。

人身享け難し

今や霊の次元で生きる人は多い。というより、そういう人たちが表に出られるようになったと言うほうが適切だろう。

その人たちは口を揃《そろ》えて言う。

「生まれてきたことはあまり良いことではない」

この物質界に生まれ出ること、肉体に宿ることは、霊の状態が低い位置にあることである。

釈迦はこれを「迷いの生存」と言って、毒矢を抜いて執著を捨てることができれば生まれてこなくなるという。しかし一方で釈迦は「人身享《にんじんう》け難《がた》し」と言って、生まれてきたことを有り難いこと、貴重な経験のように扱っている。この一見矛盾する表現をどう解消するか。

こんな喩えはどうか。

あなたが病気に罹《かか》っているとする。病気は重く、病院に入院して治療しなければ治らない。けれども、病院はいっぱいでなかなか空《あ》かない。

ところが、幸い、空いている病院が見つかり、入院することができた。治療には痛みが伴うが、病気は治った。誠に有り難いことだ。

カルマを解消した人なら、迷いや苦は要らないだろう。しかし、カルマを解消しきれていない人は、迷いや苦がなければ進歩がないのであり、地上に生きている意味がない。だから、人生は苦ではあるが、わざわざ苦を作る必要はない。

物質文明のただ中に生を享けた我が同胞《どうほう》よ、「人生を楽しむこと」をひたすら「快楽を追い求めること」だと思ってはいまいか。


人間の実体は霊である。霊的進化のために常に修行をしている。そして低い所にいる霊にとっては、霊界で修行するよりも地上の物質界で修行するほうがずっと早く進むのであり、早く霊的進化を遂げるというわけである。ただし、進化するかしないかは前述のようにその人の在り方しだいである。

人身を享けたことは、その意味で貴重な機会を得たことだと言える。だから、地上に生を受けたことは有り難いのである。


フィロンは言った。

「観想に専念するために荒野に行ったが、何の益《えき》にもならなかった。それどころか正反対のものへと戻ってしまった。逆に大群衆の中にいながら静かに思索に耽《ふけ》るときがある。」

維摩詰《ゆいまきつ》も言った。

「山奥に篭《こも》って覚《さと》りを得るのは楽な方法によってであり、本物の覚りではない。むしろ喧騒《けんそう》の中で覚りを得てこそ、本物の覚りである。」


そもそも楽園においては、人は神を意識する必要はなく、覚りや解脱とは無縁である。もし人が霊的進化を遂げようとするなら、むしろ逆境にあることが必要である。

麦は踏まれることによって強く成長する。鍼《はり》治療はつぼに刺激を与えることによって傷を負ったと脳に伝え、脳が回復力を促す。

ただ、ここで一つ疑問が残るかもしれない。邪悪な地上物質界に生まれるかどうかは、魂が霊的に自分で決めるのだろうか？

スピリチュアリズムでは一般に、霊団が決めるといわれるが、どうやら霊界にも籤引《くじび》きがあるらしい。感覚を追うだけの人の魂は、波瀾に富んだ英雄や、努力が実る社会的成功者を選ぶのだが、一度苦しい人生を選ぶと、耐えられずに、逃げるようにして、快適で平穏な人生や、ほとんど苦しみのない人生を次に希望する。

ところが、その手の魂は感覚を追っているものだから、退屈になってまた結果が出る成功者を選び、その繰り返しとなる。夏になれば冬を恋しがり、冬になれば夏を恋しがるという具合に。しかし、それは人気があるから籤引きとなる。

一方、以上のことを覚った魂は次の人生を選ぶときに、特に快適でもなく成功もしないが、絶え得るだけの適度の苦しみを持つ人生を選ぶ。それはまったく人気がないから、最後まで残り、いつも籤を引くことなく確実にそれを選ぶのである。つまり中道を行くのである。そして、霊的進化を早く遂げ、修行がすべて終わり、生まれなくなるというわけである。【註9】

このように、古今東西の哲人、聖人、チャネラーがいろいろなことを言う。一見バラバラのようだが、実は一つである。私はそれらの調停役を買って出たまでである。

「誰が」ではなく「何を」

光　君はインペレーターやシルバーバーチがどうして地上時代の素性を明かさないのか解る？　交霊会で、質問者から素性を問われれば、「それは貴方たちのためにならない」「私が王様なら聞いて、私が奴隷ならサヨナラですか？」と言って、頑《かたく》なに拒む。

僕たちのような健全だと自負する人間からすれば、べつに言ってくれてもよさそうなもんだよね？

一郎　それは、インペレーターやシルバーバーチが地上時代に権威ある人じゃなかったからじゃないかな？　もし、権威ある人だったら、誇らしげに素性を明かすはずなんじゃない？

ともあれ、そのほうが話を聞いてくれるだろうから。

光　聞いてくれるのは気持ちいいかもしれないよ。少なくとも地上の人間ならね。

あいにく、高級霊たちは特別扱いされたいとか崇拝されたいとかいった地上的な欲はないんだよ。要するに、素性を明かすと偏見が入って正しく聞いてくれないからダメなんだよ。高級霊たちにとっては、理性による公正さ、奉仕がすべてなんだ。

一郎　でも、まったく無名だったら、地上の人間は話を聞こうともしないっていうのは事実なんじゃないの？

ある社会的成功者が言ってたよ。「何を言うかではなく、誰が言うかだ」「その『誰』になりたい」ってね。

光　社会的成功者や社会的成功者になりたい人はそう思うよ。

社会的不成功者がいくら正しいことを言っても、その人の言うことを聞いて社会的成功者になれるわけがないからね。でも、純粋な求道者《ぐどうしゃ》にとっては、「誰が言うか」で判断を下したり姿勢を変えたりするのは、無意味であるどころか有害にもなるんだよ。公正さがなくなり、自分で考えることをやめるからね。すなわち、理性を捨てることになるから。

一郎 そうは言っても、聞いてくれなきゃ、広まらないじゃない？

本だって、ある程度名が通っているからこそ手に取って買うんであって、無名の人の本なんて、いくら内容が良くても手に取ろうともしないから、何も始まらないよ。いくら求道者でも、それは同じなんじゃないかなあ？

光 その通りかもしれない。地上の人間はどんな人でも、話し手が偉ければ正しく聞こえ、話し手が偉くなければ正しくなく聞こえるという思考回路を完全には拭《ぬぐ》い去ることはできないからね。【註10】でも、その人はその時点で終わってるね。仮に始まっても、終わってるんだよ。

一郎 終わってるって？　どうして？

光 だって、有名だから読んでみようという動機そのものが不純だから。自分の理性に自信がないから、自分で責任を取らずに権威あるものに責任を委ねるわけだ。

著者や話し手に権威があったりすると、分かった気がするだけで、本当は分かっていないばかりか、自分では永遠に気が付かないなんてことが起こる。それに、権威があるために変な形で広まったら、かえって困ることになるからね。

今のキリスト教やイスラム教を見りゃわかるだろ？　いわゆる「信じるか信じないか」という賭《か》け事

の域を超えないのであって、盲信にすぎないんだよ。
盲信するということは、自分の思考に自信がない証《あかし》であって、結局、神仏に対しても永久に「疑い」が消えないいんだよ。

一郎　たとえば、美味いと評判のラーメン屋に並んで入って食べたらどう？
でも、たまに、「評判ほどではないな」って、がっかりすることもあるよ。

光　うん、たいがいは「美味《うま》い」って思うね。

光　そのときだよ。がっかりするはじめの頃に、自分の舌がおかしいのかと疑ったためしはない？　そして、美味くない中にも何か良いところがないかと必死に探した覚えはない？

一郎　そう言われれば、あるかもしれない。

光　それが「権威」というものだよ。
じゃ、逆に、不味《まず》いと評判のラーメン屋に、並ばずに入って食べたらどうなる？

一郎　たいがいは、「やっぱり不味い」って思うだろうね。でも、たまに、「案外美味い」っていうことがあるよ。

光　それを人に言う？

一郎　いや、なんとなく恥ずかしいから言わないね。自分だけじゃないかって思うしね。

光　ということは、自分の舌を疑っているっていうこと、つまり自身がないっていう証だよ。さらに、自分の正直な思いを打ち消そうと、何か欠点はないかって、悪いネタを探したりしたことない？

一郎　覚えはあるね。

光　それも負の意味での「権威」だよ。

いずれにしても、その思考が「良きクリスチャンにして悪しき聖職者」を生むわけだ。まあ、「ブランド志向」の人には似たようなことが言えるよ。

一郎　おいおい、ひどいじゃないか。それじゃ僕は、まるで自律する力のない人間、騙されやすいただの間抜けじゃないか？

じゃあ、君は権威に惑わされずに、いつでも公正さを保てるっていうのかい？

光　そんなことはないよ。僕だって同じだよ。人は地上にいる限り、権威による偏見というものは拭い去ることができないからね。そういう思考回路になっているんだよ。

一郎　じゃあ、結局同じじゃないか？

光　いや、それを弁えているかいないか、それだけで大違いなんだよ。

有名だから、権威があるから、という理由で、正しいことを言っていそうだから、聞いてみようとか読んでみようなんていう動機は、はじめから意味がないんだよ。だから、インペレーターやシルバーバーチが地上時代の素性を明かさないんだよ。

だいいち、素性を明かしたところで、確証がないから、信じるか否かのレベルになってしまって、結局、偏見を招く材料以外の何物でもなくなるし。まあ、偶像崇拝に向かうのが関の山だね。とにかく、「誰が言うか」は、どんなに言い張っても、余計な判断材料なんだよ。

高級霊たちは地上の人間にこう言うだろうね。

「安易に信じるな！　理性で確信せよ！」

一郎　なんだかんだ言って、そういう君も、インペレーターやシルバーバーチの権威を借りているんじゃないの？

光　うん、だからそれは否めないよ。

それでもねえ、もともと僕はスピリチュアルな人間で、みんな霊的存在だということを周りの人たちに説いていたりして、変人扱いされてきたんだけど、伝わった経験もあるんだよ。そして、その「盲信を排して理信を広める」という自分の行動が、インペレーターやシルバーバーチの活動と合致していることが後から判ったんだよ。それでさらに確信を得て、二人の高級霊の片腕になる決心を固めたわけなんだ。

一郎　でも、その高級霊たちは、今までに霊媒を通して、充分霊界からメッセージを送ってきているし、君はその上、何をしようというんだ？

光　だって、二人に高級霊がどんなに霊界の真実を告げようと、地上の人間はやっぱり信じるか信じないかという盲信になってしまっているじゃないか。

高級霊たちにしてみれば、物を移動させるとか音を立てるとか、そういう物理現象を起こして信じさせることはできるけど、本当はそういうことはしたくないんだよ。

頭の固い人たちにはそれが手っ取り早いし、それしかないんだろうけど、本物ではないこともわかっているんだ。あくまで理性による確信を促したいんだろうけど、具体的な方法は述べていないんだよ。

一郎　でも、どうして理信に至る具体的な方法を言わないんだろうね？

光　高級霊は高級霊界に居るわけだから、地上のドブの世界のことには疎《うと》いんだよ。高級霊界に

「省察《せいさつ》」はないからね。
嘘や詭弁《きべん》はもとから通用しない世界だから、地上の人間の陥っている論理の罠を解くことはできないんだ。それで結果的に多数派の「地上の住民」の嘘や詭弁を野放しにすることになるんだ。

一郎　じゃあ、君は……。

光　そうだよ。そこなんだよ。

僕は今のところ地上に生きている「地上の旅人」だから、ドブの中の障害物をよく知っている。だから、二人の高級霊の片腕となって、地上人特有の「省察」を通して、地上の人々を理信に導く役割を勝手に引き受けたんだよ。

口幅ったい言い方だけど、僕は霊界の実在を地上の人間に知らしめるべく霊界の高い層から使わされた高級霊の化身なのかなと、自負することがあるんだよ。

そうかといえば、生まれながらの境遇や出会う人、あるいは降りかかる苦難を振り返ると、単にカルマを清算するために生まれてきた凡人だと思うこともあるしね。自分でもよくわからないんだよ。

一郎　でも、君は世間に無視されようが逆境に遭《あ》おうが、信念を貫いているじゃないか。もうそれだけで充分非凡だよ。

宗教と組織

あの教団の事件以来、一部の有識者を除く一般大衆は、「宗教」という言葉に過敏になってしまい、伝道、布教する人たちは、ますますやりづらくなってしまった。

私自身も、何かの機会に宗教的な内容を口にすると、その教祖と同一視されたりする。

人々は宗教から離れ、真の意味での信仰心もなくなり、理解もなくなり、唯物主義だけが今も蔓延している。

世間の人たちが言うには、「無差別テロなどの殺傷事件を起こすのは、『宗教』が原因だ」ということ、早く言えば、「宗教＝危険」ということだ。ところが、そう言いながらも、世間の人たちは、キリスト教の教会や仏教の寺院あるいは神道の神社などの伝統的な宗教団体に対しては、疑いや警戒心を抱いていないのである。

しかし、私に言わせれば、ある意味で、そのほうが危険なのだ。なぜなら、それらには「権威」があるからであり、彼らは単に権威に縋《すが》っているからである。それは、理性を排除した「盲信」にほかならない。

ついこのあいだ、身近にいる大学の関係者がふと漏らしていた。

「一人の教授を、周りの非常勤の研究者たちが、神様のように祭り上げていて、まるで宗教みたいですよ」

私は迷わず答えた。

「宗教というより、組織です」「徳に欠ける組織はみんなそんなもんですよ」「自分が認められたいから、上の人に可愛がられて伸《の》し上がりたいから胡麻を擦る、ただそれだけのことですよ」「そのうちに、自分で考えなくなるんです」「誤解のないように言っておきますけど、宗教と宗教団体は別物ですよ」「危険なのは、宗教ではなくて、宗教団体、つまり組織ですよ」

国家にしても会社にしても学校にしても、組織に属すれば、御身の安泰が約束される。そういう一次的欲求が動機ならば致し方ない。身体を預けるだけなら、さほど危険なことは起きないだろう。

そこで、もし、身体を預けても思考を預けない人が、魂を売ることを強いられることが起きて、良心ゆえに自らの世の中に対する霊的不正を察知したら、生活苦を覚悟の上で組織から抜ければいい。小忠小孝の道よりも、大忠大孝の道を選ぶことだ。

一方、宗教団体の場合、御身の安泰ということそのものが、そもそも宗教と無関係あるいは相容れないことである。さらに、そのために自分の思考を特定の人に委ねてしまっては、本来の宗教とまったくかけ離れてしまう。

「犀のように、ただ独り進め」（ブッダの言葉）

自分で考えることは辛いことかもしれないが、楽だからといって思考を預けるのはたいへん危険である。

宗教団体に入ろうとするとき、動機が、もし、辛い境遇だから癒されたい、だから思考を誰かに託し、何かに縋ろうということならば、その動機が霊的に間違っているのである。

特に、自分は能力があるのに認められない、認められたい、そして、そこに、自分を認めてくれる人が現れた、だから、その人の言うことは何でも聞く。つまり、動機が二次的欲求であることがいちばん危険である。こうして宗教団体はカルト化するのだ。

宗教は、どうしても非社会的（逃避）になることがある。独りで実践していればそうなることが多いだろうし、それでもいいと思う。今の世も、「遯」の状態である。しかし、組織化すると反社会的になることがある。それはあくまで「地上の攻防」であり、もはや宗教ではない。

くどいようだが、念を押す。危険なのは「宗教」ではなく、「組織」である。「宗教」と「宗教団体」は別物である。

ある伝統的宗教の思考回路

浄土系のある団体の人によると、「占いを信じるんですか？」「手相なんて、手の皺ですよ。野球のグラブにだって皺はありますよ」ということである。

彼らがそう言うのには、理由があって、親鸞聖人の息子の善鸞が吉凶を占って、それを仏法と称して世に広めようとしたことで、息子を勘当した事実があるからである。

でも、どうだろう？　たしかに、手相や占いは仏法ではない。しかし、仏法ではないからといって、迷信なのだろうか？

彼らにとっては、仏法がすべてなのだ。それでも、「絶対の幸福を頂いているから、他のものは取るに足らないものであり、不要だ」というのならわかる。ところが、彼らは、手相を「グラブの皺と同じだ」と言っているわけだから、自分たちにとって不要なのではなく、すべての人にとって無意味なもの、すなわち迷信だと思っているということだ。つまり、運命学に対して理解がない（キリスト教の教会でも、運命学を「オカルト」として排除している）。

運命学の信憑性については、Ｅ・ケイシーのリーディングに、「いちばん当てになるのは、ペルシャ占星術である」とあるように、完璧ではないにせよ、迷信として切り捨てるほどではないようだ。

また、彼らは学問や芸術にも存在価値を認めない。話を聞いていると、不要だというよりも、それらには、絶対の幸福へ導くものはないと言っているようである。でも、どうだろう？

かりに解脱するために必要ないとしても、捨てる必要があるだろうか？　また、そんなに簡単にすべてを捨てられるだろうか？（かえって無執著の執著になりはしないか？）むしろ、それらは、「必要無駄」であり、解脱へ向かうための方便と考えられないだろうか？

いろいろ触れてみてやっぱり仏法がいちばんだとか、仏法さえあればいい、というのならわかるが、彼らはそうではない。仏法にないから、存在の意味を否定するのだ。

キリスト教の教会で言うと、聖書にないから、間違いなのだ（いわゆる原理主義である）。

彼らは他の様式の哲学を知ろうとしない（プラトンの『国家』の最後に輪廻転生の話があることすら知らない）。

要約すれば、「自分たちに無いから、他の人たちにも無い」

やはり、語り得ぬことを語っているのである。

肝腎なことは、学問や芸術その他が「なくてはならない」とか、逆に、「捨てなくてはならない」と、お互いに一方的に主張するのをやめることである。その人の素養に合わせて、極端なことをせずに中庸を取ることで、解脱へ向かうのである。

組織宗教に入って盲信者になることは、救われるかどうか以前に、余計にカルマを作ることになるだろう。

宗教に限らず、どんな場合でも、人を理解するため、平和を築くためには、「省察」が必要だということがわかるはずである。

運命学の役割については他のところでも触れるが、易にしても占星術にしても、これらは、あくまで物質界の波動を読み取って世の流れや傾向を表したものにすぎず、霊界の活動とは関係がない。したがって、人間の霊的進化とは直接関係がない。しかし、流れに乗ることで「大難」を逃れ、極端なことに走らず、間接的に霊的進化を促す。ここに、スピリチュアリズムとの接点がある。

伝統的宗教の信者は、組織の権威にしがみ付いてばかりいないで、そろそろスピリチュアリズムの視点に立つべきではないだろうか。

排他的宗教

再三言うように、形式から信者になった人たちは、概して他の宗教に対して理解がなく、宗教そのものに関心がない人たちは、「宗教なんて、みんな排他的だ」と、決め付けてしまう人がほとんどなので、私は繰り返し言う。宗教が排他的である限り、平和は訪れない。

排他的になるいちばんの原因は、しだいに本質から逸れて、付随する物質的な現象に焦点が移ってしまうことである。つまり、本末転倒になることである。

その中で典型的なものは、「誰がこう言った」とか、「誰がこういう力を示した」とか、とにかく聖人を祭り上げる行為である。それと、各宗教が作り上げる独自の世界観があり、その世界観そのものが、その聖人の教えだと思い込むことである。

私が見る限り、まだ、本質と末端、目的と方便、状態と様式、哲学と思想、等々の区別がつかない人がたくさんいるようだ。今も、「各宗教の真理は同じだと言うが、やはり違う」「なぜなら、世界観が違うからだ」と主張する人がいる（宗教の定義しだいだが）。

ベルクソンの喩えを借りると、「竜巻は、巻き上げる物体によってその存在を知らしめる」ということである。

海で発生すれば水の柱が見え、平原で発生すれば土埃《つちぼこり》が上がり、町で発生すれば、屋根やクルマが空を飛ぶ。隠されている本質がその時代や環境や言葉によって様々な形に表現されるわけだ。【註11】

それで、「世界観が違う」ということになるのだ。まあ、それが宗教だと言うのなら、各宗教はたしかに「違うもの」ということになる。

では、ひとまずそういうことにしよう。

しかし、そうだとしても、「世界観が違うのだから各宗教はそれぞれだ」と、違うことをお互いに本当に認めているのなら、いがみ合いなど起こるはずがない。やはり、自分の宗教がすべてだと思うからこそ、他の宗教を非難したり、他教徒を迫害したりするのだ。【註12】

それは、「屋根やクルマが飛んでいるのが竜巻であって、水の柱は竜巻ではない」などと言うようなものだ。まさに、排他と形骸化と堕落の始まりである。

本質とは何か？

「地上的な二元性（善悪など）の経験とその克服」（執著から離れる）「地上の住人にならず、地上の旅人になる」（生きているうちに絶対の幸福を得る）「霊的な理《ことわり》を知る」（霊性を得る）それらによって、自ずと愛が発動する。

永遠の命

今も、エホバの証人の人たちが駅前で、冊子を高く掲げ、立ちっ放しで布教している。何はともあれ、まったくご苦労なことである。

ささやかな敬意を表して、冊子を受け取り、パラパラ捲ってみると、「エホバが宇宙の創造者で、云々」と記されている。

スピリチュアリズムでは、エホバは高級霊であり、神といっても二級神であって、大霊ではないはずだが、そんなことはどうでもよいことだろう。霊的に生きる者にとって必要なことは、本質を捉えることである。


十年ぐらい前だったか、エホバの証人のおばさんが私の家に訪問してきことがある。

玄関の扉の隙間からこう切り出した。

「永遠の命が得られるのです」

私はすかさず仏教の表現を借りて答えた。

「永遠の命というのは無碍《むげ》の境地であって、肉体の永遠を意味しているわけではありませんよ」

すると、おばさんは一瞬、肩透かしにあったような顔をして、「あ、そうですか」と、小声で言った。

ところが、そのおばさんは、気を取り直して、「いえ、本当に永遠の肉体が得られるんです」とキッパリ言ったのである。

「どっかのアニメに出てくる『機械の身体』じゃあるまいし、なに戯《たわ》けたことを言っているんだ」と思って、はじめ私は拒絶した。しかし、普段から私は、聖典というものが不完全な地上の言葉で表されていることを弁えていたので、そのときも本質を見るように努め、無下に一蹴することはなかった。

エホバの証人によれば、いつかは神の王国が創られる日が訪れ、人々は永遠の命を得るということだ。この永遠の命とはまさに肉体的に永遠であり、肉体が死なないという意味である。

果たして、肉体が死なないなどということがあるのだろうか？

もらった冊子の挿絵には、永遠の命を得た人間の家族がトラやゾウや鳥と仲良く戯れ、木や草花が取り巻き、野菜や果物をたくさん収穫して、皆ニコニコして幸せそうに暮らしている光景が開けている。

ふと疑問が湧く。

「植物を収穫して食べるのだから、植物には永遠の命を与えないということか？」「動物を捕まえて食べることはないから、全員ベジタリアンなのか？」「ウマやシカなどの草食動物はいいけれど、ライオンやトラのような肉食動物はどうするんだ？」

まあ、他の動植物との関係はさておいて、人間自体に腑《ふ》に落ちないことがある。

「子供は子供のままで成長しないのだろうか？」「新たに子が生まれることがないのだろうか？」

何十年も続いているアニメのキャラクターならそれでいいのだが、子供がいつまでも子供でいては、生きていても張り合いがないだろう。

そうかと言って、もし子供が成長して大人になり、新たな子が次々と生まれるとしたら、肉体が死なないのだから、地球上は人間だらけになってしまう。だいいち、肉体を構成する物質に限りがあるわけだから、そんなことはあり得ない。また、何か不慮の事故で手や足や目を失うことがあれば、一生どころか永遠に不自由な思いをしなくてはならない。それでも苦はないというのだろうか？

「永遠の肉体」とは、本当に積み重なる苦悩を吹き飛ばすほどありがたいものなのだろうか？

生物学的に言えば、むしろそういう不都合をなくすために、古い肉体は滅び新しい肉体がそれに取って代わるのではなかろうか。まあ、白か黒か決着を付けず、ひとまず置いておこう。

そんなことよりもまず、私たちは「永遠」という言葉に欺かれてはいないだろうか？

神や仏の世界の「永遠」とは、私たちのような時間を計る者の言う永遠ではないはずだ。

私たちのような計らいのある存在は、時間的な有限があるから、その対極として時間的な無限がある。時間的な無限は時間的に有限の計らいを持つ存在のものである。空間的な無限も空間的に有限な肉体を持つ存在のものである。つまり、時間の流れとは、計らいそのものだといえる。

そもそも時間の流れを感じるということは、必ずどこかで変化を覚え、始まりや節目や終わりを決めるということである。

では、肉体が時間的に無限だということから有限を知ることはないのかという疑問が浮かび上がるが、残念ながら無限の時間を経験した人はいない。【註13】これからもそういう人は現れない。なぜなら、いくら肉体が生き続けてもそれは「有限の延長」にすぎないからである。そのため、いくら永遠の肉体を授けられたと信じても、計らいを持つ限り、つまり時間を感じる限り、何の保証もないのだ。

最新の自然科学によれば、人間の寿命は無限に長くすることができるらしい。しかし、それでも平均の寿命は千年だという。というのは、交通事故などの不慮の事故に遭う確率を計算に入れると、そのぐらいにしかならないからなのだ。

かつて、「死は外からやってくる」と言われたように、年老いて身体が弱くなっても、自分から死んでいくことはなく、外的要因に屈する確率が高くなるということで結果的に老いて死ぬとされる。

ある八十代の女優は、ガスコンロの火が衣服の袖について消せなくて焼死した。これも若ければなんとかなっただろうから、高齢のせいで死んだと言える。

しかし、この場合でもよく考えてみれば、身体が弱くならなくても、焼死する可能性がゼロではないし、かりに永遠の健康を得ても、事故死する可能性の方がこれまた永遠に付きまとう。

いわゆる永遠の肉体は「永遠の時間」を感じるだけであって、感じている限り、それは私たち有限の存在にとって、「有限の延長」にすぎない。

つい先日、私は二十八年使っていた湯呑を割ってしまった。そのとき思ったのだが、よく聞く「諸行無常」というのは、ただ経験的に「そういうものなんだ」と感嘆することではない。原理的にそれを悟ることである。だから、もし「なぜ人間は死ぬのか」と問われたら、ひとえに「時間を感じているから」と答えていいだろう。

神や仏の世界の「永遠」とは感じる永遠ではない。時間を超越すること、生死を超越することである。無碍の境地である。言い換えれば、計らいがなくなることである。

計らいと我欲によって自分や他人を苦しめていること、つまり生存そのものを省察することによって、死に対する余計な不安や過度の安堵を覚えなくなることである。永遠の時間とはこのことであり、真に神や仏を信じることである。それで永遠の命が与えられる。

そして肉体を捨てた後は、同じ幽界でも、いわゆる「光あふれる世界」に行き、しばらく滞在したあと、進化の道を辿ることになる（「光あふれる世界」や第四密度に関しては、ヘミシンクで有名な坂本氏の用語を借りた）。

スピリチュアリズムにおいては、たしかにある段階の幽界では、死ぬこともなく歳を取ることもなく食べることも必要なく、永遠に同じ状態でいることも可能であり、肉食動物も他の動物を襲うことはない。幽界である程度学んで時機が来れば、自然と更なる進化を求めて上の次元へ進むだろうから、人口の問題はなくなる。

ムー文明の人は初めの頃、アトランティス文明や今の文明の人より振動数が高かったと言われる。（今の人が見ると半透明に見える）釈迦が言うには、もっと以前の人間は、寿命が数百年で、食べていなかったそうだ。

推測にすぎないが、エホバの証人の人たちが言う極楽のような世界は、地上の第三密度の人間ではなく、第四密度の人が行く世界ではないだろうか？　言い換えれば、波動が細かい（振動数が高い）世界なのではないだろうか？

エホバの証人の人たちは、どうやらそれをこの地上に重ねているように思える。この波動の粗い肉体を「借り物」と認めていないようだ。また、幽体や霊体も認めていないようだ。

彼らからすれば、霊は人格を持たず、永遠に生きることがないので、「地上で永遠に生きる」と表現するしかないのだろう。

話を戻すと、そのような事情からか、エホバの証人の人たちは、残念なことに、仏教に対して偏見を持っていて、「仏教は死んでから極楽へ行くなどと言っている」と、世にはびこる邪教を仏教のすべてだと決め付けて非難している。

「いえ、それは間違った仏教であって、私がたびたびお邪魔する親鸞会では、生きているうちに極楽へ行く、すなわち真の幸福を獲得することを必ず教えていますよ」と私が正すと、「でも、そういう間違った仏教が広まっているでしょ？」と食い下がるだけで、一向に正しい仏教を知ろうとする気はなかった。「はい、そうです」と、私は間違った仏教が広まっていることをひとまず冷静に認めたのだが、相手にしてみれば意外な返答だったようだ。

それで、私も、「でも、それを言うなら、キリスト教だって、またその他の宗教だって同じことが言えるのではないですか？」「あなたたちはどうなのでしょうか？」と付け加えるのをやめたのだ。

そのことが切っ掛けで、当時、放送大学の印刷教材にあった『出エジプト記』を読んでみることになった。

その中には、エジプトを脱出したユダヤの民が、途中挫《くじ》けそうになり、エジプトに帰ろうかどうしようかと迷ったという件《くだり》がある。エジプトに帰れば、たしかに物質的には恵まれるが、所詮は奴隷である。それは、魂を売ってこの世的に生きることを選択するわけだから、霊的には敗北を意味する。そして、結果的にその危機を乗り越えたということである。霊的に勝利したのだ。

聖典は比喩とか象徴で書かれているのだが、私自身の境遇に似ていたこともあって、幸い本質を知ることができた。エホバの証人の教義を、「空想」として一蹴するのは簡単だ。

また、組織宗教にありがちな「一面性」または「論理の使い方の間違い」を指摘し、邪教扱いすることも容易い。しかし、それで片付けてしまえば進歩はない。

そこで、スピリチュアリズムという地上的な事情を超越する視点に立って光を当ててみるのだ。すると、案外その中から本流を見付け出すことができるのである。

いかなる場合にも、本質を読み取ることが肝腎であって、末端の表現において揚げ足を取ることはしないように心掛けたい。

自然を支配する

キリスト教の一派の教義の中に、「人間は自然を支配する」というものがあるが、これは学生や他の宗教や他の教派の人には受け入れられないに違いない。もちろん、支配と言っても、それは「管理する」とか「世話をする」という意味合いであって、けっして他の存在を制圧し苦しめることではないという。いや、それでも一般人には受け入れられないだろう。なぜなら、多数派の現代人からすると、人間も他の動物も平等なのだから、この宇宙や自然の中で人間だけが上に立つような言い方はおかしいからだ。

でも、ここで一度、冷静に振り返ってみられたい。私たち現代人は、「まず自然（宇宙）という入れ物があって、その中に一員としての人間が住んでいる」という自然科学的世界観（実在論）にどっぷり浸かって、それが当たり前だと思っているのではないだろうか？

よく省察すると、私たち人間が話題にしている「自然」とか「宇宙」というものは、あくまで、人間の視点から見た自然や宇宙でしかないのだ。（人間は万物の尺度である）（人間がいるからこの宇宙がある『人間原理』）

自然（宇宙）と人間は別のものではない。自然（宇宙）の中に人間という一員が居るのでもない。言わば、自然（宇宙）は人間の世界であり、人間そのものだと言える。人間と自然（宇宙）は一体である。だから、人間が自然を「支配」するとか、「管理」するとか、「世話」をするとかいうのは、人間自身を制御することにほかならない。一人の人間に喩えると、暴飲暴食などで自分の身体を壊すことがないように、自らの理性によって制御すること、すなわち、知性の暴走によって感覚的な貪欲に走らないように、中庸を得て心身の健康を保つことであり、それが健全な霊の状態といえる。

それと同じく、人間が理性を働かせ、反省することで貪欲を消し、人間の世界そのものである自然（宇宙）の健康を保つことが、人間の責務である。つまり、人間が自然を支配することとは、人間そのものの反省にほかならない。

どの宗教でも、教義には地上の言葉の不完全さから生じる表現の限界が必ず付きまとう。聖人は、実在論に陥ることなく人間の視点から、ただ「語り得ることを語る」だけなのであるが、地上の表現の限界によって、省察なき実在論者からは必ず誤解を受ける。

また、「支配」や「正しい秩序」などは、他の宗教や一般の人から拒絶されるだけでなく、キリスト教徒の間でも誤解し拡大解釈をして、他の地域の人たちとの平和を壊すことがある。

理性を捨ててはいけないのである。とにかく省察が不可欠なのである。

【註1】ヴィットゲンシュタインは、『論理哲学論考』の序文の冒頭で、「こういうことを考えたことがない人には解らないだろう」と言って、はじめから諦めている。所詮、哲学は、解る人には解るが、解らない人には解らないということだ。そう言いながら著作を世に出しているところに、哲学者の孤独と敬虔《けいけん》さが現れている。私の経験でもそうだ。何十年言い続けても、解らない人には解らない。どうやら、哲学が解らない人は、「思想」と区別できないことが大きな原因の一つになっているようだ。中村元先生が言っていたのを思い出す。「哲学がなくても生きられるが、思想なくしては生きられない。」どうしても解らない人には、こう言うといいかもしれない。つまり、思想（理念）は生き方、人生の指針であり、国や人によって違い、時代によって変わるが、地上においては何らかの思想（理念）が必要だということ。（とりあえずエゴを薄くしておくための仮のものとして必要）もしそれがなければ、人はその知性を利己的なことに使う。どこに力があるかにのみ意識を向け、天下国家を論ずる人が青臭く見えるようになる。力とカネだけ。人情が消え、粋が消え、非情が蔓延り、野暮が残る。結果、人と共に国家は自滅する。（知性の野放しや暴走はエゴイズムに向かう）そして、そういうことを省察するのが「哲学」である（霊的に生きる環境を作る）。

【註2】ヨハネが手渡された「杖のような測り竿（物差し）」の象徴は何かの問に対して、エドガー・ケイシーは次のように答えている。特定の教派や信条という測りを持つあなた方は、測るその測り方によってあなた自身が測り返される。自分のために境界を設けた魂にとって天とは自分だけの天にすぎない。あなた方がある名前を名のる時、自分のために境界を定める時には、神の力が無限であることを忘れているのである。神の力は有限な心の理解を超えている。「外」というのは、「庭の外」にいる人（異邦人）を表すときの用語。たとえば、カトリック、プロテスタントとして、あれやこれやの教派、信条という「外」で熱心な人々（良きクリスチャンにして悪しき聖職者）がそれに当たり、必ずしも霊的向上を求めない人たちではないが、「内」においてはわずかしか成長しない（戒禁取が消えない）。これは、親鸞聖人の言う「雑行」に通じる。雑行とは、阿弥陀仏の本願に欠けている部分を自分で埋めようとする心。南無阿弥陀仏に加えるものは何もないのであって、仏の力は無限なのである。

【註3】肉体を持った人間が運営するのだから、程度の差はあれ地上の宗教団体には夾雑物は付き物である。それを踏まえず、「献金を催促するからここはインチキだ」とか、何か道徳的な理由を付けて良いとか悪いとか優劣を判断する人は、

自分自身が知性をこの世的に使っているからであり、もし仮にそういう人が良いと判断した団体に入っても、神仏に帰依するのではなく、団体に帰依することになってしまう。夾雑物を認めながらも、脇に置いて本質を見抜くことが神に帰依することに繋がる。どんな宗教団体にいても、自分がしっかりしていれば本質をとらえることができるのである。もっとも、組織優先の宗教団体は、いずれ世俗的宗教すなわち「商売」に成り下がることは間違いない。それが世の常である。だから、真の求道者は団体に属す理由がない。

【註4】『ゲゲゲの鬼太郎』に登場する妖怪。もとは古典的な日本の妖怪「垢嘗」。

【註5】日蓮が、自己実現なしに考えることまで捨てて仏に帰依する念仏のあり方を「無間地獄」と評したのは、このことかもしれない。

【註6】「理屈を言ってはいけません。そう信じればよいのです」――私はそんなことは申しません。反対に「神が与えてくださったもの（知的思考力・理性）を存分にお使いになって私をお試しなさい。しっかり吟味なさってください。そしてもしも私の言うことに卑劣なこと、酷いこと、道徳に反することがあれば、どうぞ拒否なさってください」と申し上げます。（『シルバーバーチは語る』より）ともあれ、同じ「考える」でも、「計らい」と「省察」を完全に区別する必要がある。「考えない」を善しとして、理性や尊厳を捨ててしまうと、人間ではなく家畜になってしまう。「タオ」にもあるように、「無為自然」になれればそれに越したことはないのだが、そういう境地は、考えないようにと言われて考えなくなることではない。それは外から与えられるのではなく、本人の省察の結果体得するものであって、取りも直さず、「考えること」である。「聖人の言葉や教義をそのまま信じるな」というのはそういうことである。くれぐれも一面的な「言葉」には注意してほしい。

【註7】悟りに向けての段階があることを知らないため、今のキリスト教の中心に「知」がない。ただ知性を捨てる、知識は不要だ、理屈を言わない、などと言い聞かせて素になろうと思っても、この物質界で肉体を持って損得勘定で生活しているわけだから、知性を使い、知識を得て、理屈を言っているのであって、けっしてそこから逃れられない。今のキリスト教徒は、それらを捨てるつもりが、「考えること（省察）」まで捨ててしまっていて、中途半端な知性を行使することになってしまっている。腸内の悪玉菌を殺そうと強い薬を飲んだものの、善玉菌まで死んでしまい、おまけに肝腎な悪玉

菌は完全には死んでいないという状態だ。神の権威の下に釘付けになり、権威を借りてそれ以外の人を見下すだけの能力が培われ、他人を理解することがまったくできなくなっている。「キリスト教がすべてだ」そこからすべての思考が始まり、そのための理由を後からあてがうだけである。自らが家畜になり、畜生道を広めようとしている。たしかに悪玉菌が弱っているから、今のキリスト教徒の多数派は遠くへは行かないだろう。しかし、たとえ遠くへ行っていなくても、放蕩息子が帰宅する能力を失っている。言わば、隣の家に行ったきり帰宅できないでいるようなものだ。もはや隣の家も自宅だと思っている。それに比して、哲学者はどんなに遠くへ旅に出ようと、必ず帰宅する。肉体を持ってこの世に生きているわけだから、自分の力で素に戻るのである（無垢の獲得）。

【註8】出口王仁三郎は「万教同根」を唱えた。

【註9】プラトン『国家』より。

【註10】極端な例だが、落語の『蒟蒻問答《こんにゃくもんどう》』のように、相手が偉大な高僧だと思い込むと、かりに金銭的な話を聞いても、悟りの極意を教えられたと、ひれ伏してしまうものである。

【註11】各宗教の各様式に伴う夾雑物は捨てるに限る。ただし、地上においては、夾雑物は方便として必要であるため、はじめから捨てるわけにはいかない。「雑草を集める際、小麦も一緒に根こそぎにすることがあってはいけない。収穫まで両方とも一緒に成長させておきなさい。収穫に季節になったら、私は刈り取る者たちに、まず雑草を集め、焼いてしまうためにそれを縛って束にし、それから、小麦を私の蔵に集めることに掛かりなさい、と言おう。――マタイによる福音書『小麦と雑草の喩え』」。もし、本質を見極めようとするならば、どの宗教に属していても充分に霊的成長が促される。

【註12】今も、某宗教国が、「某宗教を信仰しないと安心はない」と言って、他教徒を拉致し、殺害する事件が起きている。

【註13】その時点において、時間は無限なのであり、無限の時間を作っていくともいえるし、初めから無限の時間があるともいえる。実在論者を納得させるには、無限空間と同様に、無限の時間が「空」の状態で備わっていると言ったほうがよい。

霊性から解脱へ

信仰が真のものとなるためには、常に本質を見抜き、少しも排他的意識があってはならない。

私はここで、古今東西の聖人、識者、芸術家、チャネラーの言葉や行動を融合して、それぞれの色を持った人が解脱への一歩を踏み出せるように、統一した道を提示したいと思う。

宗教は一つである（万教同根）。また、この視点に立つと、案外あらゆる教えにおける表現の限界が見えてくるものである。それがかえって信仰を深めることになるだろう。

人生の意味

光　ある若者が言ってたんだけど。

「仕事も順調で、忙しいけどそれなりの給料をもらっている」「ボーナスも増えたし、旅行に行ったり美味い物を食べたりしようと思っている」「今の生活はそれなりに満足している」

「でも、なんで生きてるの？」

一郎　そんなの驕《おご》りじゃないの？　そういうことを言っていられるからだよ。

光　まあ、それも一つの理由だろうね。でも、言っていられるうちに言うもんだよ。

それとも、君は壊れた人間の言うことを尊重するかい？

物質的にぜんぜん恵まれていない人やうんと恵まれている人は、この世的なことに執着していて、考える暇がない人が多いんだよ。適当に恵まれていて、適当に苦悩があるほうが、考える切っ掛けをつかみやすいもんだよ。

一郎 じゃあ、君はその若者と同じように適当に恵まれているから、同じようなことを考えるようになったのかい？

光 まあ、ひとつの要因ではあるよ。

でもねえ、実は五歳頃からそうなんだよ。だから、今の不遇の身の僕でもそう思うし、もしも僕が大金持ちで物質的な生活に何も不自由しない境遇だとしても、おそらくなんで生まれてきたんだろうと思うだろうね。だって、いずれ死ぬわけだし。

平穏無事に生活して長寿を全うするなんて何の意味があるんだい？ それだったら生まれてこなくたってよかったじゃないか。そう思わないかい？

一郎 僕はそこまでは思わないけどなあ。

人にはみなそれなりの苦悩はあると思うし、僕にもあるけど、楽しいこともあるからね。

平穏無事ってそんなに無意味なことなの？

光 地上に生を受けて生きる意味が、物質的感覚的な快楽の享受じゃないってことだよ。自分の役割や使命を果たすことだよ（アーユルヴェーダにおけるダルマ）。それで霊的進化を遂げるんだよ。

一郎 でも、「自分のことができてから、世の中全体のことを考えろ」って、古典にもあるように、少なくとも一人前の人間になってから、社会に奉仕すべきじゃないのかな？

悪いけど、君のような中途半端な状態じゃ、人々に対して説得力がないと思うんだよ。

光 古典を曲解しちゃいけないよ。自分のことができるっていうのは、一定の生活水準の達成とか社会的地位の確保のことじゃないよ。中道のことだよ。

方便

親鸞会《しんらんかい》の人たちに、芸術のことを話してもまったく関心を示さない。

私が少し得意げに、「いつも心は充実していますし、人を楽しませることもできますよ」と切り出しても、それがどうしたという面持《おもも》ちで、「あ、そうですか」という素《そ》っ気《け》ない反応。

しかし私が、「でも、そんなものは生きているうちの拠り所ですから」と付け加えると、「うん、うん、そう、そう」と、頷《うなず》く。

もっとも、親鸞会の人たちにとっては仏法がすべてであろうから、現世のものはどんなに素晴らしいことであっても、積極的には楽しむことはないのだろう。

私が見たところでは、彼らは浄土真宗系の大学を出て、親鸞聖人の教えを世に広めようとしている。それに、他のものを幅広くいろいろ学んだり経験したりしたうえで、自分である程度信仰心を確立したというよりも、どちらかというと真宗の仏典をよりどころとしているように思える。

親鸞聖人の教えは、早く言えば、「すべての執著《しゅうじゃく》を捨てよ」ということであるから、「肉食妻帯《にくじきさいたい》」のような人間の生活のうえで必要なことは、自然なこと、ごく当たり前のこととして認めるが、権力や財力に縋《すが》ったり、わざと禁欲的になったり、とにかく何か現世のものに「強み」を作るということに対して否定的にならざるを得ない。

そのような彼らからすれば、芸術にのめり込むのもその執著のうちに入ってしまうのだろう。しかしながら、人間の執著というものがそんな簡単に捨てられるものだろうか？

それに比べると、創価学会《そうかがっかい》の人たちは芸術に関心があると見える。

大学生の頃、学会に属する学友が私を富士美術館に案内して、「この絵はどうか」などと、私に評価を求めていた。

彼らは自身を持って言う。日蓮上人が重んじている法華経は、釈尊《しゃくそん》が本当に伝えたかったことだと。その根幹をなすのが「方便」だ。【註1】

浄土門から言わせれば、自力、雑行《ぞうぎょう》と同じもので、捨てるべきだと、言葉上は受け取れる。しかし、ここはひとまず、「あくまで仮《け》であって、真《しん》だと思うな」ぐらいでいいだろう。

そういうこともあって、方便というと、一見、人を欺《あざむ》くようで、道の人には無縁のように思われるかもしれないが、あまりにも汚れた現世にどっぷり浸かってしまっている人たちには、かえって必要だろう。

スピリチュアリズムではこう言う。

「自らのエゴに気付くには、まずエゴを薄くしておくことだ」

法華経において、釈迦は、いきなり道を説いても聞く耳を持たないだろうから、本意ではない方法を使っても、一旦《いったん》邪悪な場から離れさせて、見える状態になってから本当の道へと向かわせることを説いている。思うに、芸術もこれに相当するのではないだろうか。

執著と言いながらそれをむしろ積極的に推奨しているのは、「方便」の役割を持たせているからだろう。両者の関係は、孔子《こうし》と墨子《ぼくし》の関係に似ている。

孔子は教養や技芸を推奨し、墨子はそれらを捨てよという。学問や芸術の基礎は、できれば幼少の深層に刻み込まれ、あるいは呼び起こされるのが望ましい。人によっては、それらを重く見たり、軽く見たり、また余計なものと見る。

音楽を演奏することについて、孔子は教養として必要だと言うが、墨子は労働意欲を削《そ》ぐものとして不要なものだと言う。そういうものが有るのが人間社会であり、ともあれ有るものは有る。地上生活ですべてを捨てるのはかえって無理が生じる。

孔子と墨子の関係は、そのまま儒教と道教の関係に当てはまる。どちらに傾くかはその人の素養によるが、いずれも地上の処世訓として意味があるのであり、同一直線上にある。

それらがいずれも地上の計らいにすぎないことを知ること、一方的な計らいでは清浄にならないことを悟ることで、霊的自覚が芽生え、本気で神仏へ帰依することができる。むしろ、それらは解脱へ向かうための方便として必要だともいえる。それを知ることで、孔子自身がそうだったように、極端なことを避け、中道を行くことで、それらを超越して解脱へと向かうのである。

仏法は、儒教や道教を否定せず、方便として含み、超越する。そういう意味で儒教や道教の必要性を解くのも仏法の役目である〔空海著『三教指帰』を参照されたい〕。

無くて済むなら無いほうがよいのが社会。しなくて済むならしないほうがよいことをするのが人間。

まずその矛盾を認めることが肝心だ。

我々はそういう矛盾の上にいるわけだから、そのような必要無駄は、解脱には必要だと言えるし、生活には無駄だと言える。【註2】もちろんそれは、死後、霊界における進化のためには、いずれ「古い殻《から》」として脱ぎ捨てなければならない。言わば、それら人間の活動は、神界の物質界における表現なのだ。みな悟りへ導くための方便なのだ。

したがって、たびたび見るその類《たぐ》いの議論は、白か黒かに染めることほど無智を露呈《ろてい》するものはないのであって、人間を矛盾の上の存在として認めた上で、あらゆることに励むべきだろう。

ともあれ、今の物質的感覚的な世の中においては、必要無駄は魂の霊的進化には必要不可欠な条件である。もし助け舟がないままこの世に放り出されたら、魂は肉体に捕らえられたままになるだろう。

真の善、真の自由、真の平等、真の幸福、真の自然なども感覚の目ではとらえることができず、魂の目でのみ見ることができる。とはいえ、それに辿《たど》り着くためには、われわれ凡夫《ぼんぷ》は多かれ少なかれ言葉や偶像の力を借りなければならない。

そういえば、ある日、前述の創価学会の友人の家に行った時に、そこに集まっていた学会の人たちに、私の宗派が浄土真宗だということを言ったら、ある中年の女性が、「念仏の人は、結局自分で苦しみを作ってしまうのよね」というようなことを呟《つぶや》いて、まわりの人たちも頷《うなず》いていたのを覚えている。

たしかに、執着を捨てよ、捨てよと、言って意識してしまって苦しみ、かえって執著を生むことで、さらに深みに嵌《はま》らないとも限らない（無執著という執著）。

我々地球人の霊は、もともとは他の惑星の霊だったというが、何らかの理由で深みに嵌って、それなりの課題を自《みず》らが作ったからこそ、この地上で克服すべく、物質的な生活をしているのではなかろうか。

「神はその人が耐えられる苦しみ（試練）しか与えない」と教会の人は言うけれど、それならば、苦しみに耐えられなくて自殺する人が後を絶たないのはなぜなのか？

苦難をまともに受け止めるのが解脱への大いなる前進なのか、それとも方便を通して停滞や後退の危険を避け、坂道をローギヤで上るように、確実に段階を踏んで解脱に向かうのが最善の道なのか、それはその人の資質と意識の段階によって決まるのかもしれない。

霊界の掟

ある時、核兵器を開発する科学者に、「あなたはなぜ核兵器を作るのですか」と尋ねたら、「私は科学者です」「科学者の仕事を全《まっと》うしているだけです」と答えた。

「とにかく何かのためになりたい、人の役に立つことをしたい」の一辺倒だと、自分の存在感を世の中に示すことが最優先になってしまう。

もしこれが「自分は役立たずではない、木偶《でく》の坊《ぼう》ではない」と消極的な守りに入ると、この世の執着になり、その人は、自分がどういうことに貢献するのか、考えなくなるだろう。「木偶の坊ではない」を言い換えれば、「無駄なことをしない」だ。

無駄がないことの証は、わかりやすく言えば、この物質界では誰かに認められて収入を得ることだ。

収入を得ることが先立つと、自動的に「立派な人間（オトナ）」になる。

ところが、誰かに認められるというとき、その誰かが一部の支配者だったりすると、必ずしも平和のために役に立っているとは言えない場合がある。むしろ争いに加担しているかもしれない。そこが、有能な人や一見無私無欲で献身を装う人の陥りやすい罠《わな》である。

無駄で完結する遊びがないと、核兵器を作る科学者になってしまうかもしれない。無駄でないことを追求しすぎると、見えなくなって不必要無駄を生んでしまうこともある。どんなことであれ、「遊び心」は必要なのである。


霊性を磨《みが》くこと。それは霊界の掟《おきて》を守ること。魂のレベルでのルールを守ること。『武士道』にもある。ただ収入を得るための仕事はしてはいけない。

すると当然、「そうは言っても、ほとんどの人はそうしないと生活できないよ」と言うだろう。

誤解しないでほしい。なにも、その仕事の内容や仕事そのものが好きでなくてはならないとか、志《こころざし》がなくてはならないとか言っているのではない。仕事はあくまでも社会奉仕なのであり、平和な社会生活のための需要があってこそ、奉仕という供給がある。

私が「ただ収入を得るための仕事」と言ったものは、一部の貪欲《とんよく》に満ちた権力者の片棒を担いでおこぼれを頂戴《ちょうだい》することである。もし、社会全体が破滅することが見えている場合に、己《おのれ》の目先の欲でそれをすれば、霊的成長はないか、あるいは後退するだろう。

たとえば、核兵器開発は、かりに私にその能力があっても、莫大《ばくだい》なカネを積まれても、私はやらない。

誰かがやるではないかと言うかもしれないが、とにかく私はやる気が起こらない。目先の損得で無責任な行動をすれば、お互いに苦しみを増幅させ、社会の混乱に貢献するだけだからだ。【註3】

では、本当の仕事とは何か？

人類の平和に貢献する活動、つまり愛である。なにも収入にならなくてもよい。真我《しんが》に基づいた行動である。

画家の常田健は、生涯に三百枚ほどの絵を描いているが、一枚も売る気はなかったという。それでは趣味なのかというと、「絵を描いていて楽しいわけではない」と言い、それを「仕事」と表現した。一方、収入源の農業は「生活」だと言った。

J・S・バッハは、今親しまれている作品を、収入のために作曲したわけではないが、大きな「仕事」であって、教会のオルガン奏者が「生活」なのだろう。

この場合の仕事とは、「霊的仕事」である。

よく芸術に浸ると「心が洗われる」とある人は言う。それは汚れた習慣から「足を洗うこと」でもある。芸術が人を直接神へ向かわせるというのではなく、目の前の曇りを晴らすのであり、それによって、人は本来持っている能力で本源へ帰るのである。

人間は神の似姿だという。芸術を極めれば、姿が神に近づき、美しくなるという。【註4】

私自身、数年前、インド占星術のマスターに見てもらった。

「あなたはアーティストとしていちばん成功する」「その後、ますますスピリチュアルに向かう」自分の生き方そのままだ。やはりどこで見てもらっても同じだ。これで何かが弾《はじ》けた。

いくら運命学が傾向にすぎないといっても、わざわざ自分の資質に逆らうことはなかろう。売れるか売れないか、社会的に認められるか認められないか、今まではそういうことを気にしていたが、もうそんなことはどうでもよくなった。やるしかないのだ。たとえ今生で開花しなくとも、それは本源へ向かうプロセスだと受け止める。生活のことで制約はあるけれども、スピリチュアリストとして、アーティストとして、本分を全うし、今生の課題をこなし、世に問い、来世に繋ぐ。

ところが、そんな私に対して、ある修行者は、「それは欲だ」「雨露を凌《しの》げる場所があるだけでも有り難いと思うべきだ」と言い、受身的で謙虚な姿勢を促す。おそらく、タオを実践する人は、世に働きかけ世に問うことを「野心」と取るだろう。

しかし一方では、私を世の中に積極的に関与する人間だと見る識者もいる。

謙遜《けんそん》はたしかに美徳ではあるが、謙遜が過ぎて、半端を理由に、それなりの見識がある人や才能のある者が行動しないのは、一種の怠慢だという。【註4】

「楽をする」というのは感覚を追うことで、あくまで物質界の執著にすぎない。それは「無我」とは似て非なるものであって、肉体の魂に対する怠慢にほかならず、そこには愛がない。

そう聞いて、ある人は「坊ちゃん(育ち)だ」と言って笑うだろう。もちろん、そういう鈍感な人は放っておけばよいわけで、どうでもよいことなのだが、実は育ちの問題として片づけられるほど単純なことではない。

物質的感覚的充足だけを追う人生は、私の魂が許さないのだ（それを「坊ちゃん生まれ」と言ってもよいが）。

もし仮に、平穏無事に全人生を過ごしたとしても、何か物足りないと思うに違いない。それなら、なぜわざわざ人間界に生まれてきたのか、腑に落ちない。

では、何でもありの浮世で勝者になったとしたらどうかというと、これも虹を追うようなもので、あとは死んでいくだけだから、やはり空しいのだ。争いに勝って得た社会的成功とは、この世で感覚的自由を得ることに他ならないが、浮世の感覚的な自由は、いずれ自分の自由を奪われることになる。

ある識者は言う。

「もし自由ならば、他人の自由を奪うのも自由なのだから、原理的に自由は成立しない」

人間はもともと社会的存在であり、人間界の**掟《おきて》のない**こと、知性の野放し状態、何でもありの状態は、すなわち霊界の**掟を破る**ことである。たとえそれが世法においては違法でなくても、神の法に背くことである。魂のレベルでのルールを守ることこそが、真の自由を得ることであり、霊性を磨くことである。それは自分の役割を見極め、それを全うすることである。霊的仕事を成し遂げることである。

ただ、そのとき考えなければならないことが一つある。魂願《こんがん》とカルマである。

魂願とは輪廻転生における積極的な素因である。

たとえば、天才音楽家と呼ばれる人は何十回と転生するうちに音楽的素養を積み重ね、突如として天才として生まれるのだという。【註4】

しかし、その魂願は負のカルマと決定的に違うものなのだろうかと、少し悩むのだ。なぜなら、人間

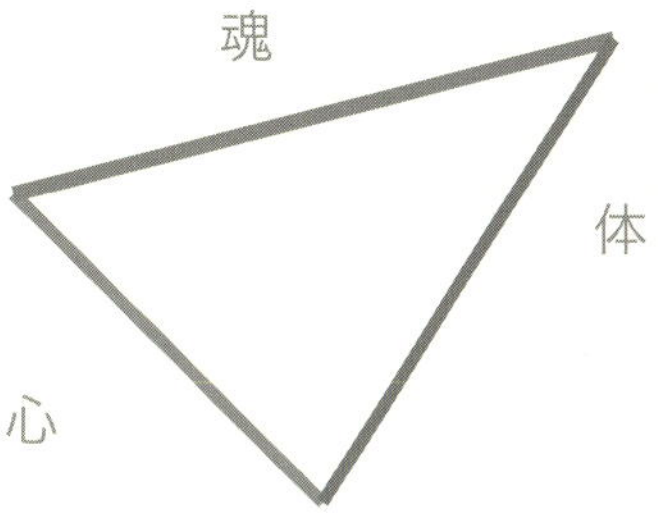

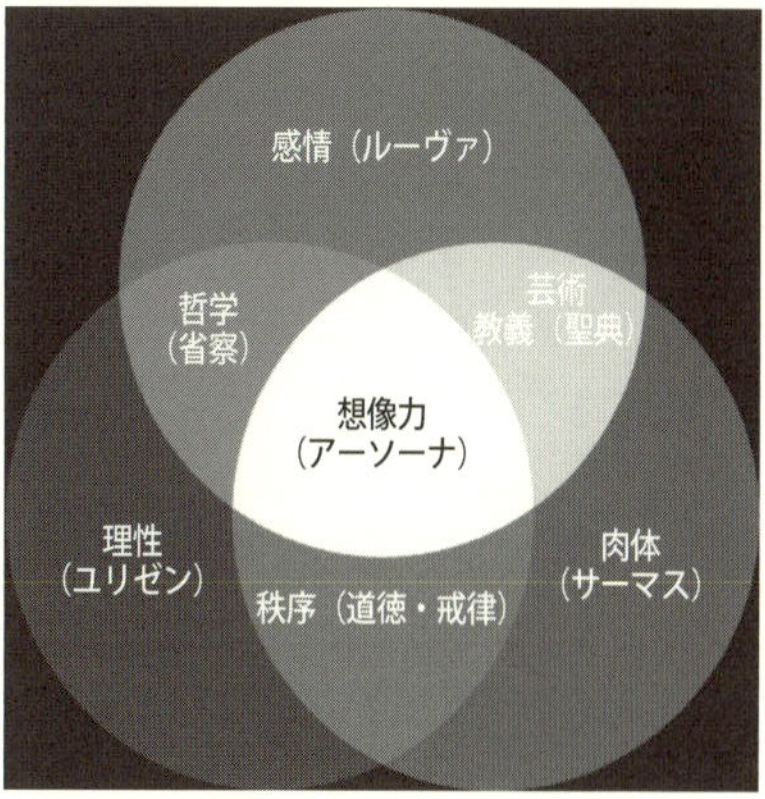

口絵参照

がこの世に生まれてくるのはカルマを負っているからであり、そのカルマを克服することで一歩一歩霊的成長を遂げ、ついには生まれてこなくなるはずであるから、魂願はかえってこの世に対する執着を強めることになるのではないかと思われるからだ。

そこで私は、W・ブレイクの力を借りてこう考える。W・ブレイクは神の似姿としての人間の肉体、理性、感情、想像力を四つの生き物ゾアとしてとらえた。

サーマス（父なる神の投影）、ユリゼン（堕落したサタン）、ルーヴァ（子なる神）、アーソーナ（聖霊）

魂願が極まって、天才と呼ばれたり社会的に成功するようになれば、今度は世の中の人を喜ばせたり導いたりして社会奉仕するようになる。魂願という試練が与えられ、外へ向けての遠心力が働く。そして社会奉仕という愛が内へ向けての求心力になる。

すなわち、お互いに影響しあい、和の精神となってつり合い、ベクトルの合力が中心に向かう。それが解脱の揺るぎない力となる。

それが霊的進化を促す。これらは光の三原色（赤、青、緑）で表すことができる。また、「体、心、魂のバランス」に対応している。【註4】「知、情、意」にも対応する。【註6】

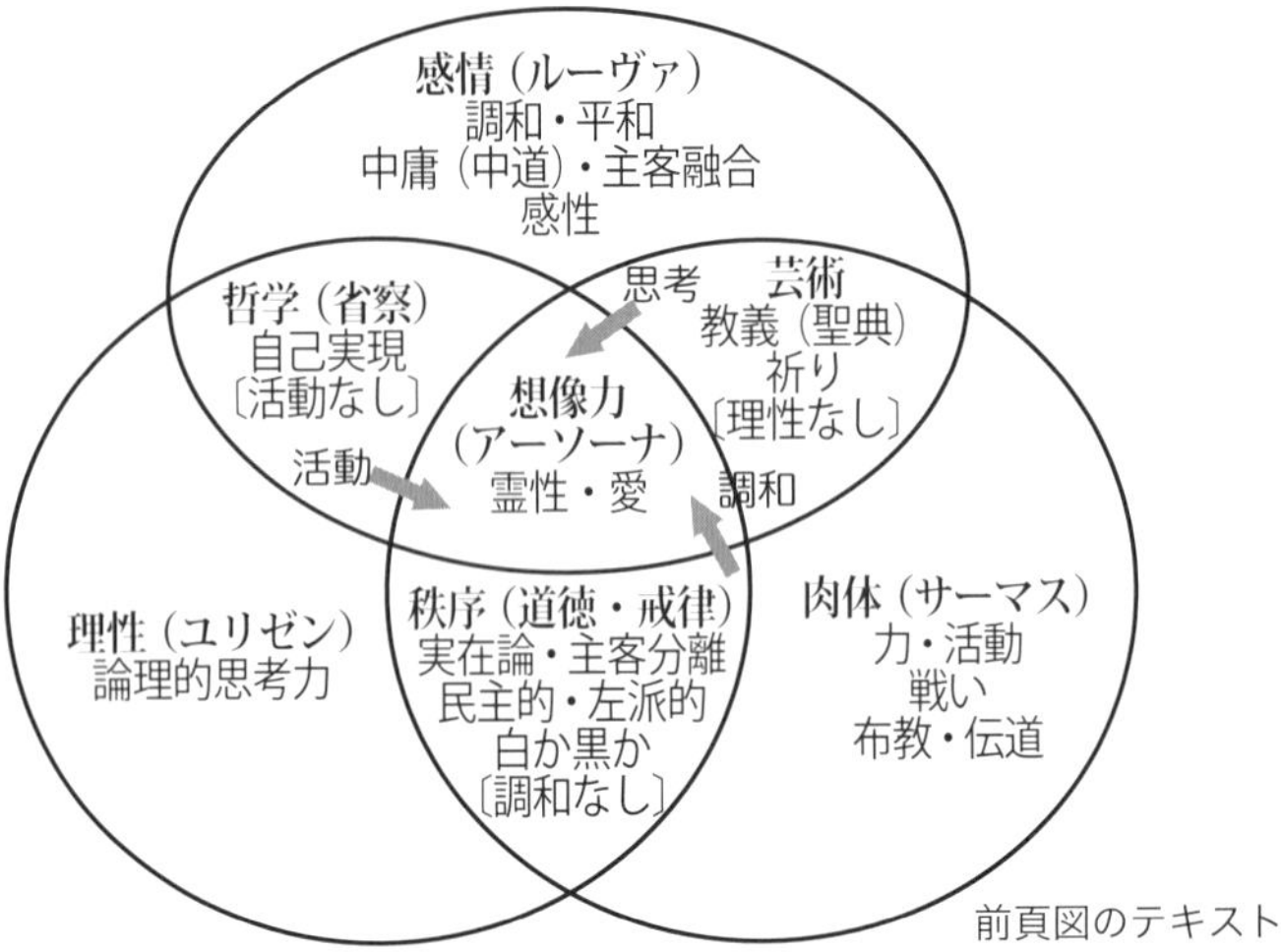

前頁図のテキスト

【赤】神からちぎり出された人間の魂は肉体に拘束され、魂願成就の機会とカルマ克服の試練を与えられる。それがすなわち**肉体サーマス**である。活動、力、戦い、布教・伝道を表す。

これに偏《かたよ》ると、自分の意のままにすること、闘争に勝利することを好むようになり、常に敵を作る。（意地を通せば窮屈《きゅうくつ》だ）【註6】

【青】道徳律を司《つかさど》るのが、すなわち仮に置く理性、あるいは**偽神ユリゼン**である。論理的思考を表す。ただし、このユリゼンを本物の神だと錯覚して意識的に拝むと、さらに深い迷いに陥り（第二の絶望）、自分を含めて人を裁くことを好み、死後の地獄行きを決定する地べたの人間（ユリゼンの徒）となる。（智に働けば角《かど》が立つ）【註6】

【緑】また肉体を持った霊たちが社会生活において浄化を妨げないように自然と円滑な人間関係を作り、疑いを超えた感情が生まれる。これを司るのが子なる神、**感情ルーヴァ**である。

しかし感情に走ればこれもまた何も見えなくなり、狂人

と化したり自らを陰鬱に追い込んだりして、心身ともに病むことになる。（情に棹《さお》させば流される）【註6】

【マゼンダ】肉体と理性が融合したものが**秩序**（調和なし）である。肉体を持った霊たちが社会生活において、鉄に黒錆を付けるのと同様の意味で、浄化を妨げないようにわざと道徳や戒律に縛られる（ただし、幼少の裡《うち》に、小脳に刻み込むもので、大脳だと逆効果になる）。

もし長じてから人とぶつかり、意識的になると、大脳が勝って、平等ウィルスに感染したり、白黒症候群や解決病に罹《かか》り、この世的に人を裁くようになる。これを解消する役が基本的な学問である。

そのような知性の暴走を防ぎ、巻き取る役目を果たす拠《よ》り所が、本来のユリゼンであり、それを仮の神と弁えた上で、学問に没頭する中にあっても、己《おのれ》を知るにとどめ、けっしてのめり込まないことが健全である。

戦後の日本は、物質的感覚的追求と理性との戦い、民主制的な人と気概のある人との鬩《せめ》ぎ合いであり、霊的指導者が失われてしまった。

「賢人は和して同ぜず、愚人は同じて和せず」と言われるが、小人《しょうじん》が指導する結果として、「みんな同じことをしているようで仲が悪い」というような、愚人を小人が支配する世になった。

左翼系の人は、あいにく「性善説」を間違えて受け止めている。悪の対極に、すなわち、偽善悪という同一直線上に本物の善があると履き違えている。つまり、理性によって悪を征することができると思い込んでいるから、中庸や絶対矛盾的自己同一には向かわず、道徳や法律の領域で行ったり来たりしてしまう。

世界宗教が戦後日本の世に浸透し、幸福をもたらすには、教義や祈りと秩序の融合が条件だが、今のまでは活動が勝ってしまう。哲学が霊性に向かう求心力となる。

【イエロー】感性と肉体との融合したものが**祈り**（理性なし）である。芸術は情に流されるのを解消し、精神的健康ひいては肉体的健康を注入する。

なるほど美しい音楽や絵画などに浸ったり、自らが演奏や創作に没頭しているときは、心が洗われる。それでもやはり、いかなる芸事ものめり込むと見えなくなる。事実自分の芸に納得がいかずに自分で自分を追い詰めて自殺する役者や歌手や落語家をたまに見る。ある種の芸術家や宗教家は魂に偏る傾向があり、のめり込んでしまうのである。人を癒し、理性によって自己を律することができれば、確実に神の姿に近づく。

また、現在のキリスト教に代表される根本主義の教団は、考えることを捨てているから、低級霊にエネルギーを吸い取られて、家畜にされている。自分が作った苦悩は祈りによってはきれいにならない。【註5】このままなら行先は疑似天国。考えることを復活させれば、本当の天国へ行く。

この場合も大事なことは、ルーヴァもまた仮の神だということを弁えることだ。あくまで自分を自分という人格から一歩離れた所に置き、身に付けた技能や芸事そのものを、死後に、「古い殻」として脱ぎ捨てると決めることが、霊性を磨くこと、魂を浄化すること、詩的想像力を働かせることにほかならない。それで再び物質界に生まれることなく次元上昇する。

【シアン】理性と感情、論理的思考と中庸を融合したものが**省察**（活動なし）である。インドの修行僧は、自己実現に終始し、活動がない。外的生活に役立てたり、菩薩行《ぼさつぎょう》を充実させれば、本源へと向かう。一般に哲学者は心に偏る傾向がある。世の中に働きかけ、霊界の掟に従って実生活に活用すれば、霊性が得られる。

【白】肉体と理性と感情をバランスよく融合して、**想像力アーソーナ**に至るのである。霊性、愛を表す。

（どこへ越しても住みにくいと悟った時、詩が生まれて、画ができる）【註6】

プライド

日本語で「プライド」というと、劣等感から来る防御のように、どちらかというと無くて良いもののように使われる傾向があるようだ。英語でそれに当たる言葉はというと、こうだろう。

pride（誇り、愚かな仮面）、self-esteem（自尊心）、dignity（尊厳）〔自尊心と尊厳はself-respectで、ある意味で重なっている〕

このうち、pride（誇り、愚かな仮面）は明らかに無くて良いものである。日本でいうプライドは、どうやらこれらが混同して使われているようなのだ。

「あの人にはプライドがある」という場合、たいがいは悪い意味である。

pride（誇り、愚かな仮面）はもちろんだが、self-esteem（自尊心）まで無くて良いものとして扱っているようだ。いくら本人が良い意味でself-esteem（自尊心）を持とうとしても、「言い訳をしてはならない」とか、「有給休暇を取れるのに取らない」とか、何かと奴隷意識を求められる日本の組織の中では、良くとられず、外国人扱いされることが多い。それもそのはず、英語圏では、self-esteem（自尊心）はむしろ良い意味で使う場合が多いと聞く。もちろん、これは国によって、多少意味がズレていたり、文化の違いがあるので、無理に統一する必要はないと思う。

では、日本においては百歩譲ってself-esteem（自尊心）が無くて良いものとしよう。しかし、dignity（尊厳）だけは無くて良いはずはない。私がここで言いたいのはこれである。

もっとも、これを「プライド」の中に入れるのはおかしいという人もいるだろう。でも、私が見る限り、日本では実際、dignity（尊厳）も同じく「プライド」として、混同して、無くて良いもののように扱われている場合が多いのだ。

たとえば、耐震偽装をする建築士や研究成果を捏造する学者などは、無くてはならないプライド、すなわち「尊厳」を捨ててしまったといえる。仕事とはあくまで「社会奉仕」であって、世の人々のためになることをして、結果として報酬を得るだけである。【註7】

仕事とは、単に「収入を得るための手段」でも「役職に就くこと」でもない。仕事をしているかどうかは、意欲があるかどうか、とか、勤勉かどうかではない。社会奉仕になっているか否かである。

自分の強欲や保身のために周囲の人々を危険に晒し、社会を混乱させることは、社会奉仕をする自分のプライドを捨てること、カネの奴隷になること、俗に云う「魂を売ること」にほかならない。「尊厳」とは社会奉仕をする人間としての基本的人権である。武士道でいう「恥を知ること」である。尊厳を捨てることは、エゴが動機であり、明らかに霊的不正である。

よく、「職人は気に入らない客に対してはテコでも動かない」という。誤解してはならないのは、職人が自分の能力に対して自信過剰になっているからではなく、社会奉仕ではないことを強いられるのを拒むからである。つまり、無くて良いプライドがあるのではなく、あるべきプライドがあるのだ。

あくまで私の見立てだが、今の日本の組織に収まっている人たちの中には、これらの区別ができていない人がたくさんいる。困ったことには、尊厳を捨てているのに、「我を捨てている」と思っている人が多いのだ。その人たちは、社会に奉仕しているのではなく、自分自身の身の安全のために一部の強欲に満ちた権力者に奉仕しているだけなのだ。従順がすべて良いわけではない。

自尊心はどの国でも無くて済めば無いほうがよいものだといえる。おそらく、欧米では、無くては済まない場合が多いのだろう。

それに対して、尊厳は、基本的人権に等しいのであって、どのような社会であれ社会が存在すれば、その時点で付随しているはずのものである。尊厳とは、人権といっても、単なる肉体の保持ではなく、魂の保持を意味する。

「そう言っても今は今なんだから仕方がない、人権がないのも社会の在り方の一つだ」とすぐ合理化し、肉体保持のために奴隷になろう（魂を売ろう）とする今の日本人の多数派の詭弁は、自ずと崩れるのである。要するに、良いプライドを持つか持たないかは、霊的人生を送るか物質的生活だけか、地上の旅人になるか地上の住人となるかである。

拡がる格差、ブラック化する企業、その中で尊厳を保つことはたしかに難しいだろう。しかし、だからこそ、私たちは試されているともいえる。

自尊心（我欲）と尊厳（基本的人権）

「順応」と言うと聞こえはいいが、自由を束縛される地上生活では、どんな集団にも環境や様式は付き物であって、その集団が生産的建設的で平和をもたらす場合に限って、道徳的に好ましい。

ところが、その道徳が一人歩きをして、「不満を言ってはいけない」とか「言い訳をしてはいけない」というエキスだけになってしまうと、環境や様式に慣れてストレスが減るどころか、考えると疲労と恐怖に襲われるだけだから、楽な道、すなわち「考えなくなること」を選ぶようになるのだ。つまり履き違えた順応は、損得勘定において得を選ぶだけの計らいになる。

そうなると、人を洗脳しようとか、操ろうとする小人支配者の恰好《かっこう》の餌食《えじき》となる。

私自身は、傍から見ても素《す》のままに生きているらしく、そのとき属する組織によっては同調しないし、その素振《そぶ》りを隠すこともできない。そのとき、よく言われる。

「あなたはプライドがある」

しかし、私からすれば、同調しないのは、自尊心（なくていいプライド）があるからとか頑固だからとか、順応性がないからというわけではなく、明らかにその組織（学校）が人間を狂わせ、送り出される人間（生徒）の大部分が国の平和を乱し、組織自体も衰退することが見えるからである。

つまり、構造的暴力を促し、**尊厳**（基本的人権、なくてはならないプライド）を奪うからである。

よく誤解する人がいるのだが、組織に完全に順応する人たちというのは、けっして**自尊心**（我欲）を捨てたのではないということだ。

悟ったのではない。**尊厳**を捨てたのである。魂を売ったのである。

基本的人権を放棄することは、すなわち、畜生道《ちくしょうどう》である。我が強いからこそ「楽」という麻薬に縋《すが》り付くのであり、平和の意識や霊的次元の意識が欠けているからこそ、その誘惑に負けてしまうのである（宗教団体がカルト化するのと同じ構造である）。

前述のように、「考えないこと」や「楽なこと」は物質界の一つの執著である。自分は楽だから、安心するからそれでいいというだけで、そこには大いなる無関心と明らかなエゴイズムが見える。

もっと国や人類や宇宙規模で自分の行為を考えてみてほしい。と言っても、地を這う人たちは、考えることを幼少の頃にやめてしまったのか、もともと考える習慣がないのか、いずれにせよ思考が自由な領域に放り出されたら、沈没してしまうだろうから、今さら言っても何も効果はないのかもしれない。だからこそ、幼少からの余技や哲学や宗教が不可欠なのだと、世界平和を望み宇宙意識を持った人たちは言うのだ。

ともかく、少しでも考えている人には誤解をしてほしくないのだ。

改めて言おう。我《が》を捨てることと順応することは全然違う。真逆《まぎゃく》になることさえある。楽になることは悪いとは限らないが、麻薬中毒になることもある。神仏に帰依《きえ》することと、楽になることは、まったく別のことである。

釈迦《しゃか》は出家して荒野で修行している間、悪魔からの執拗《しつよう》な誘惑に悩まされたという。たしかに家に帰れば楽であろう。物質的に恵まれ、享楽《きょうらく》に耽《ふけ》ることさえ自由にできる。では、釈迦がその誘惑に乗らなかったのはなぜだろうか？

足が地に着いていない思考回路の人からすれば、「我が強くて凝《こ》り固まっているからだ」と思うかもしれない。でも、本当にそうだろうか？

いや、まったく逆である。我を捨てたからである。尊厳を守ったからである。毒矢を抜いてしまったからである。

「自分が主《あるじ》なのである」「犀《さい》の角《つの》のようにただ独り歩め」

これらは頑固になることではなく、惑わされる素因《そいん》を絶つことを言っている。それが我を捨てることにほかならない。

坂本龍馬の言葉に、「丸くともひとかどあれや人心、あまりまろきはころびやすきぞ」というのがある。彼は我欲を捨ててはいたが、魂は売っていなかったと思う。自尊心を捨てたが、尊厳は捨てなかった。自尊心を捨てると神の僕になる。尊厳を捨てるとベリアルの子になる。

一見すると、すべてにおいて従順になることを人間の成長ともとれそうだが、この世の道徳律を拠《よ》り所とする人たちを利用して、無尽《むじん》の争いごとに精を出す欲深い支配者の恰好の道具となり得るのである。一面的な従順は、相手の意識状態が外から読めずに言葉に頼らざるを得ない地球人類の、脆弱《ぜいじゃく》な道徳律に過ぎない。

肉食妻帯《にくじきさいたい》を敢《あ》えて実行した親鸞聖人《しんらんしょうにん》は、「阿弥陀仏に帰依しろ」「親鸞に帰依するな」と言って、弟子を作ろうとはしなかった。

イエスも、「私に向かって主よ、主よ、と呼びかける者の全てが天国に召されるわけではない。天にましますす父の意志を実践する者が召《め》されるのである」「福音《ふくいん》を信ぜよ」とだけ言っている。

釈迦も、「道を得たならば、私から離れなさい」と言っている。

地上の旅人となれ

光　かりに君が大勢の賊に囲まれて絶体絶命の窮地に立たされているとするよ。もし一つだけ助かる道があるとすれば何だと思う？

一郎　その賊の仲間になることかな。

光　そうだろうね。でも、それって君にとって不本意じゃないのかなあ？　相手は人々の平和を乱す連中だからね。

一郎　不本意だけど、命が助かるためにはそうするしかないよ。

光　それだよ。いわゆる、魂を売るっていうことだよ。

一郎　じゃあ、君はそんな窮地でも魂を売らないっていう自信があるの？

光　今はあるよ。でも、実際に窮地に追い込まれたらどうかなあ。それができるのは、釈迦やイエスみたいな聖人だけかもね。

一郎　じゃあ、何も違わないじゃないか。俗人は誰でも同じなんじゃない？なにも取り立てて言うことではないと思うけど。

光　いや、今の組織の人を見ていると、それほどの窮地じゃなくても、積極的に魂を売ろうとしているように思えるんだ。取り越し苦労をして、すぐ環境にアジャストする。それを「変化だ、変化だ」と言っているように見えるよ。要するに、死ねば終わりで、霊的に生きていないってことかな。

君は、釈迦やイエスの行動を「凝り固まっている」と評するかね?

一郎 そうは思わないけど。ただ、生き方を変えて柔軟性を保つのは、この世に生きる者の知恵だよ。

光 それは知恵というより、生存に対する執著だね。どう生きるかっていう「生き方」の問題じゃないんだよ。生き方は洋式であって、肝腎なことは、「なぜ生きるか」を考えて行動することだよ。魂を売らないことは、尊厳を持つこと。霊性を得て、神の義に生きることだよ。

一郎 でも、実際、どうすればいいんだい?

魂を売らないで尊厳を保つなんて、口でいうのは簡単だけど、行動するのは難しいよ。いや、ほとんど不可能だよ。だって、この世に生きている限り、誰だってエゴはあるし、偽善を行わなければ生活できないもんね。

光 なにも「偽善はあってはいけない」と言っているわけではないんだよ。「今すぐ完全にエゴを捨てろ」と言っているわけではないんだよ。地上に生きている限りそれは無理だから。

ただ、偽善を偽善だと知ることだよ。エゴをエゴだと知ることだよ。そうすれば、地上の住民をやめて、地上の旅人になるんだよ。それが第一歩さ。

一郎 自らのエゴを知るだけで、そうなれるの?

光 案外それが大きいんだよ。それに加えて、霊的自覚を得れば完璧だよ。

エゴによる嘘は罪だと判るから、平気で嘘をつくことがなくなって、エゴイズムに走らなくなるし、みんなが繋がっていると知ることで、むやみに人を痛め付けることをしなくなるよ。

一郎　でも、そんな調子だと、たとえば組織の中でやっていけるとは思えないけど。

光　まあ、「役立たず」とか「木偶の坊」とか言われるだろうね。闇の勢力が支配しているからね。でも、だからこそ、人類全体にとっては、逆にそれなりの役割を担っていることになるんだよ。特定の人たちのエゴにとっては役に立たないけど、人類全体の平和には必要なんだよ。人間には常に役に立たないものが必要なんだよ。

聖人が示したもの

ある日、郵便受けに入っていた某日蓮宗系宗教団体の新聞をぱらぱら捲《めく》って、三面あたりを読むと、案の定、日蓮大聖人の偉大さが誇示されていた。

その中で、竜の口の大法難において、国家権力を蹴散らしたという「竜の口の大現証」が書かれているのだが、どちらかというと「武勇伝」に近いものである。それ自体はどうということはない。ただ、その出来事を引き合いに、「キリストのように、礫になって殺されるような凡夫に、どうして一切衆生が救えますか」と、他の聖人をこき下ろすのはいかがなものだろうか。

古今東西の聖人たちの言動や行動に共通することは、「権力に屈しない」ということである。

そこで、考えていただきたい。「権力に屈する」とはどういうことだろうか？　権力者に処刑されることだろうか？　「権力に屈しない」とはどういうことだろうか？　権力者を撃退することだろうか？

イエス・キリストは、裁判において、何も言わなければ無罪放免となって釈放されたはずなのだ。にもかかわらず、「私がそれである」と言って、有罪になって刑を受けた。ソクラテスも、仲間の手引きで逃亡できたのだが、仲間の誘いに応ぜず毒杯を仰いだ。

では、なぜイエスやソクラテスは逃げられたのに逃げなかったのだろうか？

いつの世も権力者たちは、都合の悪い人間に対しては、その保身を煽《あお》って逃げる道を作っておくものなのである。手を汚さないで権力を守ることができるからである。

その手に乗って自身にとって安全な方へ逃げてしまっては、権力に屈することになる。仮にそれで生き長らえたとしても、その後の教えに悖《もと》ることを自らがしたことになるから、偽りがあり説得力はない。それでは聖人の生を全うしたことにならない。

権力に屈することとは、権力者に**処分されること**ではない。権力に屈することとは、この世的な執著によって尊厳を捨てる（魂を売る）こと、権力に**媚びること**である。

権力に屈しないこととは、権力者に**力で勝つこと**ではない。権力に屈しないこととは、尊厳を保つ（魂を売らない）こと、権力に**媚びないこと**である。

権力者によって殺されたり、権力者に媚びないで肉体が滅びても、霊的に生きる。

逆に、権力者に媚びて肉体が維持できても、それは動いているだけであって、霊的に死んでいる。

霊的に生きる人間は、権力者と戦うのではなく、**自らのエゴと戦う**のである。真の霊的行動は決死の覚悟がいるのだ。イエスもソクラテスも、そうして手本を示したのである。

にもかかわらず、それを理解できない人たちは当時もたくさんいたわけで、聖人を魔法使いのように扱う人たちは、イエスの捕縛を見て、「神が捕まるわけがない」と当然のことながら言っただろう。

また、後の教会の権力者は、そういう大衆を黙らせ、組織の権威を維持するために、イエスの磔刑を、「我々の身代わりに死んだんだ」「十字架にかかって罪を肩代わりしてくれた」などと、無理やり受け止めて、「贖罪《しょくざい》」としたのだろう。

こうして、「自分は（霊的行動を）何もしなくても神は救ってくれる」とする誤った神観を持つ者たちが、この世に蔓延《はびこ》ることになったわけである。

しかし、イエスはけっして人々の罪を肩代わりしたのではない。もし肩代わりをするのなら、何をしても許されることになってしまう。それは、「悪人こそ救われる」と聞いて、「じゃあ、悪人になってやろう」と、悪人正機を履き違えることと何ら変わらない。自分の罪は必ず自分で清算しなければならないのだ。

おそらく今でも、地上の攻防に終始する人たちは、ソクラテスに対して、「それでは負けたことになるではないか」と言って、一向に理解を示さないだろう。

地を這う人たちは、権力に媚びない人間を理解せず、ただ「プライドがある」と評する。しかも、まるで、プライドが愚かさの象徴であるかのように言うのだ。

繰り返すが、プライドといっても、無くていいプライド、すなわち自尊心（self-respect）のことではない。無くてはならないプライド、すなわち尊厳（dignity）を持ち続けることである。これが霊的に生きる人間の基本である。

良く生きること、霊的に正しいこととは、媚びないで生きること、魂を売らないことであり、貨幣制度の中で仕事をするにしても、あくまで社会奉仕が前提にあって報酬を受ける。

道徳的に正しいとは限らない。理念でもない。それは道である。いかにエゴを克服するかである。これが人生の課題であり、霊的進化を促す。

では、そう言う私は世の人々に何ができるか。

再三言うが、省察の勧めである。それが私の役割の一つだと確信している。エゴの克服を阻止しているものは、案外、論理や言葉なのである。

世の人々は、往々にして神から授かった知性を持て余し、逆に知性に翻弄される。しかし、省察によって、知性をコントロールし、理性を働かせることができる。みな本来それができるはずなのである。そうして霊界の真実を、盲信ではなく理信することができる。

どの宗教団体でも、純真無垢（天真爛漫）になること、我を捨てることを教えられるだろう。しかし、純真無垢になれと言われても、大人が子供になれるわけではない。だから、我を捨てるといっても、けっしてそれは「思考」をマルゴト捨てろという意味ではない。あくまで計らいを捨てるのであって、理性を捨ててはいけないのである。というより、純粋無垢は、まさに理性によって獲得されるのだ。

親鸞聖人の言う「計らいなき計らい」である。それができて、はじめて「道の人」となる。もちろんそれからは、「道」を行く人は必ずと言っていいほど理不尽な迫害を受けるだろうが、暗闇で転んで、洞窟の住人に笑われても、気にする必要はない。

近頃も、ある僧侶やスピリチュアリストが、著作を通して「考えない実践」を勧めているようだが、これも間違えてはいけない。彼らの言う「考えること」とは同じ知性の働きでも「計らい」であって、「考えないこと」とは、すなわち「計らいなき計らい」というれっきとした理性の働きである。

損得勘定を捨てて生きるには、まず省察が必要なのである。

他力とは

仏教には、いわゆる自力と他力の宗派がある。

互いに他を排するかどうかは、私の知る限り曖昧《あいまい》で、互いに言葉を濁《にご》す。少なくとも他力の浄土《じょうど》系に言わせれば、自力は三乗。自力で解脱できるのは菩薩・縁覚《えんがく》（独覚《どっかく》）・声聞《しょうもん》の限られた人たちだけ。

それに対して他力はすべての衆生を救うことができる。（もっとも、極楽浄土に行けても、そこからは自分で修行しなければならないという）もちろん、南無阿弥陀仏を唱えさえすれば極楽浄土に行けるというのは間違いであって、自然と口から南無阿弥陀仏が出る境地にならなければ意味がない。その鍵となるのが弥陀《みだ》の誓願《せいがん》であろう。「それを信じる」という一念でよいという。

しかし「どうすれば信じることができるか」という課題がいつまでも残る。ただ信じればいいのだからと言われても、そう簡単ではない。単純だが非常に難しい。

だいいち、自然科学的世界観の浸透したこの現代社会で、阿弥陀仏とは何かと言われて答えられる人がどれほどいるだろうか？（人間を生んだ自然を考察すべし）

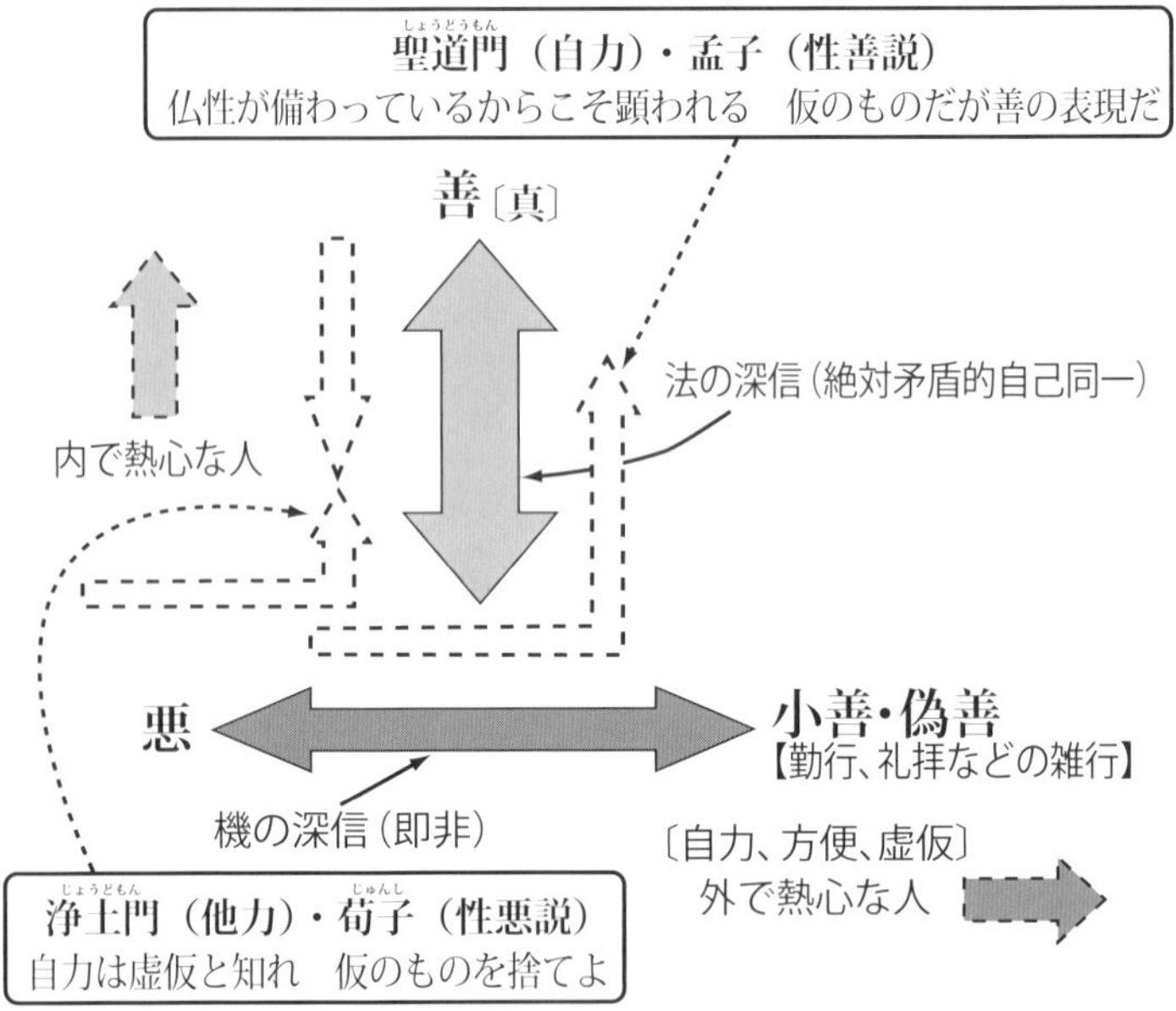

形のないものをとらえるのは、感覚の目ではなく、魂の目だからである。感覚でとらえられないものを信じるなどということは、現代社会ではよほどオメデタイ人でなければ無理である。要するに、信じるまでが問題なのである。

また、往生成仏《おうじょうじょうぶつ》については、「一切の計らいを捨てて、如来《にょらい》の願力に任せる」「願力をお聞かせいただいて、無疑無慮《むぎむりょ》の心相になる」というのだが、どこかに疑いや不安が残る現代人にとって、信じることは賭けにすぎない。

そう言うと、真宗の人は、また、「思慮分別《しりょふんべつ》で思い定めるものではない」と答えるだけである。これでは埒《らち》が明《あ》かない。

つまり、現代人にとって、他力に到達するまでがたいへんであり、非常に長く粘り強い哲学的実践という自己実現が必要となるわけである。自己実現とは言っても、ここでは直接悟りを開くことではなく、高級霊（人格神・一級神）

に任せる気になることである。これが深信《じんしん》である。【註8】

考えることとは、道の人になることである。道とは解脱《げだつ》への道。麻薬になってしまう宗教は、その自己実現が抜けているのであって、そこを改善すれば、真の信仰心が生まれる。

なお、自力と他力の関係は、性善説と性悪説の関係に重ねることができる。〔右図参照〕

いずれも、高次元の存在、仏性《ぶっしょう》、如来《にょらい》の願力が**真**《しん》であり、その表現としての方便は**仮**《け》であるとする。

その点で、両者は何も対立するものはない。というより、一体である。

どちらの道をとるかはその人によるが、肝腎なことは、これらの理《ことわり》を知ることである。

哲学は、**二種の深信**（機の深信・法の深信）を切り開く道であり、具体的な実践と体験であり、それを人々に問い、広める活動である。

理信と盲信

今の宗教はみな他力宗教になってしまって、聖人の本来教えから離れてしまったと、よく言われる。

誤解しないでほしい。「他力」になったから末法になったのではない。故意か否かはともかく、「他力」を曲解したからである。

親鸞聖人の教えは、曇り空でも太陽の光が降り注がれているように、仏の慈悲が注がれていることを知ることであり、スピリチュアリズムにおいては、いかなる場合でも、神の愛が注がれていることを受け止めるのは、たいへん重要である。これが本来の「他力」である。

ただ問題はそれをどうやって確信するかが肝腎であり、意外と難しい。確信するには自分の理性を働かせる必要があるのだ。それによって、霊的自覚をし、霊性を得て、神や高級霊、あるいは守護霊のために何ができるかという霊的責務が芽生え、霊的に行動をする。

それができない場合には、たいがいやってはいけないことをするのである。それが、理性を捨てて聖人や教義を盲目的に信じることである。すなわち、「他力」の曲解である。自分の罪を肩代わりしてくれると思い込み、霊性を得ることなく、偶像崇拝にのめり込む。

「みな神に愛されている」などと聞くと、誤解して、妙に安心して、何も精進しない人が続出する。人間の言葉というものは実に罪深いものだ。

あくまで霊的行動を実践しなければ進化はないのであって、それは理性による霊的自覚がなければわからないのである。そればかりか、野放しにすると、「何をやっても許される」と、「悪人正機」を履き違える輩の同類が、勝手に教義を書き換え、エセ信者を集め、組織を束ねることになる。【註9】

そこから形骸化が進み、伝道や布教などに終始する「外で熱心な信者」、「良きクリスチャンにして悪しき聖職者」が組織を固め、像法を経て末法になる。つまり、本質か末端か、正法か末法かは、「自力か他力か」ではなく、「理信か盲信か」による。

ある宗教団体が配布する冊子を見ると、聖書が神の著書かどうかを盛んに議論し、その証明を図っている。でも、はっきり言って、どうでもよいことである。神が伝えたのなら信用に値し、そうでなければ信用に値しない、というのは、徒《いたずら》に盲信を促すだけである。

宗教A

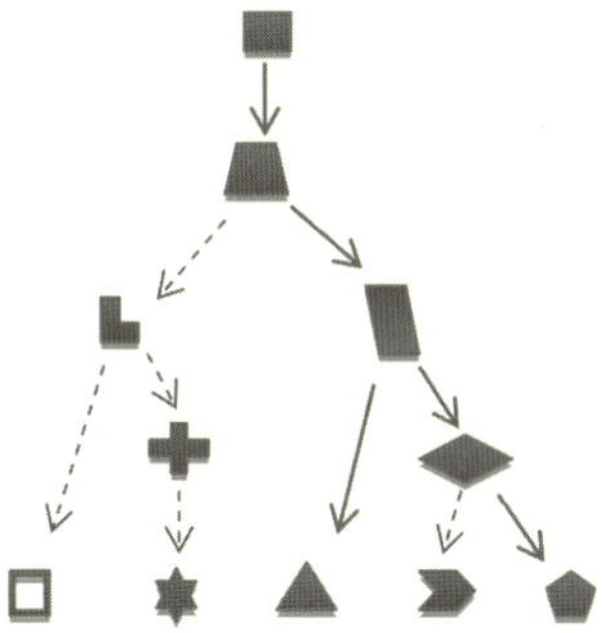

宗教B

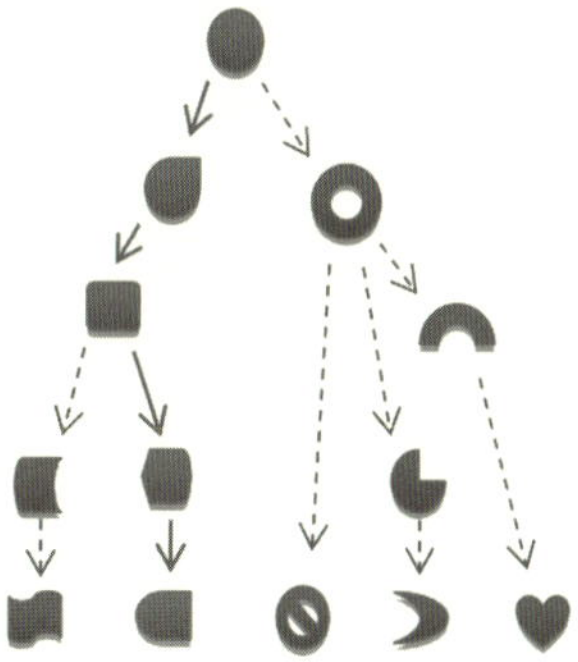

逆のようだが、盲信者は、自信がないものだから、結局、神仏の存在に対する「疑い」が永久に消えないのである。神という権威に思考を預け、理性を捨ててしまうのであれば、まったく意味がない。神が言ったかどうかは、むしろ余計な要素である（誤解している人がいるが、聖書や仏典にあるような人智を超えた境地というのは、損得などの「計らい」を捨てることであって、けっして「理性」を捨てることではない。また、そのような純真さ、「無垢」は、理性によって獲得するものである。計らいなき計らいである）。

理性を通して読めば、どんなに不完全な聖典であっても、そこから本流を受け止めることができるはずである。

図形に喩えると、A盲信者は、「角張ったもの」が聖人Aの教えだと信じ、B盲信者は、「円みを帯びたもの」が聖人Bの教えだと信じる。時が経つと、「穴の有無」を問うようになる。

理信者は、このように形骸化や末法化が進むどのような宗教の中からも、「凸集合」という本流を受け止めることができる〔凸集合とは、図形的には「くびれがない図形」のことであり、ここでは、本質の「無垢」を表す。〕。

奇跡

奇跡を示されて信じるのは、本当の信仰だろうか？

私自身は深信を得ているから、奇跡に対しては、不思議だと思わない。そればかりか、実際に、私は偶然とは思えない出来事で助けられたり、啓示《けいじ》を受けたりすることがしばしばある。【註10】だが、それを理由に信じるわけではない。奇跡はあくまで信仰の「顕《あら》われ」であって、二の次でいいと思う。

神仏の教えとは、けっして奇跡を起こすことではない。私にとって奇跡は信仰の結果であって、理由でも目的でもない。高次元に行くということは、この世の執著《しゅうじゃく》がなくなることだから、高次元の存在は奇跡を起こすことはできても、そのようなことに興味はないのだ。

特に超常現象は低級霊がよく使う手で、話の分からない思慮の浅い人や疑《うたぐ》り深い人をコロッと騙《だま》すために、起こすことがあるという。奇跡を見て手のひらを返すように信じる人は、それとあまり変わらないのであって、あくまで物質的この世的な人である。

一方、高級霊は本当はやりたくないが手っ取り早いという理由で、超常現象を起こす場合も稀にあるという。しかし、霊界の存在をはっきり証明するに値する超常現象といえども、それが物理的証拠である限り、唯物主義の科学者にとっては敵ではない。何故なら、科学者からすれば、霊界からの如何なる通信も、「超ＥＳＰ仮説」などによって、ともあれ否定することができるからだ。【註11】

なるほど、振り返れば、この世における物質的現象は、やはり物質的説明によって肯定することも否定することもできてしまう。つまり、霊界の存在を証明する物理的証拠は、頭の固い唯物論者の考えを変える切っ掛けにはなるが、確信には至らず、相変わらず、「信じるか信じないか」という盲信の範囲を行ったり来たりするにとどまる。

実際、教会に通う私の知人が、やはり同じように、癌《がん》が治ったという奇跡が起こった話をされたというのだ。【註12】では、それで本当に信仰心が深まったのかというと、そうでもない。

いつだったか、功績を遺《のこ》したある有名人が三十代半ばで急死したとき、私はその知人に、「上の世界から、もういいから戻って来いよって言われたんじゃないの？」と、さりげなく言ったところ、その知人はなんと、「上の世界ってホントにあるのかなあ？」などと今さら言うのである。

教会で何を信仰していたのだろう？　本当に神を信じているのだろうか？

いや、どこかに疑いが残っているのだ。だから私は、念を押すように強く問い質した。

「本当に神を信じてる？」

すると、知人は沈黙するだけだった。

要するに確信を得ていないのである。足が地に着いていないのである。

たしかに、真の信仰心を持つ本人が奇跡を体験するのは事実だろう。自然なことであり驚くに値しない。しかし、他人が奇跡を体験するのを見て信じるというのは短慮だ。そういう人は単に権威に縋《すが》っているだけであって、どこかに疑いが残っていて、確信を得ていないわけだから、真の信仰には至っていないのだ。もちろん、その人に奇跡は起こらないだろう。

では、宗教団体で実際に自分に奇跡が起きたという人はどうか？

あるヨーガの達人は言う。

ヨーガの目的は、身体や心を健全にすることよりも、人間の存在そのものを霊的に進化させ、宇宙の絶対者と一体にならしめることである。その行の主流はチャクラの覚醒である。

チャクラは、物理的肉体、幽体、原因体のそれぞれにあって、それぞれ存在次元と働きを異にするが、相互に対応し、密接に相関している。チャクラの目覚めによって、Ｐｓｉエネルギーが発生する。

Ｐｓｉエネルギーは、物質的エネルギーを消すこともできるし、物質的次元のエネルギーを創造することもできる。それは、「心による物質の支配」を意味する。【註13】心の持ちようで、明るい未来を創ることもできる。もちろん、心霊治療も可能だ。

ということは、ヨーガ行者に限らず、チャクラが開いた覚者や聖人が心霊手術者となって人の肉体的病巣を消すこともできるわけだ(その人のカルマによって無理な場合もある)。上の次元が正常になれば、下の次元の物質的肉体が正常になるのは当然である。世間ではそれを「奇跡」と呼ぶ。

では自分が奇跡を体験して神を信じることは結局どうなのか?

宗教団体や教祖が本物なら、たしかに霊的進化の切っ掛けになるだろうし肉体的病気も癒《い》えるだろう。でもそれは、イエス・キリストが超能力を使えたことで「神」だと祭り上げた弟子たちと同じで、本当の教えを受けているわけではない。

言ってみれば、シャーマンによる治療と変わらないのであって、課題を軽くしてもらうという程度でしかない。もちろんそれ自体少しも悪いことではないが、本来の目的ではない。

むしろ、それによってかえって、特定の宗教に凝り固まり排他的行為に走る可能性もある。なぜなら省察がないからである。物質界という闇の世界を渡って光へ向かう道を作れないのだ。

理《ことわり》を知らなければ、人を理解することも人に理解させることもできない。それでは世界平和という究極的目的が達成されないのだ。安易に「信じて」しまって、考えることをしなくなってしまう。私はそれを懸念する。

結局、現代人にとって、自らの力による理信、深信でなければ、願望や賭《か》けにすぎないのである。要はどうやって大きな存在に任せる気になるかである。

各教団が信者を増やすのに苦労しているのはわかる。しかし、むやみに集めると、奇跡にあやかろうとして入信する人たちで溢れるだろう。そのような盲信者《もうしんしゃ》を数多く増やして底辺を広げても、神が望む本当の宗教にはならないのだ。

私の仕事はあくまでその前の段階の導きであり、省察によって理を知り、自分が霊的存在であることを自覚することを促すことだ。理性による確信は、「信じるか信じないか」ではない。絶対者と一体になることへの第一歩であり、それによって、神や高次元の存在に対する疑いを一切消し、宗派などにこだわることなく、抵抗なく絶対者を信仰することができるのである。

くどいようだが、奇跡を目《ま》の当たりにしたからとか自分が体験したからといって神を信じるということは、「道」ではないのだ。

【註1】人の無明《むみょう》を火事に喩《たと》える。家の外にいる人が「家が火事だ」と言っても、住人は信じない。そこで、「外に楽しいことがあるよ」と言うと、住人は興味を持って外に出る。そこではじめて、住人は自分の家が火事であることに気付く。(法華経『方便品』より)。

【註2】①必要無駄（非生活・プロではない）余技、芸術や武道などの文化活動。なお、韓国では、余技は本業以上に力を入れるものとして、重要視されている。何の為でもない、無理がない、ストレスがほとんどない。何かの為でないから偽りがない、邪心がない、子供の遊びのように心から楽しむ。だから心身の健康に繋がる。②無駄でないもの（生活・プロ）農、魚、商、医など、人の生活に最低限なくてはならないもの。人の生活の為になっている。何かの為であるから偽りはある、無理はある、ストレスは生まれるが溜まらない。同じことをせず、それぞれの役割で和を成すから、無益な争いや意識の高ぶりの増幅は起こらない。国や組織への帰属意識がある。社会人としてのアイデンティティーが確立する。和して同ぜず。③不必要無駄（生活・生存・執着）。戦争はもとより、核兵器開発、客の争奪に走る経営、民主教育など、競争原理から成り立っていて、非生産的なことに精を出すもの。人の為というのは見せ掛けで、自己保身の為に、目先の解決をする。同じことをしていながら争い合い、争いが争いを生み、勝敗と報復合戦でストレスは溜《た》まる一方。だから心身の健康を蝕《むしば》む。国や組織への帰属《きぞく》意識がなくなる。社会人としてのアイデンティティーが確立しない。同じて和せず。

【註3】「守るもの」があるにせよ、核兵器を開発する科学者を「オトナ」と呼ぶのなら、私はオトナにならなくていいと思う。永遠にコドモでいる。ただし、誤解のないように断っておくが、核兵器を造ってはいけないと言っているわけではない。どんな理想国家にも軍事はあり、均衡を保つため、その場の平和を確保するためには、国家として、核兵器を造ることも辞さないだろう。それに、もはや現に世界中に人類を破滅させることができる核兵器が存在するのだから、今さら危険性を回避することは不可能だ。ただ、我々の目的はあくまで地球人類の共存共栄であり、そのために仏法心理を説いて広めることである。積極的に人間同士が戦うのはその道から外れる。世界統一を果たせば、あらゆる兵器は必要なくなる。だから、さらに新しく強力な核兵器を開発し新たな恐怖をもたらすようなことはしない。それだけのことだ。

【註4】いずれも、エドガー・ケイシーのリーディングによる。

【註5】大川隆法『幸福の原理』より。

【註6】智に働けば角《かど》が立つ。情に掉《さお》させば流される。意地を通せば窮屈だ。兎角《とかく》この世は住みにくい。住みにくさが高《こう》じると、安い所へ引き越したくなる。どこへ越しても住みにくいと悟った時、詩が生まれて、画ができる。(夏目漱石『草枕』より)。

【註7】「カネを払っているんだから」と言って高飛車になったり、「カネをもらっているんだから」と諂《へつら》う光景をよく見る。順番が逆である。小学校で教わるイタリアの歌『はさみとぎ』の歌詞の最後に「おカネはあとだ、シゴトがさきだ」とあるのだ。なにか日本は、カネの出所がいちばん尊いと決めているようである。まさに国全体が病気に罹《かか》っている。また病気に気が付かない人が多い。完全に国民の多数派が「カネの奴隷」になっている。また、某市長は、この風潮を逆手にとって、「税金で食っている人間がこんなことじゃ…」と、全国民に向かって、自虐的な発言をすることで、国民の溜飲を下げて、多数派の票を得ようとしていた。

【註8】真宗の人は、二種の深信(機の深信、法の深信)を説いているが、如来《にょらい》の大悲が前提にあり、やはり信じるまでの肝腎な具体的実践的方法は述べていない。賭けではなくただ信じるだけだと言われても、現代人には無理である。

【註9】「たとえばキリスト教では、自分たちで勝手にこしらえた教義を盲目的に受け入れた人のことを善人のような言い方をします。が、実は、それは人間の宗教性の本質を窒息死させる行為にも等しいものです。なぜかと言えば、それではその後の人生は何をやっても「善人」であることを保障することになるからです。自分では正しいと信じていても間違っております。」(シルバーバーチ)罪を肩代わりしてくれるという意味での贖罪は教会が後から作ったものだが、肉体の死後、霊的進化をするためには高級霊の側面に組み込まれる必要があり、集合霊として上昇するということは、スピリチュアリズムにはある。仏教でも、浄土系では、「弥陀の大船に乗る」という表現がある。誤解のないように願うが、何をやっても許されると言って、地上の善悪の直線における悪の方に走るのは「エゴイズム」であり、地上にへばり付き、永久に救われない。そうではなく、その直線上でいくら悪を抑えても、または、善人ぶっても、所詮は「地上の計らい」にすぎないということ、また、「偽善がいけない」ということではなく「偽善にすぎない」ということを知ること、つまりエゴそのものは残ることを自身の力で悟ることが、霊的自覚の始まりであり、霊的進化を促し、死後、弥陀の大船に乗り、集合霊として上昇するのである。『Crying In The Chapel』〈Elvis Presley〉の歌詞の最後にこうある。" You'll search,

and you'll search, but You'll never find. No way on earth to gain peace of mind. Take your troubles to the chapel. Get down on your knees and pray. Then your burdens will be lighter. And You'll surly find the way. "
これは、地上の「計らい（理性ではない）」を捨てることによって、高次元と繋がる道を得るということであり、けっして、これまでの「悪行」を帳消しにしてもらうための祈りではないことを示している。ただし、再三言うように、「聖典にこうあるから」とか「聖人がこう言っているから」というのではなく、あくまで自身の「理性」によって、「計らいなき計らい」によって、中庸を得なければならない。もしそうでないと、排他的な原理主義に陥ってしまう。また、あくまで地上の人間は神（大霊）を崇拝するべきであって、高級霊を崇拝するのは間違いであると、高級霊自身は通信する。

【註10】私が勤めている学校の体質や生徒の意識の低さに悩んでいる頃のこと。「もしこの学校が良い学校だったら、のほほんとして過ごすだけで、何もしなかったかもしれないよ」。これは四年間だけ同僚だった「ひょうきん男」から、ふと出た意外な言及である。逆境に生きる苦しみが人間の霊的進化を促すこと、それを知りこれを宿命と受け止め執筆などの活動に変えようとする私の心の内を、まるで見透《みす》かされたようだった。その男は、普段はそんなことを言うような性格ではないから、なにか高次元の霊が彼の肉体に一時的に宿って言わしめたとしか思えない。肝腎なことだが、このような高次元からの啓示は、けっして物質的な恩恵ではない。

【註11】「死後生や霊魂の存在の証拠とされる心霊現象も、ESPや超能力によるものだと見なすことで、霊魂を想定しなくても説明可能になる」とする仮説。超心理学で超常現象を説明する時にとりうる仮説はいくつかあるが、そのうちのひとつ。スーパーPSI仮説、超PSI仮説ともいう。

【註12】奇跡ではなくても、自分の罪を軽くする結果、ストレスが消えて病気が治ることはある。

【註13】本山博『密教ヨーガ』より。

自由意思と未来

スピリチュアリズムでいちばん注目されているのは、「引き寄せの法則」だろう。人の思いが、良くも悪くも物質化する。意思が運命に関与し世界を変える。

もし、それがエゴの増長ではなく、人々に愛を与え、カルマの克服と解脱へ向かうものならば、各宗教のみならず、量子論、決定論（目的論）、運命学、パラレルワールド（多重宇宙論）、地球と他の天体の人間および霊など、すべてが一つに融合し、平和をもたらすだろう。

これが道を行く者の最後の準備である。

繰り返し念を押すが、自分の思いが自分である、自分が周囲の環境を作る、霊界ではそのものだ、などと、どんなにスピリチュアリストに説かれても、今は制約を受ける地上にいるわけだから、それだけでは実感が湧かない。あとは信じるか信じないかの賭けになってしまう。

そこで、この原理を地上に居ながら体感してもらおう、というのが当初からの私の目的であった。そして、これまでの省察によって、魂の目を通して、ひとまず体感できたと思われる。

それでも、ある人は、「霊界に行けばいずれわかるのだから、そんなことをしなくてもいいではないか」と言うかもしれない。

しかし、実のところ、地上に居るうちに準備ができているかどうかで大きく違うのだ。確信していれば、何より、地上での行動が変わる。さらに霊界の知識があれば、心構えができ上がり、本気で霊的行動ができるようになる。それにより、カルマの清算、霊的向上を促し、人を理解することができ、仁愛に満ち、明るく生きることができる。そして、肉体を捨てた後には、戸惑わずに霊界の掟を受け入れ、行先も高い所になる。

温暖化

ここ数年、日本の夏は年々暑くなっている。殊《こと》に東京をはじめとする都会は、ヒートアイランド現象で耐え難くなってきている。空気が悪いことも一つの原因となっているのかもしれないが、心地《ここち》悪くて夜も眠れない。

だいいち、東京の最高気温が35度で、沖縄の那覇市が32度という日が何日も続くなど、あり得ない。それに比べれば、地方都市はまだ良い。

東北の宮古市のホテルに泊まると、街中でありながら遠くの山から流れてくる森の匂《にお》いで気が休まり、今のところ夜は冷房が要らない。むしろ懐かしい感覚さえ覚えるのだが、それもそのはず、東京も四十年前まではそうだったのである。

一説では、人間の活動が地球の温度を上げ、北極や南極の氷が溶け、近いうちに低地はことごとく水没するとのことだ。

地球温暖化の対策として、世界の要人たちは、「西暦二千百年の段階で気温2度上昇に抑えるように、二酸化炭素排出量を規制する」と決めたものの、今すでに、そのペースを越えてしまっているという。

そんな危機的な状況の中で、周りの一般人はどうしているかというと、意外と**無関心**でいる。もしかしたら、「意外だ」と感じるのは私だけなのだろうか？

周りの人の言うことをよく分析してみると、概して言えることは、与えられた環境の中でその場その場で解決し、刹那《せつな》的に生きているということだ。では、その理由は何か？

第一番目に、涼しい季節になれば、暑かった夏とともに温暖化の心配も忘れる。これは私にも当てはまることだが、ただ、私は「自分が忘れること」を常に覚えている。

第二番目に、気温に限らずすべてにおいて、環境の変化は周期的な変化だと思っているということ、社会でいえば、建物や服装などの様式の変化だと思っているということだ。

地球の歴史の規模で見れば、氷河期から温暖期の揺らぎの中にあり、たとえそれが人間の影響であろうと、人間は物質的には地球の一員であり分子の運動に過ぎないのであるから、特に考える必要もないというのだ。中には、温暖化を専《もっぱ》ら太陽の活動によるものとして、人間による温暖化などはほとんど意味を持たない、あるいは嘘だと言う人もいる。しかし、それは無関心な人の口実とも取れる。

第三番目に、もし、かりに人間の悪や愚かさというものを認めても、温暖化を問題にして良い方に解決するのはあくまで人間自身の都合であって、「地球にやさしく」などと謳《うた》うのは人間の驕《おご》り以外の何物でもなく、おこがましいと言う人もかなりいる。それに、人間の文明というものは、アトランティスのごとく、必ず数万年で自滅しそれを繰り返すというし、地球もいずれ消滅し人類も絶滅するのだから、宿命を受け止めてただ黙っているということだろう。

でも、肉体だけの問題だろうか？　死後、消滅するのだろうか？

第四番目に、「ああだ、こうだ、と考えても、人生は一度きり。百年後や千年後には自分は生きていないし、自分には関係ない」という輪廻否定論者や霊的自覚のない不敬虔《けいけん》な人が恐ろしく多いということだ。もっとも、転生して自分にも関係するからと言って解決策を講じるのも利己的である。

第五番目に、何を考えても何をしてもどうせ変わらないと決め込むことだ。関心のある人は少数派であり、自分の力など到底《とうてい》及ばない。温暖化も大局《たいきょく》的には避けられない。それに、無駄な労力を費やして自分の人生を台無しにしたくないと思うのだろう。

しかし、世界的な情勢でも組織の中の勢力でも何でも、意識があるのに「どうせ少数派だから勝てない」と言って、何もしないか、あるいは多数派に寝返《ねがえ》るというのは、大いなる計らい、れっきとした利己的行動である。霊的にいえば、怠慢《たいまん》であり、現実界の執著である。

では、何もしない人や多数派に寝返る人に尋ねたい。

「人の気が変わらない」と、どうして断言できるのだろうか？　何が起こるかわからないではないか？　スピリチュアリズムでは、「一瞬一瞬が空《くう》」なのである。一瞬一瞬の自分の力が、未来という新しい世界を作っているのである。人間はみな神の啓示を受けて伝える「水路」なのだ。

私が世間の人を見て何よりも感じるのは、不満を言わず健気《けなげ》に生きる立派な人間を理想の人間像とし、そういう仮面を被《かぶ》って誤魔化《ごまか》しているのではないかということだ。

与えられた条件の下《もと》で生まれてきて、物質的生活をして死ぬだけならば、なぜこのようなストレスの多い所に生まれて来たのだろうか？　ただ耐えるだけの修行が人生の課題なのか？

一度、いや、何度でも考えてほしい。

特に近頃の日本では、自然科学の影響なのか、「宇宙の中の、地球という星の上の、日本という社会の中で、自分が生きている」という世界観が浸透し、そこで思考が完結している人が多いように思われる。止めどなく降りかかる困難を自分なりに処理して、外部に働きかけることはない。学業や芸術に意識があっても、自分が楽しむだけで、世に問うことはない。娯楽に関しても、「遊びだから」と言ってコドモみたいに真面目にやることはない。

そういうオトナの人生観においては、他人や社会に言及すること、「ものを言う」ということすべてが、すなわち「悪口や不満」ということになってしまうだろう。あとは、「道徳的にどうのこうの」という非建設的な地上の掟に自他を縛るだけである。

それでも、ものを言わずじっと耐えて従順な仔《こ》羊になることが道徳的にも立派であるとされ、そういう人が多数派を占めているから、目先の損得においてとりあえず損はしない。しかし民主主義の世で多数の人がそれをやってしまうと、ここ二十年の日本のような閉塞感《へいそくかん》に満ちた結末を迎えることになる。【註1】

どうしてそうなってしまうのか？

それは、唯物論に陥っているからだ。どうせ自分は世の中を変えることがないから、自分の中で合理化を図る。何事も無理にでも良くとることが受け身の自分にとっては得策なのだ。これは、一見悟っているようで自己実現に止まる人が嵌まる落とし穴である。自分が独立して存在するという妄想、つまり有身見に埋没しているのだ。

周囲によく見られる悪口や不満を言わない道徳的に一見立派な人たちの大多数は、他人や社会が自分の存在にとって損か得かだけの、れっきとしたエゴイストなのである。

どうだろう。あなたのいない宇宙など存在するだろうか？

少なくとも今経験している宇宙にあなたがいないなどあり得ないはずだ。振り返れば、人はみな、環境に影響されて環境の中に生き、同時に環境に影響を与えて環境を作っているはずなのだ。

もしあなたが少なくとも霊性を得て霊的に生き、社会の中に生きながらも社会に働きかけ、環境に影響されながらも環境を作っているという自覚を持つなら、自分の持てる能力を明るい社会の実現のために活用すべきである。生活のためとはいえ、けっして爆弾手渡しゲームのような無責任なことはできないはずだ。

そうとなれば、無関心ではいられないため、当然、世の中がどういう状態なのか、ある人が霊的にどういう位置にいるのかを把握し、あなたの存在を示す必要性が生まれるだろう。なにも、無理に関心を持たなければいけないと言っているのではない。霊的自覚をすれば、自ずと社会奉仕の意識が生まれ、無関心から脱却することになるのである。だから、私のような青臭い人間の言うことを、単に人の悪口だとか、社会に対する不満だと取って聞き流してもらいたくないのだ。そこを誤解しないでほしい。そしてあなたにも、行動を起こしてほしい。

少子化

あるインドのマスターは言う。

日本は拝金主義というカルト教（ベリアル教）に洗脳され、家族や友人よりも顧客を大切にするようになった。それが離婚率増大や少子化を引き起こしている。

「だって、『お客様は神様』なんだから」という人もいることだろう。

順番を間違えてはいけない。「神様」を間違えてはいけない。

以前、ある有名人が、「お客様は神様です」と言った。それは、「自分がこうして仕事ができて苦労しながらも充実した生活ができるのは、ひとえにお客様がいるからだ」という感謝の心の表れであり、本来の「神様」への接し方である。

インド哲学における「マントラ」は、神への感謝の意を表す量子派であり、宇宙全体に広まり、そして自分に帰ってくることで、再び心願が成就する。それに対して、先述の「神様」の意味は、媚びる対象、制裁を加える怖い神様になってしまっている。スピリチュアリズムから言えば、間違った神観なのである（神社でお参りするときや教会で祈るとき、間違った接し方をしていないだろうか？）。

また、顧客に媚びることに対して、不景気を理由にする人もいよう。たしかに、そうしなければ、家庭を持つことさえできないというジレンマがある。

物質的に見れば子供を作ることは利益よりも損失が大きいから、この拝金主義の日本においては子供を作ろうとしない。でも、それは悪循環でもある。

マスターは離婚率の低い自国インドを引き合いに、真の幸福を伝えるために日本に来たのだと言う。

好景気の時は誰でも優しい。しかし、不景気のときこそエゴイズムに走らないように制御するのが人生の課題だと言える。まさに、論語の「君子は義に喩《さと》り、小人は利に喩る」あるいは「歳《とし》寒くして、松柏の彫《しぼ》むに後《おく》るるを知る」である。

さらに、マスターは、日本人が何でもすぐに信じてしまう傾向があることを指摘する。それはとりもなおさず、考える習慣がないということである。

拝金主義もその一つだが、それによって、特定の宗教に凝り固まって宗教間の争いが起こり、有身見《うしんけん》も消えない。

少子化による人口激減や属国について付け加えておきたい。

国の予測では、百年後には日本の人口が今の二割ぐらいになるという。そうなると、属国になるどころではない。日本人はいなくなるのだから。

もちろん、「その先のことなんか自分は生きていないから関係ない」という類いのことを言う人も多いだろう。

ここで心得ていただきたいことは、日本人がいなくなるからどうだ、属国になるからどうだというのではないということだ。人口が急激に減るのは、国家が機能していないことの顕われであるということだ。原因ではなく結果だということだ。今すでに病気なのだ。今生きている人がどうするかだ。

国家が機能していないというのは、既述のように哲学も理念もなく有身見に目が眩まされている人が増えすぎてしまったからなのだが、一方、そうでない人、家庭やプライベートあるいは理念や人情を大切にしようと思う人は、人よりもカネを大切にする支配者たちから「使えない人間」として排除され、基本的な生活も儘《まま》ならないのだからどうにもならない。

残念だが、保身のための空気を読まない愚直者が活きない限り、日本の内部から変えることは極めて難しい。少なくとも政策そのものでは、何も変えられないだろう。

ともあれ、希望の道は一つ。日本を宗教国家にすることだ。もちろん、宗教といっても安易に信じることを善とする組織や権威のことではなく、考えることを実践する宗教（インド哲学）である。そうすれば、自然に人口も安定するだろう。人口の安定そのものがどうなるというのではなく、それが正常な状態だということだ。

少し悔しいが、インドのマスターのような外部からの働きかけによってのみ、日本の自滅を食い止められるのかもしれない。

易神

どうしても迷ったら立筮《りつぜい》をして得卦する。出た卦《か》に従って行動を決める。それによって、病気や怪我《けが》、あるいは失意を予《あらかじ》め避けるように導かれる。

ある人は、その背後に易神《えきしん》がいると言う。というよりも、宇宙には波動があり、その波動の物質界での顕われ方が無数にあると言ったほうがよい。概して運命学の根拠はそこにあり、その一つが易だということだ。

その範囲では、易などの運命学はサイキックではあってもスピリチュアルではなく、霊界とは直接関係ないのかもしれない。しかも再三言うように、人生における災難や苦しみはその人の霊的進化を促すための試練でありプロセスなのだから、その試練を取り除いてしまったら、せっかくの機会を奪ってしまうのである。

そういう一方的な見方をすれば、難を逃れるように導いてしまう霊というものは、魔術や呪術《じゅじゅつ》を司る類いの低級霊だということになってしまう。これでは易神は余計なお節介《せっかい》をするだけの存在だ。しかし、中国古来の易がそのような軽率な判断を下すのだろうか？

易というものは、単に吉凶《きっきょう》を占うだけではなく、陰陽消長の法則により、良い卦を得ても有頂天にならないように、悪い卦が出ても落ち込まないようにできている。言わば人生の指南役《しなんやく》を果たしている。それは、天界からのメッセージを受けることで予め難を逃れ、深みに嵌《はま》って極端なことをすることのないように、すなわち中道に導くものである。また、国を統治する者の帝王学でもある。

よく、その人に耐え得るだけの試練を天から与えられるというが、前述のように、自殺者や鬱《うつ》病者を見る限り、そうとも思えない。むしろ、その人にとって限界を超えた試練は、かえって霊的進化を滞らせたり、霊的向上のための課題増加をもたらすのではないかとも考えられる。そういう意味で、易は軌道修正を行っているといえるだろう。

なぜ中道が帝王学であり聖人の道なのか？

ひとえに中道がカルマ克服を促し解脱へと向わせるからであり、人々をそのように導くのが君主の役割だからである。

世の中には、中庸を勧める人やその類いの書物が溢れているが、霊的な目的がはっきり示されていない場合が多い。なぜなら、古来の仏教や中国思想と最近真面目に取り上げられている霊的存在や宇宙意識、いわゆるスピリチュアリズムが必ずしも結び付いていないからである。古典や伝統的な宗教をスピリチュアリズムに結び付けるのが、まさに今後の課題であろう。

機は熟した

不治の病《やまい》に悩む人たちが、たびたびシャーマンを頼ってやって来る。彼らは病を治し、その人たちの苦しみを取り除く。

では、霊的進化の機会を失う心配についてはどうか？

シャーマンは答える。

「もうその時機が来たのだ」

時機が来ると、治療家がその人のもとを訪れるか、その人から治療家のもとへ赴く。そういう一見不思議な縁も自由意思さえも摂理の一環なのである。【註2】

では、課題を克服したからこういう行動に出たのだろうか？

霊界の法則によれば、課題は誰も肩代わりしてくれないはずだ。しかし、かりに全体の課題が軽減されなくても、身体が健康になる分、長生きをして、刻《きざ》んで課題を克服することになる。なにも身体の苦痛だけが課題ではないのだ。そして結果的にはそのほうが霊的成長を遂《と》げる。

急な崖を短時間で登ろうとして挫《くじ》けるよりも、なだらかな山道を時間をかけて登るほうが確実だし結果的に早い。つまり、このスピリチュアルな意識は、カルマと運命の振子の法則を知り、極端なことをしなくなる道を歩み始めた証《あかし》であり、それによって本源への求心力が働くのだ。中道を歩み始めたのである。機は熟したのである。

光　ところで、決定論と目的論、あるいは、機械論と生気論についてだけど、君はどう思う？

一郎　この一見対立するものは即非の理論から言って、一体なんだよね。

僕たちに目的意識があるからこそ、その目的を排除して、あらゆる現象を機械的に見ることができるって、そして、無益な論争は終わりにしようって僕に言ってもらいたいんだろ？

光　まあ、そうなんだけど。ただねえ、僕ら普通の人間はどう足掻《あが》いても一通りの世界しか経験できないんだから、「すべてははじめから決定されている」と思えなくもないんだ。

一郎　目的論的に見ても決定されているっていうこと？

光　「一通り」っていうことが、どうも神様には「お見通し」のように思えてね。

そう思った僕は、幼少の頃、母親に、「人生って、はじめから決まっているんじゃないの？」と、聞いたことがあるんだ。すると母親は、「仏様が幾つかの札を持っているのよ」なんて答えたんだよ。

でも納得できなくて。それに、中高生になると、自然科学的世界観の導入も相俟《あいま》って、宇宙の営みがすべて分子の運動に還元されて、意思の働きも予め決められていて、すべては決定されていると確信していたんだ。

科学哲学の表現を借りると、神は全知全能であって、宇宙を創造したときに神が関与したのは、始めの「神の一撃」だけで、けっして賽を振らないわけだ。修正するのは、神の全知全能性に反するんだよ。

一郎　でも、量子論的には、分子の運動は不確定なんだから、未来は決定されているとは言えないんじゃないの？

光　わかってるよ。でも、それを以《も》って、「人生は決定されていない」と断言するのは早すぎるんじゃないかな？　だって、神は全知全能だよ。

「努力できるのも天才だ」と言われるように、自由意思もはじめから組み込まれているとも考えられるよ。もちろん、人は誰でも自由意思を働かせているつもりだし、努力も怠らないだろうけど、何かに刺激されたとか、聖人から啓蒙されたとか、易者に占ってもらって行動を決めるとか、とにかく縁というものも所詮は人生の中で予定されていると考えられるんだよ。

一郎　そう言ってしまえば、それも弱い意味での「怠け者の理屈」になるんじゃない？　じゃあ、自由意思っていうものは人間の幻なの？　すべて神の掌《てのひら》の上ってこと？

光　人間が地上だけの存在だというのなら、そうなるんじゃない？

一郎　でも、量子論では並行宇宙を考えることができるよ。【注3】

なんでも、見ている宇宙は観測者によって異なるとか。

それどころか、某大学の「シュレーディンガーの猫」の実験では、二重の現象が観測されたそうだよ。

光　スピリチュアリズムでは、並行宇宙は今どこかで繰り広げられているというよりは、可能性として宇宙に内在するというほうが適切であって、取りも直さず、それが「自由意思がある」ということじゃないかな。可能性としては存在するけど、原理的には選択されない世界が多いらしいよ。なぜなら、どの宇宙を進むかは、その人の意志が関与するからだよ。ということは、単に確率的ではないはずだよね。問題なのは、その人のそのときの意思がどう発生するのかということだ。霊的には宇宙の摂理があって、偶然発生することなどないはずだよ。

一郎　そうすると、人生も宇宙も、時空を超えた高次元の存在に操られているっていうことになるね。結局、地上の人間に自由意思はないっていうこと？

光　この行きづまりを打ち砕く唯一の結論は、僕たち凡夫もみな霊的な存在であり、「神（大霊）の子」だということだよ。時間を超越して、常に霊として、大霊との共同制作者として存在しているんだ。

霊的成長の度合いである程度その人の道は制限されるけど、細かいところの選択は本人の自由意思によるものであって、誰にも読めないんだ。そういう意味で、神は神の子である人間に自由意思を与えたんだから。

一郎　じゃあ、神にも読めないってこと？

それなら、運命学が入り込む余地だってあるよね。

光　もちろん霊的な意味で大まかに見ればすべては大霊の掌の上だろう。

でも、人間はみな大霊の子だよ。つまり、細かい選択は人間に任されているんだよ。そして選択されなかった世界は並行宇宙として存在する。無限と同様、すべては「空」としてあるんだ。

よく、「全身全霊を傾ける」なんて言うよね。要するに、未来はその人の許された範囲内で、「思い」によってどうにでもなるんだよ。それが自由意思であって、人間が霊として生きているということだよ。

パラレルワールド

これまでの話からすると、人生は決まっているのではなく、作っていくものだということになる。唯一人間の「意思力」が神を拒《こば》むことができるというのなら、古典物理学の分子の運動だけでは予測がつかないことが生じる。この時点では「ラプラスの魔」は人間に勝てなくなる。

もし、その意思力さえも見通すことができる者がいるとするならば、それは人間の実体が「霊」であり神との共同創作者であることを見抜いている者に限られる。そんな者がいるのだろうか？

エドガー・ケイシーはそのリーディングにおいて、未来の予知を要求されると、非常に嫌《いや》がったという。なぜなら、人生も宇宙も無際限に分化するパラレルワールドの中にあり、自分の意思次第で様々な世界に入り込んでいけるからである。

これに関しては、ケイシーが実際に行なったあるリーディングの中に象徴される。

ある婦人の、「夫は、私と別れて、他の女性と結婚した方がよいのでしょうか？」の問いに、ケイシーは、「あなたがそう思うのなら、そうすることが望ましい」と答えたという。人の運命に意思が関与するのである。

あなたが入り込む世界、見ている宇宙は、あなたの意思が決めるのである。しかし、自然科学を侮《あなど》ってはいけない。自然科学も進化しているのである。

もしあなたが、勝ち誇《ほこ》って、ラプラスの魔に負けを認めさせようとすれば、「ほら、この通りになっただろ？」と言って、あなたの意思で行動した一部始終が記録された帳簿《ちょうぼ》を突きつけられるだろう。同

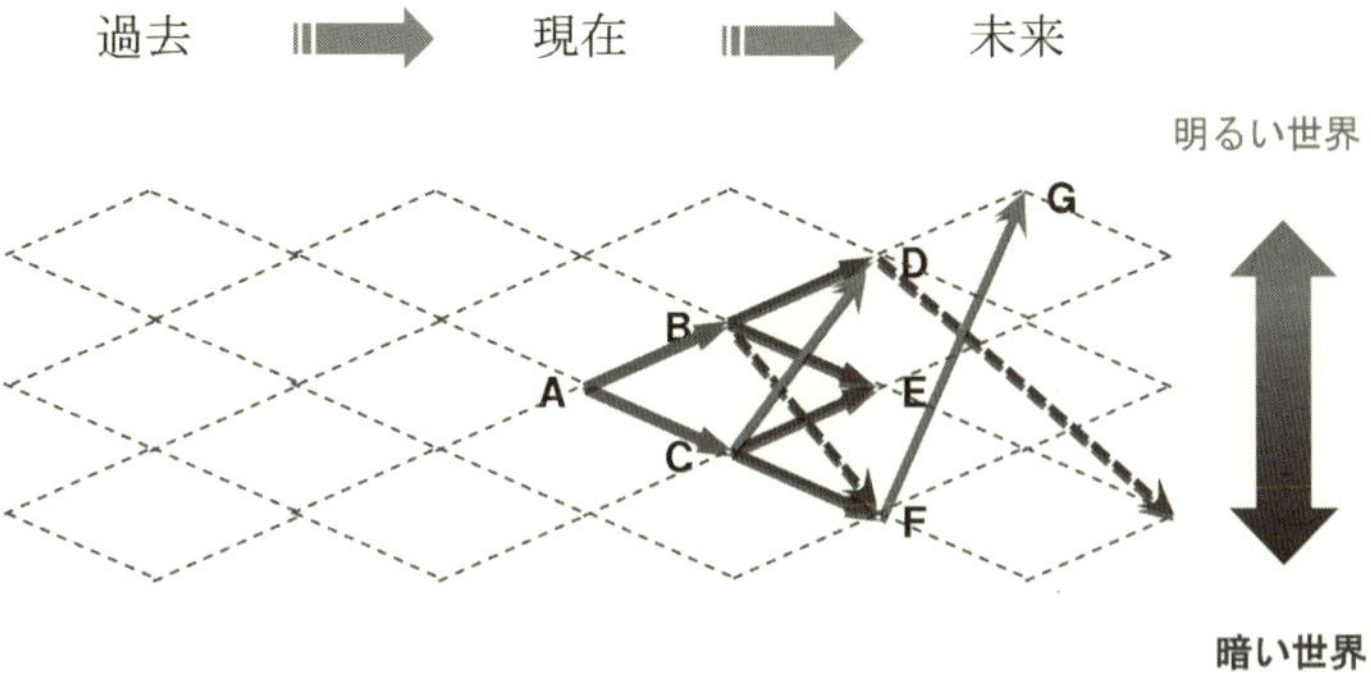

時に、変わってしまったあなたの過去も指摘されるだろう。

ラプラスの魔は、続けてこう言う。

「私はあなたが選択した世界に棲《す》むラプラスの魔だ」「経験する人生は一通りだけど、決まっているわけじゃない」

並行宇宙（多重宇宙）では、過去、現在、未来が複雑に絡《から》み合っている。

一瞬一瞬の思いが未来を創っているわけだから、一度暗い世界に行きかけても、自分が明るい状態でいれば、明るい世界が現実化する（C→D、F→G）。そのとき同時に、自分の過去も明るいものに変わる（CがBに、FがDに変わる）。

逆に、自分が暗い状態になれば、暗い未来と暗い過去が訪れる。

過去、現在、未来という時間の流れは、物質界の顛倒妄想《てんどうもうそう》であり、自分にとって過去は記憶で成り立っているだけであるから、自らの思いによって明るい世界に跳《と》べば、それにつられて最短のバイパスができて、過去も明るくなる。

もし、自分が突如として他の人になっても、その人の記憶が過去を形成しているから、自分ははじめからその人だと思っているわけである。

量子力学でも、観測者が違えば、未来も違ったものとなり、その時点で過去も決まる。つまり、その人の在《あ》り方によって、入ってゆく世界が決まるのだ。

ならば、宝くじの一等が全員に当ることも可能だと言ったらどうだろう？

おそらく、「そんなことあるわけがない。誰かが当って、その他の人が外れるだけだから」「外れる人がいるから、当る人がいるわけだ」と思うに違いない。しかし、人はみな、パラレルワールドの中の、自分が今見ている世界だけを経験している。ということは、みんながそれぞれ、自分だけが宝くじで一等が当たる世界に入り込むことができれば、全員が当ることになるわけだ。

ただ、それは、周りを差し置いて、自分だけが物質的に良い思いをしようというエゴイズムの世界であって、けっして明るい発想ではない。人類の平和を願うものではないし、霊的には少しも成長しない。

それに、パラレルワールドといっても、ある程度範囲が決まっていて、神はすべての人間をエゴイズムに走らせるだけの選択肢を設けていないだろう。だから、そういうことは、理論上は可能だが、起こらないだろう。もっとも、それは自分が宝くじに当たってから悩めばよいことであるが。

愛と情

愛と情はまったく別のものだ。

この区別ができない人間が何億年もの大昔にこの地球上に送られたと、スピリチュアリストも言っているくらいで、厄介なのだ。情は愛ではない、執著だ。

「情けは人の為《ため》ならず、自らの執著心を満たす為なり」

ある法事の時、寺の新しい住職が檀家《だんか》に人たちに、かの絵本『百万回生きた猫』【註4】を読んで聞かせた。

要約すれば、「いろいろな芸ができたあるオス猫は、生まれ変わるたびに飼い主に愛され、死んだときはいつも飼い主に泣かれた。そんなオス猫は自分のことが大好きだった。そして百万回生まれ変わった後のある生で、あるメス猫と出会い結ばれた。伴侶《はんりょ》や子を愛し、伴侶が死んだとき自分が泣いて、やがて自分も死に、それ以後生まれてくることはなかった。」という話だ。

住職は、自分で考えてもらうために、何も付け加えなかったのだろうが、受け取り方によっては、「自分を愛することより、誰かを愛することが、成仏へと向かわせる」と言っているようにも捉えることができる。だが、家族や近い人を愛することそのものは「愛」ではなく「情」だ。家族や近い人が死んだときの泣くのは執著の表れだ。

釈迦も言うように、出会いがあるから別れも辛《つら》くなる。なにも「情」が悪いものであって排除するべきものだと言うわけではないけれど、やたらと執著の素因を作るものではない。ということは、この話は、特定の誰かを愛することよりも、むしろ自己愛（エゴ）を捨てることが肝要だと言っているのだ。とはいえ、エゴを捨てるには、まずエゴを薄くしておく必要がある。この場合、家族へ注ぐ情を「方便」として、自尊心を捨てるに至ったと言える。【註5】

自尊心があるうちは輪廻転生を繰り返すが、他を愛することで、結果的に自尊心を捨て、執著がなく

なり、輪廻から逃れる。【註6】

愛は一方的に無償《むしょう》で与えるものであり、見返りや感謝を期待するものではありえない。愛とは、自己実現にとどまらず、自分の持てる能力を人々や宇宙に向けることだ。

才能のある人へ

才能とは何か？　芸術や発明などで人々に喜びをもたらす能力のことなのか？　それとも、窃盗や詐欺で儲けるのも才能のうちなのか（地上の法律で罪に問われないものも含めて）？　両者とも根本は同じ人間の知恵であり、天から授かったものである。

たしかに地上のことに対して地上のどのような言葉を充《あ》てようと自由ではあるが、やはり人々に平和や幸福をもたらす能力こそ才能と呼ぶに相応《ふさわ》しいだろう。

肝腎なことは、**利己的**に使うか**利他的**に使うかであり、霊性を得て霊的進化を遂《と》げる者にとっては、霊界の掟に従ってはっきり区別する必要があるのだ。

「人間とは、その知恵ゆえに、まことに深い闇を生きている」（高史明）

ともすると、欲の渦巻く人間界から見れば、知恵は良いもの、清らかな神仏の世界から見れば、知恵は余計なもの、と取られがちである。特に、窃盗や詐欺を働くような人、地を這《は》う人、すなわち、無理解により性善説を否定または利用し性悪説を履き違えて居直っている人にとっては、人間の知恵はそういう意味で不可欠であろう。

一方、神仏の世界にただ憧れる人、神仏の救済だけを求める人、すなわち、性悪説だけをひとまず理解しながらも性善説を誤解して考えることを捨ててしまう人にとっては、人間の知恵はもはや無用の長物であろう。

たしかに、人間の知恵は地上のものであり、神仏の世界にはない。だからと言って、短絡的に知恵を捨ててはいけない。といっても、肉体がある限り、捨てたつもりでも捨てられるものではない。知恵は神仏から授かったものである。

知恵は霊的エネルギーの地上での反映であり、進化のための方便でもある。知恵を放棄すれば、悪を行うこともないが、善を行うこともなく、霊的進化はない。

偽善に走ることなく、自らの悪を認めたうえで、両刃《もろは》の剣である知恵を注意深く制御して、才能という形で開花させ、世に問い、社会の平和に貢献することこそ本物の善であり、霊性を得た人の道だと言えるだろう。

自己満足

「人間はすべて利己的だ」「他人に奉仕するのも自分が満足するためだ」という人もいる。

私も子供の頃、そのように思っていたし、今でもけっして間違いだとは思わない。（一休が乞食に衣服を与えたときの話をご存知かもしれない）ただ、自己満足が、利己的、ひいては利己主義なのかと問われると、どうかと思う。

なにぶん、言葉の定義はどこまでも恣意《しい》的であり、何とも言えないし、何とでも言える。果たして、自己満足が利己的だと決めつけられるのだろうか？

そう思うとすれば、少なくとも、自分は他の人ではない、各々がみな別個の存在だという固い信念があるからではないだろうか？

もし、その固い信念が崩れないのなら、「愛とは、見返りを考えず、自分の持てる能力を発揮して、人々に奉仕すること、早く言えば、自分の仕事をする、それだけだ」「そしてそれが霊的行動であり、霊的進化を促す」などと言ったところで、たしかに取り方しだいでは、それも自己満足だと言えなくはないし、霊的進化でさえ利己的だと言われても、そう思っている人を論駁《ろんばく》できない。地上の多数派の人が本気で社会奉仕をする気になれない理由はそこにあるのかもしれない。

では、そこで、スピリチュアリズムという地上を超越した発想をしてみよう。そうすると、自然と出口が見えくるだろう。

私たち一人ひとりの霊は奥に広がる「真我」のある側面を担っている。そして、その真我がまた全体の一部を担っている。（分霊と集合霊）今の自分の霊が向上することとは、全体の向上になる。

私たちは、みなそれぞれ別の側面でありながら、同時に役割を持って繋がっているわけだから、バラバラだとか、離れているとか、関係ないという前提を捨てようではないか。そう考えれば、社会奉仕は「単なる自己満足」ではなくなるはずだ。

この世の未練

ある有名人Kが、母親を亡くしたときの話をしていた。

彼は母親に苦労をさせたのはみな自分のせいだとわかっていたから、葬儀が済んだら自分も死のうと思っていた。ところがそれを、来ていた坊さんに見抜かれ、こう諭《さと》されたという。

「Kさん、あんた死のうと思っているね」「くだらないことを考えちゃいけないよ」「おかあさんはこの世に未練がなくなったから死んだんだ」

彼が自殺を思いとどまったのは、その意味を悟ったからにほかならない。

Kはエンターテイナーとして、すでに国民に多大なる喜びを与えている。その母親はKを生んで育てるという役割を全《まっと》うした。人はみな役割を担って生きているというわけだ。

私は母にその話をして、そういう偉い坊さんがいることを告げた。

母は感心して言った。

「へえ、死のうとしていたの、わかっちゃったんだ」

しかし、私の言っている「偉い」というのは自殺を見抜いたことではない。人間の生存と死の深い意味を弁《わきま》えているということ、つまりそれらを魂の次元でとらえ、霊的進化のためだと心得ているからなのだ。

結果的に、その坊さんはKに、その後もエンターテイナーとして世の人々を楽しませることを選ばせた。

要するに、家族に対する小忠義よりも社会に対する大忠義を優先させることを説いたのである。

と言ってはみたものの、果たして私はその坊さんの言うことを聞けるだろうか。

明るい地球

なんでも、プレアデス星では障害児が生まれるかどうかは妊娠の初期段階で判《わか》るそうで、異常がある場合は、人になる前の卵のうちに分離し消去してしまうという。また、中期段階でも医学的措置《そち》が施《ほどこ》され、とにかく障害児が生まれてこないようにするらしい。その結び付きは正しい結び付きではなかったからだという。

もう一つの理由は、障害を持って生まれた場合、「生まれてこなければよかった」と思い煩《わずら》う苦しみを背負って生きなければならないし、家族にも一生負担が掛かるわけだから、その前に苦しみを消してやるほうがむしろ人道的だというのだ。

地球人からすればそれを冷たい措置だと思うかもしれないが、プレアデス人からすれば、それを非人道的だとかモラルに欠けるなどと騒ぎ立てる地球人が、一方で簡単に人を殺し、限りなく争い事を繰り返すということこそ、モラルが問われてしかるべきだというのだ。

プレアデス星では、そのほかにも、今の地球人が当たり前だと思っている税制や貨幣制度さえ廃止しているという。

彼らによれば、「貨幣制度」そのものが人間の平和と幸福を阻《はば》んでいるというのだ。貨幣制度を撤廃《てっぱい》しなければ、どんなに戦いに勝利しても争い事は絶えることなく、利己主義者にとっても自分が本来求めている幸福は得られない。

そんな見直しもどこ吹く風と、この世的な延命主義者や利己主義者が同類を利用し、止めどない争いに明け暮れる地球人類。その一員に生まれてきて、多大な苦悩を味わうというのも、位の低い霊にとって霊的進化を遂げるまたとない機会だといえなくはない。

考えようによっては、地球はそういう低い霊に進化の場を与え、プレアデス星はその場を奪っているというより、低い霊が寄り付かないようにしているともとれるわけで、地球は必要不可欠な存在といえる。釈迦も言っているように、この宇宙には人間の住む星がたくさん存在するのであり、肉体を捨てた霊はそのレベルに相応しい星に生まれ変わるわけだから、あるのはどういう霊を引き受けるかの違いだけだろう。

ただ一つ私がこの地球人類について懸念《けねん》することは、やはり、障害を持ったり、劣等感を抱いたり、争い事に巻き込まれたりすることによってもたらされる苦しみを、霊的進化のための試練として受け止めるのではなく、むやみに跳《は》ね返そうとして、争いの中に積極的に参加し勝利を得たり、苦しみに耐えきれなくて自殺したりする「閉じた空間の解決」に走ってしまうのではないかということだ。そして、さらに霊的課題を増幅してしまうのではないかということだ。

そういう「暗い地球」は、実験場として設置された九つの稀《まれ》な星のうちの一つなのかもしれないし、並行宇宙の選択肢として、永久に残るのかもしれない。だが、私は地球をそういう場にしたくはない。いや、正確に言うと、そのような道を行く地球を選択したくないのだ。

ここに、闇の勢力に立ち向かう光の戦士としての責務があるのだろう。

巷には、霊界の存在や宇宙的存在、または地底王国など、高次元を扱ったスピリチュアリズムの情報が溢れているが、それらに共通することは「一元化」である。

人は「二元性」を経験するために地上に生まれる。そして、二元的な思考や現象を融合して「一元化」する修行が霊的進化を促す。

とはいえ、言うは易く、行うは難く、一般人にとってなかなか到達できるものではない。その点で、手頃で具体的な実践方法を与えてくれるのがまさに哲学（省察）なのである。

「地上に居ながら高次元を体験する」と言っては大袈裟かもしれないが、少なくとも高次元の世界を垣間見ることができる。

私自身は、学問や芸術などの方便を介《かい》して回り道をしてでも、易や占星術などの運命学の助けを借りてでも、シャーマンに病を癒《いや》してもらってでも、刺激と退屈、苦痛と快楽などの両極端を行ったり来たり繰り返す振り子運動をやめて、人類の平和に貢献し、貴重な人生において中道を歩みたいと思う。

それが実現するとき、はじめて「明るい地球」に住んでいることに気付くだろう。そして、どんなに長い道のりであろうと、約束された解脱《げだつ》へと向かいたい。また、同じく迷える人たちの力となりたい。

【註1】バブルが弾けて十年経った頃、一向に景気が回復する気配を見せない日本は、人間がおかしくなってきた。魂を売る、人間を壊す、など、いろいろ表現はあるが、平気で、いや、当然だという顔でそうする人が増えた。その頃、ある社会派の映画監督は、「おかしいことをおかしいと言わないで守りに入ってしまった。これは危険なことだ。」と言った。しかも、それまでおかしいことをおかしいと言ってきた人たちまでが守りに入ってしまったのだ。生活のために魂を売ったということだろう。それが危険だというのは、ひとつには、平和から遠ざかることに貢献しているからだ。「景気が良くなれば」と言う人がいるが、それは本物ではない。景気が悪い時こそ、神の義が試されるのである。

【註2】「いかなる方法にせよ、ヒーリングによって治るということは、まだ霊界へ帰る時機が熟していないことを意味し、『身体の苦痛』を通して魂が成長する上で必要な体験が終わったことを意味します。もとより、霊界入りするまでに体験しなければならないことは他にもあります。身体の苦しみのみが人間の体験の全てでないことは言うまでもありません。」（『シルバーバーチは語る』より）。神は乗り越えられる試練しか与えないというが、再三言うように、乗り越えられなくて自殺する人がたくさんいる。もちろん、それは取り越し苦労をするからだろう。しかし、その人を説得することができなくて、結果的に取り越し苦労をして自殺してしまえば同じことである。ならば、易のような運命学を利用しても、シャーマンに病気を治してもらってもよいのではなかろうか。オカルトと言われようが、霊界と関係ないと言われようが、自殺するよりはよい。「使えるものは何でも使え」（出口王仁三郎）。予め難を逃れる運命学やヒーリングの霊的意味がここにあるだろう。（たとえシルバーバーチの言うことであっても、「理性が拒むのであればどうぞ拒んでください」と、シルバーバーチ自身が言っている。けっして鵜呑みにせず理性でとらえる。それが真の道である。結局頼れるのは自分自身であり、理性を鍛えるのが哲学である。）一時の憩いを求めるうちに理性を剥奪され廃人にされるアヘンのごときエセ宗教よりずっとましである。

【註3】並行宇宙（パラレルワールド）はけっしてSFやスピリチュアリズムの中だけの話ではなく、以前から、多重宇宙論として研究している物理学者がいる。

【註4】佐野洋子作。

【註5】人生の目的は霊的進化である。それはエゴを消すことである。しかし地上の経験でいきなり消すのは難しい。そ

こである程度エゴを薄くしておく必要がある。情は愛そのものではないが、やはりエゴを薄くしておくという方便と考えられる。情は性善説における小善であり、愛は超越する本物の善である。社会に何らかの理念が必要だというのも、エゴを薄くしておくためであり、地上における仮のもの、方便だからである。法律も道徳も、必要無駄も同じである。

【註6】エドガー・ケイシーは輪廻転生に関して膨大な具体的事例を述べているのだが、どうしたことか、霊界、殊に幽界に関してはほとんど触れていない。私の知る限り霊の世界に関するリーディングにおいては、「アストラル界」とか「意思領域」とか言って、質問者が核心に触れると、大概は、「それは肉体を持つものには理解できない」と言って口を噤《つぐ》んでしまう。それに比べると、スウェデンボルグは死後の世界を含む霊界に関して自らの体験を通して詳しく報告しているのだが、再び肉体を得て物質界に赴《おもむ》く霊のこと、すなわち輪廻転生に関しては私の知る限り述べていない（どうもそれに関しては間違いが生じるので警戒が必要だとのこと）。それにはキリスト教の影響が多分にあるだろう。一般に知られているキリスト教の教義には、輪廻転生のことは表面的には一切触れられていない。しかしケイシーの『ヨハネの黙示録』に関するリーディングによれば、その第三章十一節において、超我《ちょうが》が「このレベルを克服したものは、魂の地上経験のすべての経験を持ち、生まれ変わらずに済む新しい意識を持つ」と話しているということである。つまり、キリスト教にも輪廻転生があるということだ。残念ながらケイシーの業績を知らないためか、今に伝わるキリスト教に対して「間違いだ」と言い切るスピリチュアリストもいるし、逆に表面的なキリスト教を弁護するべく、スウェデンボルグの霊界体験を曲解《きょっかい》して輪廻転生を「幻想」だと決め付ける人もいる。ただ二人に共通することは、他の惑星やその他の天体の霊が存在して、地球の霊との関係を述べているほか、父あるいは主なる神の下に一体であることを言っていることだ。思うに、ケイシーは本人も知らない深い意思の領域で言っているのであり、言わば神の代弁をしているわけだから、他の天体の霊や輪廻の原理は言うことができるが、人間の想念で表現することができなかったのかもしれない。一方、スウェデンボルグは生前の体験であるから、霊界の様子や他の天体の霊との対話を、あくまで人間の想念で表現したのかもしれない。その点、ヘミ・シンクで有名な坂本氏は死後の世界や他の天体の霊など霊界に関して詳しく述べる一方、輪廻転生に関しても釈尊の言うことを裏付けるようにその原理を述べている。大まかに言えば、やはり肉体を持つということは魂の霊的進化のための試練であり、課題を克服すればもう物質界には生まれてこない。ただし、中にはイエスや親鸞聖人のように、課題を克

服しても他の霊を救済するためにわざわざ物質界に生まれ出でる霊もいる（往相《おうそう》と還相《げんそう》）。霊媒師を介して霊界の様子を報告したフランツェッツォは坂本氏とほとんど被《かぶ》っているが、のみならず、霊界から愛する女性と交信をしている。女性の守護霊の力を借りて自動書記をしたり直接心で話したりしていたのである（A・ファーニス『誰もかけなかった死後世界地図』より）。そのほかに、マイヤースやホジソンなど、霊界を研究していた人たちは、「自分が死んだら、霊媒師を通して自分の霊を呼んで報告させてくれ」と遺言《ゆいごん》を残し、周囲の人たちは実行した。たしかに生前の事柄に関しては、本人が秘密にしていたことすら詳しく話し、後に裏付けも得られたのだが、肝心の霊界のことに関しては何度聞いても、「自分の考えがほとんど伝わらない」という理由をつけて、答えようとはしなかったという。盲人に絵画の感動を、聾者《ろうしゃ》に音楽の感動を伝えるようなものなのだろう。

おわりに

聡明なあなたには、本書が、大きく分けて、**主客合一の体得、霊的自覚、内側からの境界付け**の三つで貫かれていることがわかると思う。

それは取りも直さず、有身見《うしんけん》、疑《うたがい》、戒禁取《かいごんじゅ》の消滅、すなわち、預流果《よるか》に達する道である。


とにかく、もう一度コドモに戻ってほしい。【註1】

誰もが空を見上げ、一度は思ったはずだ。

この広大な宇宙で生きているのは我々だけなのか？

「はじめにこのような宇宙が用意されている」というのは如何《いかが》なものか？

他の可能性がないのか？

そしてこの限られた地球という空間に自分の意思に関係なく生まれ、いずれ死んでゆく。

いったい何の意味があろう？


「そんな無益なことを考えている暇《ひま》なんかない」

「毎日の生活やこの先の自分の身のことで精一杯だ」

というのが、多数派の主な言い分だろう。

たしかに、そうやってなんとか生活や社会的地位を確保しているという事情は私にもわかる。

だが、それは同時に、意識があるにもかかわらず、早々と「コドモの無垢《むく》」を捨て、「オトナの経験」の獲得に走って、自動操縦装置で動くだけになった人たちの言い訳でもある。【註2】

そう言い聞かせて、コドモの頃に与えられた課題を先送りしているのである。

最近「終活《しゅうかつ》」なるものが流行《はや》っている。周りに迷惑をかけないように、身辺整理をしてから死ぬのだという。

特に、死んだら終わりだと思っている人は、地上での存在がすべてだろうから、もしかすると、自らの恥部を曝《さら》け出すのを恐れて美化するのかもしれない。しかしそれよりも、霊界の存在や霊的真理を知ってから死に臨んでほしいものだ。

地上に居る間にいかに人々に奉仕するか。それが本当の「終活」である。

ここはひとまず、目先のことに追われている自分を認めつつ、遠くから眺《なが》め、思考を明透化《めいとうか》してほしい。

思い起こしてほしい。

この世がある？

自分がいる？

そう、誰もが真面目だったのだ。

どうだろう、**預流果**に達することができただろうか？
もしそうなら、私の地上での霊的使命も半ば果たせたことになろう。
関門は突破した。これであなたも道の人だ。あとはすんなりいくだろう。

さあ、本源へ帰ろう。

【註1】コドモとは、肉体的に未成熟だという意味ではなく、思考が純粋だという意味である。幼子のようでなければ天国の門は開かないのである。
【註2】無垢の獲得が詩的想像力へと向かう（W・ブレイク）。

著者略歴
長谷川光一郎（はせがわ こういちろう）
出身：東京都
職業：中高の数学教師、他に中国整体、易などでの鑑定
趣味：特技：ピアノ、歌、絵
著作：『真実の崩壊』（ヒューマンドキュメント社）
　　　『本物の思考力』（彩図社）
著者 HP：http://www015.upp.so-net.ne.jp/Nocturne13/
著者ブログ：http://greenphantom.blog.so-net.ne.jp/

本物《ほんもの》のスピリチュアリズム —盲信から理信へ、そして永遠の命を得る—

2015年9月24日　初版第1刷発行
著　者　長谷川光一郎
発行者　加藤恭三
発行所　知道出版
　　　　〒101-0051 東京都千代田区神田神保町 1-40 豊明ビル 2F
　　　　TEL 03-5282-3185 FAX 03-5282-3186
　　　　http://www.chido.co.jp
印　刷　ルナテック

ISBN978-4-88664-274-5